Die Patentierbarkeit internetbasierter Geschäftsmethoden

Europäische Hochschulschriften
Publications Universitaires Européennes
European University Studies

Reihe II
Rechtswissenschaft

Série II   Series II
Droit
Law

Bd./Vol. 4270

PETER LANG
Frankfurt am Main · Berlin · Bern · Bruxelles · New York · Oxford · Wien

Stephanie Vendt

Die Patentierbarkeit internetbasierter Geschäftsmethoden

Eine Untersuchung der Patentierbarkeit programmimplementierter Erfindungen nach deutschem und europäischem Recht unter besonderer Berücksichtigung des U.S.-amerikanischen Rechts

PETER LANG
Europäischer Verlag der Wissenschaften

Bibliografische Information Der Deutschen Bibliothek
Die Deutsche Bibliothek verzeichnet diese Publikation in der
Deutschen Nationalbibliografie; detaillierte bibliografische
Daten sind im Internet über <http://dnb.ddb.de> abrufbar.

Zugl.: Hamburg, Univ., Diss., 2005

D 18
ISSN 0531-7312
ISBN 3-631-54337-9
© Peter Lang GmbH
Europäischer Verlag der Wissenschaften
Frankfurt am Main 2005
Alle Rechte vorbehalten.

Das Werk einschließlich aller seiner Teile ist urheberrechtlich
geschützt. Jede Verwertung außerhalb der engen Grenzen des
Urheberrechtsgesetzes ist ohne Zustimmung des Verlages
unzulässig und strafbar. Das gilt insbesondere für
Vervielfältigungen, Übersetzungen, Mikroverfilmungen und die
Einspeicherung und Verarbeitung in elektronischen Systemen.

www.peterlang.de

Vorwort

Diese Arbeit hat der Juristischen Fakultät der Universität Hamburg im Wintersemester 2004/2005 als Dissertation vorgelegen. Das Manuskript wurde im April 2004 abgeschlossen; Literatur und Rechtsprechung sowie der Entwurf der Softwarepatente-Richtlinie des Europäischen Parlaments wurden bis zu diesem Zeitpunkt berücksichtigt.

Mein besonderer Dank gilt meinem Doktorvater, Herrn Professor Dr. Klaus Moritz, der die Arbeit durch ständige Gesprächsbereitschaft und wertvolle Anregungen mit viel Engagement betreut hat.

Für ihre Unterstützung danke ich Claudia Anderleit, Nicole Kuchta, Dr. Axel Metzger, Jessica Minning, Michael Nesselhauf, Tobias Teufer und meiner Familie, insbesondere meinen Eltern. Ihnen widme ich diese Arbeit.

Hamburg, Sommer 2005

Stephanie Vendt

Inhaltsübersicht

Inhaltsverzeichnis 9
Abkürzungsverzeichnis 17
Einleitung 21
§ 1 Einführung 21
§ 2 Gang der Untersuchung 27
§ 3 Verwendung der Begriffe Patentfähigkeit und Patentierbarkeit 28
Kapitel 1 - Grundlagen 29
§ 1 Untersuchungsgegenstand: internetbasierte Geschäftsmethode 29
§ 2 Definition 43
Kapitel 2 – Nicht-patentrechtliche Schutzmöglichkeiten für
programmimplementierte Geschäftsmethoden 45
§ 1 Schutzmöglichkeiten nach deutschem und europäischem Recht 45
§ 2 Schutzmöglichkeiten nach U.S.-amerikanischem Recht 66
Kapitel 3 – Die Patentierbarkeit programmimplementierter Geschäftsmethoden
nach deutschem und europäischem Recht 85
§ 1 - Schutzgegenstand 85
§ 2 Patentrechtliche Schutzvoraussetzungen 131
§ 3 Patentrechtlicher Schutzumfang 143
Kapitel 4 - Die Patentierbarkeit programmimplementierter Geschäftsmethoden nach U.S.-amerikanischem Recht 147
§ 1 Schutzgegenstand 147
§ 2 Patentrechtliche Schutzvoraussetzungen 170
§ 3 Patentrechtlicher Schutzumfang 176
Kapitel 5 - Rechtsvergleich 178
§ 1 Nicht-patentrechtliche Schutzmöglichkeiten 178
§ 2 Patentrecht 178
Kapitel 6 - Zur Frage der Erweiterung des patentrechtlichen Schutzes für
programmimplementierte Geschäftsmethoden im deutschen Recht 189

§ 1 Rechtfertigung des Patentschutzes für programmimplementierte Geschäftsmethoden 190

§ 2 Ausweitung des Patentschutzes – ökonomische Implikationen 195

§ 3 Verpflichtung zur Ausweitung qua internationaler Vereinbarungen ? 200

Kapitel 7 - Zusammenfassung und Ausblick 205

Literaturverzeichnis 213

Inhaltsverzeichnis

Abkürzungsverzeichnis 17

Einleitung 21

§ 1 Einführung 21
   A. Praktische Relevanz der Untersuchung 22
   B. Theoretische Relevanz der Untersuchung 23
   C. Problemstellung 24
   D. Rechtsvergleichende Gestaltung der Arbeit 26
§ 2 Gang der Untersuchung 27
§ 3 Verwendung der Begriffe Patentfähigkeit und Patentierbarkeit ... 28
Kapitel 1 - Grundlagen 29
§ 1 Untersuchungsgegenstand: internetbasierte Geschäftsmethode ... 29
   A. Erscheinungsformen von Geschäftsmethoden im Internet 29
      I. "One-Click-Shopping Technology" 29
      II. „Cybercash" 30
      III. „Point-Granting-Service" 31
   B. Der Begriff der „Geschäftsmethode" 32
   C. Der Begriff „internetbasiert" 33
      I. Der Aufbau des Internet 33
      II. Datenübertragung im Internet 35
      III. Zugang zum Internet/ Ablauf von Vorgängen im Internet ... 35
         1. Software 36
            a) Computerprogramm 37
               aa) Entstehung 37
                  aaa) Grobentwurf/Generelle Problemlösung 37
                  bbb) Feinentwurf/Datenflussplan 38
                     (1) Datenflussplan 38
                     (2) Flussdiagramm 38
                  ccc) Implementierung/Kodierung 38
                     (1) Quellenprogramm bzw. Source Code 39
                     (2) Objektprogramm bzw. Objekt-Code 39
               bb) Funktion 40
                  aaa) Betriebs- bzw. Systemprogramm 40

bbb) Anwendungsprogramm 40
b) Algorithmus 41
2. Hardware 42
IV. Ergebnis 43
§ 2 Definition 43
Kapitel 2 – Nicht-patentrechtliche Schutzmöglichkeiten für programmimplementierte Geschäftsmethoden 45
§ 1 Schutzmöglichkeiten nach deutschem und europäischem Recht 45
   A. Programmimplementierte Geschäftsmethoden als Gegenstand von Urheberrecht 45
      I. Normativer Rahmen 47
      II. Urheberrechtsfähigkeit programmimplementierter Geschäftsmethoden ... 50
      III. Schutzumfang 55
      IV. Ergebnis 58
   B. Markenrechtlicher Schutz 60
   C. Ergänzender wettbewerbsrechtlicher Leistungsschutz 61
   D. Gebrauchs- und Geschmacksmusterschutz 63
   E. Exkurs: Zivilrechtlicher Leistungsschutz nach deutschem Recht 65
   F. Ergebnis 65
§ 2 Schutzmöglichkeiten nach U.S.-amerikanischem Recht 66
   A. Programmimplementierte Geschäftsmethoden als Gegenstand von Urheberrecht 67
      I. Normativer Rahmen des U.S.-amerikanischen Urheberrechts 69
      II. Die Copyright-Fähigkeit programmimplementierter Geschäftsmethoden 72
      III. Schutzumfang 76
      IV. Ergebnis 78
   B. U.S.-amerikanisches Wettbewerbsrecht 79
   C. Trade-Secret-Law 81
   D. Trademark-Law 82
   E. Design Patent Law 82
   F. Ergebnis 83
Kapitel 3 – Die Patentierbarkeit programmimplementierter Geschäftsmethoden nach deutschem und europäischem Recht 85
§ 1 - Schutzgegenstand 85

A. Begriff der Erfindung 87
  I. Technischer Charakter der Erfindung 88
  II. Technische Aufgabe und technische Lösung 90
    1. Aufgabe 91
    2. Lösung 92
    3. Besonderheiten des europäischen Patentrechts 92
  III. Ergebnis 93
B. Patentierungsverbote nach deutschem und europäischem Recht 93
C. Das Patentierungsverbot für Geschäftsmethoden „als solche" 94
D. Das Patentierungsverbot für Computerprogramme „als solche" 97
  I. Die gesetzliche Regelung 97
  II. Die Auslegung des Patentierungsverbotes durch den BGH 97
    1. Das Erfordernis der Technizität in der Rechtsprechung des BGH 98
      a) Beurteilungsmaßstab 100
        aa) Kerntheorie 100
        bb) Gesamtbetrachtungslehre 101
      b) Technische Programme 103
      c) Nicht-technische Programme 105
      d) Ergebnis 105
    2. Neue Beurteilungstendenzen 106
      a) Logikverifikation 106
      b) Sprachanalyseeinrichtung 107
      c) Suche fehlerhafter Zeichenketten 109
      d) Ergebnis 110
    3. Konsequenzen für programmimplementierte Geschäftsmethoden 111
  III. Die Auslegung der gesetzlichen Regelung durch das BPatG 112
    1. Das Erfordernis der Technizität in der Rechtsprechung des BPatG 113
      a) Beurteilungsmaßstab 113
      b) Technische Programme 113
      c) Nicht-Technische Programme 115
      d) Ergebnis 115
    2. Neue Beurteilungstendenzen 116
      a) Geschäftliche Tätigkeit 116
      b) Verfahren zum Herstellen eines Kabelbaums 116
      c) Cyber-Cash-Verfahren 117
      d) Ergebnis 118
    3. Konsequenzen für programmimplementierte Geschäftsmethoden 119
  IV. Auslegung des Patentverbotes durch die Spruchkammern des
  Europäischen Patentamtes (EPA) 119
    1. Das Erfordernis der Technizität 120
      a) Beurteilungsmaßstab 121

b) Technische Programme 121
c) Nicht-technische Programme... 123
d) Ergebnis... 123
2. Neue Beurteilungstendenzen 123
a) Computerprogrammprodukt/IBM... 123
b) Steuerung eines Pensionssystems/PBS PARTNERSHIP 124
c) Ergebnis 125
3. Konsequenzen für programmimplementierte Geschäftsmethoden 126
V. Auslegung der Patentierungsverbote durch das Schrifttum 127
E. Konklusion: Patentfähigkeit programmimplementierter Geschäfts-
methoden im deutschen und europäischen Recht 128

§ 2 Patentrechtliche Schutzvoraussetzungen 131
A. Das Neuheitskriterium nach deutschem und europäischem Patentrecht..... 131
I. Der Begriff der Neuheit 132
II. Die Neuheit programmimplementierter Geschäftsmethoden 133
III. Ergebnis... 134
B. Das Kriterium der erfinderischen Tätigkeit nach deutschem und
europäischem Recht 135
I. Der Begriff der erfinderischen Tätigkeit... 135
II. Die erfinderische Tätigkeit bei programmimplementierten
Geschäftsmethoden 138
III. Ergebnis... 141
C. Das Kriterium der gewerblichen Anwendbarkeit aus deutscher und
europäischer Sicht.. 141
I. Der Begriff der gewerblichen Anwendbarkeit... 141
II. Die gewerbliche Anwendbarkeit programmimplementierter
Geschäftsmethoden 142
D. Ergebnis 143

§ 3 Patentrechtlicher Schutzumfang 143

Kapitel 4 - Die Patentierbarkeit programmimplementierter Geschäfts-
methoden nach U.S.-amerikanischem Recht 147

§ 1 Schutzgegenstand... 147
A. Kategorien schutzfähiger Gegenstände... 148
I. „process"/Verfahren 148
II. „machine"/Maschine 150
III. Erzeugnisse 150
IV. Technischer Charakter der Schutzgegenstände ?.................................. 151

V. Nützlicher Charakter der Schutzgegenstände 152
VI. Ergebnis 153

B. Patentierungsverbote 153
I. Die gesetzliche Regelung 154
II. Richterrechtliche Patentierungsverbote 154

C. Das Patentierungsverbot für Geschäftsmethoden 155

D. Das Patentierungsverbot für Computerprogramme 158
I. Herleitung aus dem Patentierungsverbot für Algorithmen und Naturgesetze 159
   1. Beurteilungsmaßstab 159
      a) Die „mental-steps"-Doktrin 159
      b) Die „physical steps"-Doktrin 160
   2. Patentfähige Computerprogramme 162
   3. Nicht-patentfähige Computerprogramme 163
   4. Ergebnis 163
II. Neue Beurteilungstendenzen 164
   1. State Street Bank & Trust Co. v. Signature Financial Group, Inc. 164
   2. AT & T Corp. vs. Excel Communications, Inc. 165
   3. Ergebnis 166
III. Konsequenzen für die Patentfähigkeit programmimplementierter Geschäftsmethoden 167

E. Die Beurteilung des richterrechtlichen Patentierungsverbots für Computerprogramme durch das Schrifttum 167

F. Konklusion: Patentfähigkeit programmimplementierter Geschäftsmethoden im U.S.-amerikanischen Recht 168

§ 2 Patentrechtliche Schutzvoraussetzungen 170

A. Neuheit – Novelty, 35 U.S.C. §§ 101, 102 170
I. Der Begriff der Neuheit 170
II. Die Neuheit programmimplementierter Geschäftsmethoden 172
III. Ergebnis 172

B. Nicht-Offensichtlichkeit – Nonobviousness, 35. U.S.C. §§ 101, 103 173
I. Der Begriff „Nonobviousness" 173
II. Die „Nicht-Offensichtlichkeit" programmimplementierter Geschäftsmethoden 175
III. Ergebnis 176

C. Ergebnis 176

§ 3 Patentrechtlicher Schutzumfang 176

Kapitel 5 - Rechtsvergleich ... 178
§ 1 Nicht-patentrechtliche Schutzmöglichkeiten ... 178
§ 2 Patentrecht ... 178
   A. Vergleich der gesetzlichen Regelungen ... 178
      I. Erfindung / Kategorien patentierbarer Gegenstände ... 179
      II. Technizität / Utility ... 180
      III. Neuheit / Novelty ... 180
      IV. Auf erfinderischer Tätigkeit beruhend/ Nonobviousness ... 180
      V. Gewerbliche Anwendbarkeit ... 181
      VI. Ergebnis ... 181
   B. Vergleich der Patentierungsverbote ... 182
      I. Geschäftsmethoden / Business Methods ... 183
      II. Computerprogramm / computer program ... 184
      III. Ergebnis ... 185

Kapitel 6 - Zur Frage der Erweiterung des patentrechtlichen Schutzes für programmimplementierte Geschäftsmethoden im deutschen Recht ... 189
§ 1 Rechtfertigung des Patentschutzes für programmimplementierte Geschäftsmethoden ... 190
   A. Die deutschen Patentrechtstheorien ... 190
      I. Eigentumstheorie ... 190
      II. Offenbarungs- und Belohnungstheorie ... 191
      III. Anspornungstheorie ... 192
      IV. Ergebnis ... 192
   B. Technischer Fortschritt durch den Patentschutz programmimplementierter Geschäftsmethoden? ... 192
      I. Stimulierung des technischen Fortschritts durch als Vorrichtung beanspruchte programmimplementierte Geschäftsmethoden? ... 193
      II. Stimulierung des technischen Fortschritts durch Patentschutz für reine Verfahrensansprüche/Software? ... 194
      III. Ergebnis ... 195
§ 2 Ausweitung des Patentschutzes – ökonomische Implikationen ... 195
   A. Pro und Contra des Patentschutzes für Computerprogramme ... 196
   B. Stellungnahme ... 198
§ 3 Verpflichtung zur Ausweitung qua internationaler Vereinbarungen ? ... 200
   A. Pariser Verbands Übereinkunft (PVÜ) ... 200
   B. Patent Cooperation Treaty (PCT) ... 200

C. Agreement on Trade-related Aspects of Intellectual Property Rights (TRIPS) 200
D. Ergebnis 202
Kapitel 7 - Zusammenfassung und Ausblick 204

Literaturverzeichnis 213

Abkürzungsverzeichnis

Abl. EPA	Amtsblatt des Europäischen Patentamtes
AIPPI	Internationale Vereinigung für gewerblichen Rechtschutz
BCIA	Berne Convention Implementation Act
BGH	Bundesgerichtshof
BGHZ	Entscheidungen des Bundesgerichtshofes in Zivilsachen
Bl.f.PMZ	Blatt für Patent-, Muster- und Zeichenwesen
Board of Appeals	Board of Appeals and Interferences
BPatG	Bundespatentgericht
BPatGE	Entscheidungen des Bundespatentgerichts
BR Drucks.	Bundesratsdrucksachen
BT Drucks.	Bundestagsdrucksachen
C.A.	Copyright Act; wenn nicht anders angegeben ist der U.S. Copyright Act vom 19. Oktober 1976 gemeint (17 U.S.C. § 101 ff.)
CAFC	Court of Appeals for the Federal Circuit
Calif.	California
Cert.	Certiorari (Annahme eines Falles durch den U.S. Supreme Court)
Cert. denied	Fall wurde durch den Supreme Court nicht zur Entscheidung angenommen
Cl.	Clause
Ch.	Chapter
Cir.	Circuit; in Verbindung mit einer Nummer: U.S. Court of Appeals des jeweiligen Circuits
Civ.	Civil
Colum.-VLA J.L. & Arts	Columbia VLA Journal of Law & the Arts
Computer / L.J.	Computer / Law Journal
Conf.	Conference
Cong.	Congress
CR	Computer und Recht
CRi	Computer und Recht international
D.C.	District of Columbia
D.C. Cir.	Court of Appeals for the D.C. Circuit
DPA	Deutsches Patentamt bis 31.10.1998

DPMA	Deutsches Patent und Markenamt ab 1.11.1998
DRP	Deutsches Reich Patent
Drucks.	Drucksache
Duke L.J.	Duke Law Journal
EG	Europäische Gemeinschaft
EIPR	European Intellectual Property Review
EPA	Europäisches Patentamt
EPÜ	Europäisches Patentübereinkommen
EU	Europäische Union
F.	Federal Reporter
F. Cas.	Federal Cases
F. Supp.	Federal Supplement
f., ff.	Folgende, Fortfolgende
F.2d.	Federal Reporter, Second Series
F.3d.	Federal Reports, Third Series
Fed. Cir.	U.S. Court of Appeals for the Federal Circuit
Fla.	Florida
GATT	General Agreement on Tariffs and Trade
GebrMG	Gebrauchsmustergesetz
GRUR	Gewerblicher Rechtschutz und Urheberrecht
GRUR Int.	Gewerblicher Rechtschutz und Urheberrecht Internationaler Teil
H.R.	House Report/House of Representatives
H.R. + Zahl	Im House of Representatives eingebrachter Gesetzesentwurf
H.R.Rep.	House of Representatives Report
IIC	International Review of Industrial Property and Copyright Law
Ill.	Illionois
Inc.	Incorporated
Ind.	Indiana
IntPatÜG	Gesetz über internationale Patentübereinkommen
J.	Journal
J. Intell. Prop. L.	Journal of Intellectual Property Law
J. Pat &Trademark Off. Soc'y	Journal of the Patent and Trademark Office Society

JPTOS	Journal of the Patent and Trademark Office Society
Lit.	Litera
LS	Leitsatz
Mass.	Massachusetts
Mich.	Michigan
Mitt.	Mitteilungen der deutschen Patentanwälte
MüGK	Münchener Gemeinschaftskommentar
MuW	Markenschutz und Wettbewerb
Nw.	Northwestern
Off.	Office
Pa.	Pennsylvania
Pat.Off.Bd.App.	Patent office Board of Appeals
PCT	Patent Cooperation Treaty
Pub. L.	Public Law
RBÜ	Revidierte Berner Übereinkunft
Rec.	Record
Rep.	Report
Rev.	Review
RG	Reichsgericht
RGZ	Entscheidungen des Reichsgericht in Zivilsachen
S.D.N.Y.	District Court for the Southern District of New York
Sec.	Section
Sess.	Session
Soc`y	Society
Stat.	Statutes
Supp.	Supplement
Tech.	Technology
Tex. L.J.	Texas Law Journal
TRIPS	Agreement on Trade-Related Aspects of Intellectual Property Rights
U.	University
U.S.	United States

U.S.C.	United States Code
U.S.C.A.	United States Code Annoted
U.S.P.Q.	United States Patent Quarterly
UrhG	Urhebergesetz
USA	United States of America
USPTO	United States and Trademark office
v.	versus
Vol.	Volume
Wash.	Washington
Western New Engl. L.Rev.	Western New Enland Law Review
WIPO	Weltorganisation für geistiges Eigentum

Einleitung

§ 1 Einführung

> „I've never been lobbied in such an improper and aggressive way in nine years."[1]

Die Worte, mit denen die niederländische Europaparlamentarierin *Elly von Gorsel* den lobbyistischen Druck im Rahmen der Debatte um eine gemeinschaftsrechtliche Richtlinie für computerimplementierte Erfindungen beschreibt, zeigen zum einen, welchen wirtschaftlichen Wert internetbasierte Geschäftsmethoden schon heute verkörpern und geben zum anderen Aufschluss darüber, wie umstritten derartige Erfindungen als Schutzgegenstand des Patentrechts sind.

Internetbasierte Geschäftsmethoden als Spielart computerimplementierter Erfindungen sind ein äußerst begehrtes Wirtschaftsgut. Ihre wachsende Bedeutung ist in erster Linie darauf zurückzuführen, dass sie Informationen beinhalten, deren Einsatzfähigkeit praktisch unbeschränkt ist, weil sie zeitlich und räumlich vollständig ungebunden sind. Sie können, einmal geschaffen, beliebig oft benutzt, konsumiert, günstig vervielfältigt und transferiert werden, ohne dass sie sich verbrauchen oder erschöpfen, geschweige denn, ihre Qualität beeinträchtigt würde. Informationen, die Konzepte, Ideen und Vorstellungen umfassen, werden damit zu immer wichtigeren Produktionsmitteln der Informationsgesellschaft.[2] Sie sind in unzähligen Bereichen des Lebens unerlässlich; wer sie schneller als andere sammelt und verwertet, setzt sich im wirtschaftlichen Wettbewerb durch.

Was bedeuten diese tiefgreifenden Strukturänderungen für das Recht? Eine Auswirkung lässt sich bereits jetzt erkennen: Der gewerbliche Rechtsschutz als Recht des immateriellen Eigentums wird zunehmend in den Vordergrund treten und entscheidende wirtschaftlichen Herausforderungen werden künftig das Recht des geistigen Eigentums betreffen.

---

[1] Aussage von Elly von Gorsel, Niederländisches Mitglied des Europäischen Parlaments, im Herbst 2003. Sie beschrieb damit die der Entscheidung des Europäischen Parlaments über die Richtlinie für computerimplementierte Erfindungen vorausgehende Diskussion, in: TIME Magazine, October 2003.
[2] *Rifkin*, Access 2000, 9 ff.

A. Praktische Relevanz der Untersuchung

In dem Maße, in dem die entscheidenden wirtschaftlichen Herausforderungen das Recht des geistigen Eigentums betreffen, wird auch die Frage nach dem Rechtschutz ihrer informationellen Produkte wie Ideen, Konzepte, Geschäftsmodelle und insbesondere der internetbasierten Geschäftsmethoden an Bedeutung gewinnen: Die Unternehmen erkennen zunehmend, dass Patente, Marken, Urheberrechte und andere Faktoren des geistigen Vermögens betriebswirtschaftliche Erfolgsfaktoren sind. Dementsprechend setzen Unternehmen ihr geistiges Eigentum immer stärker als Mittel im Wettbewerb ein. Ein besonderes Beispiel dafür ist das strategische Patentieren.[3] Dabei nutzen Unternehmen gezielt und systematisch Patente, um sich rechtlich geschützte Marktvorteile zu sichern. Wenn Kerntechnologien und Geschäftsmethoden per Patent rechtlich geschützt sind, lassen sich Konkurrenten mit juristischen Mitteln bekämpfen. Patentverletzungsklagen sind – das zeigt die Praxis – wirksame Mittel im wirtschaftlichen Wettbewerb; strategisches Patentieren erhöht also die Wettbewerbsfähigkeit eines Unternehmens.

Von erheblicher Bedeutung für die weitere Entwicklung der Internetökonomie ist deshalb die Frage: Lässt sich die Methode des strategischen Patentierens auch auf Software – den „Treibstoff" der Web-Wirtschaft – und insbesondere auf internetbasierte Geschäftsmethoden anwenden? Nicht zuletzt von der Frage der Patentierbarkeit internetbasierter Geschäftsmethoden wird abhängen, wie sich der Wettbewerb in der Informationsgesellschaft entwickelt. Es soll versucht werden, der Beantwortung dieser Schlüsselfrage der Web-Wirtschaft, um mit *Erkki Liikanen*[4] zu sprechen: „die Jerusalemfrage des Informationszeitalters" im Rahmen dieser Abhandlung ein Stück näher zu kommen.

Aktualität erfährt die Frage durch die neuere Rechtsprechung des Bundesgerichtshofes,[5] des Bundespatentgerichts[6] und des Europäischen Patentamtes[7] zu computerimplementierten Erfindungen, die die traditionellen Grenzen der Patentierbarkeit zu erweitern scheinen. Hinzu kommt ein Vorschlag der Europäischen Kommission für eine Richtlinie zum Schutz von computerimplementierten Erfindungen. Anlässlich dieses Richtlinienvorschlages ist die Frage

---

[3] Ausführlich dazu *Rivette/Kline*, Harvard Business Manager 4/2000, 28 ff.
[4] Rede auf dem Symposium „Interchange of Data between Administrations IDA, European Commission – Symposium on the Use of Open Source Software in EU public administrations", Brüssel, 22.02.2002.
[5] Im Folgenden: BGH.
[6] Im Folgenden: BPatG.
[7] Im Folgenden: EPA.

nach der Patentierbarkeit internetbasierter Geschäftsmethoden in den Mittelpunkt der Diskussion um die Zulässigkeit computerimplementierter Erfindungen geraten. Dies ist nicht zuletzt vor dem Hintergrund von Bedeutung, dass bei der Beurteilung der Patentierbarkeit von internetbasierten Geschäftsmethoden in den USA die aus deutscher und europäischer Sicht traditionell angenommenen Grenzen der Patentierbarkeit internetbasierter Geschäftsmethoden überschritten werden.

Dieses traditionelle deutsche und europäische Verständnis der Patentierbarkeit führte unter anderem dazu, dass die unter sehr engen Voraussetzungen grundsätzlich bestehende Möglichkeit der Patentierung von Computerprogrammen selten in Anspruch genommen wurde. Die europäischen Entwickler von internetbasierten Geschäftsmethoden gingen lange davon aus, dass ihre Erfindungen lediglich durch das Urheber- und nicht durch das Patentrecht geschützt seien. Dies ist nicht zuletzt auf den Wortlaut der gesetzlichen Regelungen in § 1 Absätze 2 und 3 PatG und Art. 52 Absätze 2 und 3 EPÜ sowie eine daraus entstandene Rechtsunsicherheit zurückzuführen: Nach dem Gesetzeswortlaut ist nämlich ein „Computerprogramm als solches" nicht patentfähig, obwohl ein Patent für eine technische Entwicklung erteilt werden kann, die auf einem Computerprogramm basiert. Diese Unsicherheit wurde durch die unterschiedliche Interpretationen jener Normen sowie ungleiche Verfahrens- und Beurteilungsgrundsätze der Mitgliedstaaten verstärkt.[8]

Resultat dieser Unsicherheit ist, dass sich im europäischen Raum kein „Patentbewusstsein" entwickeln konnte, wie es in den USA zu finden ist. Berücksichtigt man zudem, dass das U.S.-amerikanische Recht Unternehmen schon früh ermöglichte, Patentschutz für internetbasierte Geschäftsmethoden in größerem Umfang zu beanspruchen, so verwundert es nicht, dass heute ein Patentgefälle zugunsten der U.S.-amerikanischen Unternehmen besteht. Die Frage nach den Ursachen dieses Patentgefälles soll im Rahmen dieser Arbeit beantwortet werden.

B. Theoretische Relevanz der Untersuchung

Wegen der überragenden Bedeutung effizienter internetbasierter Geschäftsmethoden als Wirtschaftsgut haben sich sowohl Softwarehersteller wie auch Unternehmer von Anfang an bemüht, die Ergebnisse ihrer Investitionen vor

---

[8] *Dreiss/Hössle*, S. 3; Europäische Kommission, Vorschlag für eine Richtlinie des Europäischen Parlaments und des Rates über die Patentierbarkeit programmimplementierter Erfindungen, S. 2.

unerlaubter Verwendung sowohl technisch als auch rechtlich zu schützen.[9] Die Frage ist nur: wie?

Während die technischen Schutzmöglichkeiten kaum Schwierigkeiten aufwerfen, ist die rechtliche Einordnung problematisch. Auf internetbasierte Geschäftsmethoden als immaterielle und informationelle Güter lassen sich nicht ohne Weiteres die traditionellen Schutzrechte projizieren. Sie befinden sich im Spannungsfeld der Immaterialgüterrechte:

Spricht man im Zusammenhang mit der Leistung des Internet von „Internettechnologie", so ist damit dem engen Wortsinn nach ein technischer Verfahrensablauf gemeint. Der Umstand, dass Computer eingesetzt werden, um geistige Leistungen zu substituieren, zeigt andererseits, dass sich deren Dasein nicht im Gegenständlichen erschöpft. Der Begriff des Internet steht im weiteren Sinn nicht nur für die Maschinen. Die Apparate werden vielmehr erst durch Programme funktionsfähig, welche wiederum auf menschlicher Erfindung beruhen.

Internetbasierte Geschäftsmethoden lassen sich also einerseits als Ausdruck einer geistigen Werkschöpfung dem Urheberrecht zuordnen, andererseits beeinflussen sie technische Gegebenheiten, welches wiederum für den Schutz durch ein technisches Schutzrecht wie das Patentrecht spräche. Darüber hinaus können für andere Facetten ihrer Erscheinung weitere Schutzrechte wie das Designrecht, das Recht des unlauteren Wettbewerbs und der Geheimnisschutz zur Verfügung stehen.

An dieser Stelle setzt die Untersuchung an. Es geht darum, herauszufinden, welche Schutzrechte für internetbasierte Geschäftsmethoden in Betracht kommen, und darüber hinaus, wie der Schutz solcher Methoden ausgestaltet werden kann.

C. Problemstellung

Zum Schutz internetbasierter Geschäftsmethoden kommen somit geistige wie auch technische Schutzrechte in Betracht, von denen das Patentrecht im Mittelpunkt dieser Untersuchung stehen wird.

Das Patentrecht gilt nämlich als Schutzrecht für technische Erfindungen, die sich nicht in physischen Gegenständen, sondern in Informationen widerspiegeln. Das

---

[9] So geht beispielsweise der erste offizielle Versuch des rechtlichen Softwareschutzes auf die Registrierung eines Computerprogramms beim Register of Copyrights in den USA im Jahre 1961 zurück; siehe dazu *Kindermann*, Copyright, 1988, 201; *Oman*, GRUR Int. 1988, 467, 468.

Patentrecht scheint daher besonders geeignet, internetbasierte Geschäftsmethoden als Phänomen der Informationsgesellschaft wirksam zu schützen. Allerdings ist die Einordnung der internetbasierten Geschäftsmethode in den Kreis patentfähiger Gegenstände umstritten. Es stellt sich aus diesem Grund die Frage, ob und gegebenenfalls wie diese Methoden in den Schutz des Patentrechts einzubeziehen sind. Die Frage, ob ein bestimmter Gegenstand patentierbar ist oder nicht, ist seit der Einführung des Patentrechts Gegenstand immer wiederkehrender Diskussionen. Sie gehört wohl zu den spannendsten und umstrittensten Fragen des Patentrechts. Dies belegt auch die Flut einschlägiger Rechtsprechung und Literatur. Konzentriert sich die jüngere Diskussion vor allem auf die Frage der Patentierbarkeit von Computerprogrammen, so soll hier der Versuch unternommen werden, die Patentierbarkeit von internetbasierten Geschäftsmethoden zu überprüfen, die zwar mittels Computerprogrammen umgesetzt werden, bei denen es dem Anmelder jedoch in erster Linie darum geht, das Geschäftsmodell rechtlich zu schützen.

Dabei erweist sich als problematisch, dass die normativen Grenzen der Patentierbarkeit weitestgehend unklar sind. Es soll daher mit dieser Untersuchung versucht werden, die Grenzen der Patentierbarkeit für den Anwendungsfall der internetbasierten Geschäftsmethode deutlicher zu machen.

Darin liegt auch eine besondere Schwierigkeit der patentrechtlichen Beurteilung derartiger Methoden: Im Zusammenhang mit softwarebezogenen Anwendungen war bislang zumeist von der Steuerung von Apparaten, von Industrierobotern und ähnlichen Maschinen die Rede, also von Anwendungen, die noch einen konkreten, greifbaren materiellen Bezug haben. Die Funktionsweise des Internet hingegen entzieht sich weitgehend dem menschlichen Vorstellungsvermögen. Die dahinter stehende Technik ist für den Laien kaum mehr nachvollziehbar oder greifbar; sie scheint für den Betrachter sozusagen entmaterialisiert.

Dieser Umstand verdeutlicht, vor welchen Herausforderungen das in der Welt der Materie groß gewordene Patentrecht steht, wenn es darum geht, die Schutzfähigkeit von internetbasierten Geschäftsmethoden zu beurteilen. Durch das Internet wird das typischerweise zunächst nur einen einzelnen Rechner steuernde Datenverarbeitungsprogramm aus seiner bisherigen relativen Isolation gegenüber einer Vielzahl von in früheren Zeiten datenverarbeitungsfreien Lebenssachverhalten herausgeführt und zum integralen Bestandteil eines quasi ubitären technischen Großsystems umbewertet. Charakteristikum des Internet sind also die Gesamtheit der auf den im Internet zusammengeschlossenen Datenverarbeitungseinrichtungen ablaufenden Datenverarbeitungsprogramme, weniger dagegen die partikularen Eigenheiten der dazu erforderlichen Hardware.

Wie das Patentrecht diesen Herausforderungen begegnen kann, soll im Rahmen dieser Arbeit aufgezeigt werden. In diesem Zusammenhang ist insbesondere zu berücksichtigen, dass das Patentgesetz grundsätzlich zwei Anspruchskategorien patentfähiger Gegenstände kennt: Erzeugnisse und Verfahren. Zu den Erzeugnissen zählen im Wesentlichen Vorrichtungen wie Maschinen, Apparate und Produkte, während der Begriff Verfahren Arbeitsverfahren, Herstellungsverfahren und Verwendungen kennzeichnet. Mag auch die internetbasierte Geschäftsmethode in Verbindung mit der Hardware als Computersystem, also als Vorrichtung betrachtet werden können, so scheint es unter Berücksichtigung der Charakteristika des Internet auch möglich, dass sie als reines Verfahren zur Ausführung auf einem Computer eine bestimmte Funktion erfüllt, ohne dass eine Verbindung zur Hardware besteht. Es soll daher beantwortet werden, ob auch ein Verfahren, das keine Verbindung mit Hardwarekomponenten aufweist, also losgelöst von Apparaten und Maschinen betrachtet wird, patentrechtlich geschützt sein kann. Bezogen auf den Untersuchungsgegenstand ist also zu fragen, ob reine, auf Computern ablaufende Geschäftsmethoden, mithin Verfahren, Gegenstand des Patentrechts sein können. Es gilt darüber hinaus zu ermitteln, ob tatsächlich ein patentrechtliches Schutzbedürfnis für diese Geschäftsmethoden besteht. Dabei wird es bei der Frage nach der Notwendigkeit eines patentrechtlichen Schutzes nicht nur darum gehen, zu prüfen, inwieweit die Gewährung von Patentschutz für internetbasierte Geschäftsmethoden – nicht zuletzt aufgrund deren kurzer Halbwertzeit - mit der Tradition des deutschen Patentrechts vereinbar ist. Es werden vielmehr auch diese nicht-patentrechtlichen Schutzmöglichkeiten für derartige Modelle untersucht werden müssen, um herauszufinden, ob sie nicht bereits einen umfassenden Schutz für internetbasierte Geschäftsmethoden bieten.

Ziel dieser Arbeit ist zusammenfassend die Überprüfung der Rechtssysteme Deutschlands, der Europäischen Union und der Vereinigten Staaten von Amerika daraufhin, ob und wie internetbasierte Geschäftsmethoden geschützt werden können.

D. Rechtsvergleichende Gestaltung der Arbeit

Vor dem Hintergrund, dass in den USA die patentrechtlichen Schutzvoraussetzungen für internetbasierte Geschäftsmethoden vergleichsweise gering sind und sich dort insbesondere im Anschluss an die Entscheidung *State Street Bank Trust & Co. v. Signature Financial Group. Inc.*[10] eine großzügige Patenterteilungspraxis

---

[10] *State Street Bank & Trust Co. v. Signature Financial Group, Inc.*, 149 F.3d 1368 (Fed. Cir. 1998) = GRUR Int. 1999, 633, 636 mit Anm. *Nack*.

etabliert hat, ist eine rechtsvergleichende Behandlung der Problematik angezeigt.[11] Infolge unterschiedlicher Bewertungen der patentrechtlichen Schutzfähigkeit ist es in den USA möglich, Patente auf als Verfahren beanspruchte internetbasierte Geschäftsmethoden zu erhalten, was deutschen und europäischen Entwicklern bislang versagt war und in dem bereits oben[12] erwähnten Patentgefälle resultierte. Die rechtsvergleichende Untersuchung soll, nicht zuletzt im Hinblick auf die bestehenden Divergenzen und gegenwärtigen Reformvorschläge der Europäischen Kommission, zu klären helfen, ob und wenn ja, in welchen Umfang Reformen des kontinentaleuropäischen Patentrechts notwendig sind. Es geht einerseits darum, einen das geistige Eigentum an internetbasierten Geschäftsmethoden adäquat sichernden patentrechtlichen Schutz zu gewährleisten, andererseits aber auch darum, den berechtigten Interessen der Erfinder sowie dem öffentlichen Interesse an gesellschaftlichem Fortschritt auf den Gebieten der Technik Rechnung zu tragen.

§ 2 Gang der Untersuchung

Die Darstellung gliedert sich in sieben Kapitel, deren erstes den Untersuchungsgegenstand konkretisieren soll. Im zweiten Kapitel werden die nichtpatentrechtlichen Schutzmöglichkeiten für internetbasierte Geschäftsmethoden aus deutscher/europäischer und U.S.-amerikanischer Sicht aufgezeigt, um im dritten und vierten Kapitel die Patentierbarkeit internetbasierter Geschäftsmethoden im kontinentaleuropäischen und U.S.-amerikanischen Rechtskreis zu untersuchen. Das fünfte Kapitel enthält den Vergleich der deutschen und europäischen Rechtslage mit der U.S.-amerikanischen, auf welchem basierend in Kapitel sechs die Frage nach einer Ausweitung des patentrechtlichen Schutzes für internetbasierte Geschäftsmethoden in Deutschland gestellt werden soll. Schließlich enthält das siebte Kapitel eine Zusammenfassung der Untersuchungsergebnisse und - unter besonderer Berücksichtigung der nahenden EU-Richtlinie für programmimplementierte Erfindungen - einen Ausblick.

---

[11] Die auf einen bestimmten gesetzgeberischen Zweck und somit auf eine Lösung von rechtlichen Problemen ausgerichtete rechtsvergleichende Betrachtung wird als funktionale Rechtsvergleichung bezeichnet; vgl. *Rheinstein*, S. 27; siehe auch *Kohler* in: Zweigert/Puttfarken (Hrsg.), S. 19, 25, § 4, der schon im Jahre 1900 davon ausging, „das wir im fremden Rechte ein großartiges Material finden können, um unser Volk zu befruchten und Neues, Bedeutsames für die Rechtskultur zu leisten."
[12] Einleitung, § 1 A.

§ 3 Verwendung der Begriffe Patentfähigkeit und Patentierbarkeit

Um Missverständnissen vorzubeugen sollen die Begriffe Patentierbarkeit und Patentfähigkeit im Rahmen dieser Arbeit wie folgt verstanden werden: Patentfähigkeit bedeutet die grundsätzliche Eignung einer Erfindung zur Erlangung von Patentschutz, unabhängig vom Vorliegen der weiteren Patentierungsvoraussetzungen wie Neuheit, auf erfinderischer Tätigkeit beruhend und gewerbliche Anwendbarkeit. Die Untersuchung eines Gegenstandes auf seine Patentfähigkeit steht mithin auf der ersten Stufe der Untersuchung, sie betrifft die Frage, ob es sich um eine Erfindung handelt. Patentierbar ist eine Erfindung hingegen dann, wenn sie nicht nur grundsätzlich geeignet ist, Patentschutz zu erhalten, also patentfähig ist. Die Patentierbarkeit betrifft die Anforderungen der Neuheit und der gewerblichen Anwendbarkeit sowie das Erfordernis des Beruhens auf erfinderischer Tätigkeit. Die Beurteilung der Patentierbarkeit steht damit auf der zweiten Stufe der Untersuchung des Gegenstandes. Die Patentierbarkeit setzt also die Patentfähigkeit voraus.

Dieses Begriffsverständnis erfolgt im Einklang mit dem traditionellen Sprachgebrauch,[13] ohne einen Anspruch auf Allgemeinverbindlichkeit zu erheben. Insbesondere im Hinblick auf die jüngere Rechtsprechung[14] ist auch ein umgekehrtes Verständnis möglich.

---

[13] *Axster*, Mitt. 1959, 224; *Biedermann*, Patentblatt 1889, 348; *Christ*, Mitt. 1990, 133; *Fried*, GRUR 1927, 856; *König*, GRUR 2001, 577; *von Raden*, GRUR 1995, 451; *Rau*, S. 1 ff.
[14] BGH, GRUR Mitt. 2001, 553 - *Suche fehlerhafter Zeichenketten*.

Kapitel 1 - Grundlagen

Der Untersuchungsgegenstand dieser Arbeit ist die internetbasierte Geschäftsmethode. Was darunter zu verstehen ist, soll im Folgenden erläutert werden. Zur Illustration werden daher zunächst exemplarisch ausgewählte Methoden dargestellt, um daraus Kriterien zu entwickeln, die diesen Methoden gemein sind. Schließlich soll der Versuch einer Definition unternommen werden.

§ 1 Untersuchungsgegenstand: internetbasierte Geschäftsmethode

A. Erscheinungsformen von Geschäftsmethoden im Internet

Internetbasierte Geschäftsmethoden finden sich in einer großen, ständig wachsenden Anzahl im Netz. Oft nutzt man sie, ohne zu erahnen, dass es sich um eine derartige Methode handelt.

I. "One-Click-Shopping Technology"

Die wohl bekannteste internetbasierte Geschäftsmethode dürfte das von der Internetbuchhandlung Amazon.com verwendete „one-click"-Verfahren sein.[15] Dessen Verwendung ermöglicht es dem Kunden, beispielsweise Bücher und DVD's mittels eines einzigen Mausklicks zu ordern. Bei dieser rechentechnisch durch ein Computerprogramm umgesetzten Methode werden sämtliche Kundeninformationen beim ersten Einkauf in Amazons Zentralrechner gespeichert und zeitgleich ein sogenannter „Cookie" auf dem Rechner des Kunden angebracht. Darunter ist ein Datensatz zu verstehen, der es ermöglicht, den Kunden bei seinem nächsten Besuch zu identifizieren. Der Kunde braucht dann bei einer weiteren Bestellung nicht noch einmal seine Daten einzugeben, denn der Browser des Kunden schickt an den Server von Amazon.com mit der Bestellung eine Datei, die der Identifizierung und Ermittlung der Kundendaten auf dem Server dient und den Kauf ohne weitere Beteiligung des Kunden abwickelt und abschließt. Als internetbasierte Geschäftsmethode gilt dabei nicht das, was sich auf dem Computermonitor zeigt, also beispielsweise das Bestellformular, sondern die

---

[15] Siehe dazu *Goldtzsch,* c't 2000, 220; Computerrecht International, USA: Softwarepatente, http://www.computerrechtintern.de/mai2000/ci0000783.html, abgerufen am 10. Juli 2000.

Möglichkeit, die in dem Bestellformular enthaltenen Daten strukturiert an den Server zurückzuübertragen oder ähnliche Funktionsweisen.

Dieses Verfahren wurde von Amazon.com zuerst genutzt, basierte aber auf der bereits im Zeitpunkt der Entwicklung/Verwendung bekannten „Cookie"-Technik und bot keine innovativen, darüber hinaus gehenden technischen Elemente wie beispielsweise eine neuartige Beeinflussung irgendeiner Hardwarekomponente. Neuartig war an dem beanspruchten Verfahren lediglich die Verwendung der „Cookie"-Technik im Zusammenhang mit der Bestellung von Waren über das Internet. Unabhängig von dieser neuartigen Verwendung jener Technik war das Verfahren als alltäglich einzustufen. Es erlangte allein durch den Einsatz von herkömmlicher Rechentechnik Patentfähigkeit.

II. „Cybercash"

Ein weiteres Beispiel einer internetbasierten Geschäftsmethode ist ein sogenanntes Cyber-Cash-Verfahren[16], über das das BPatG jüngst zu entscheiden hatte. Die Geschäftsmethode stellt sich als ein auf das Internet angepasstes Substitut des Bargeldverkehrs dar. Inhalt ist ein elektronisches Zahlungssystem, das durch Identifizierungscodes den Geldtransfer im Internet sicherer macht.

Das System funktioniert ähnlich dem Bereich der Prepaid-Karten im Mobilfunk, allerdings ist der Zahlungsempfänger nicht zugleich der Herausgeber der Kredit- oder Guthabeneinheiten: Ein Anbieter, beispielsweise eine Bank, stellt einem „Zahlungsgeber" – in der Regel dem Kunden bei Folgegeschäften- Geldbeträge in bestimmter Höhe zur Verfügung, wobei jedem Betrag aus Sicherheitsgründen ein Identifizierungscode zugeordnet ist. Dies geschieht mit sogenannten Prepaidkarten, auf denen der Identifizierungscode angebracht und durch eine abrubbelbare Schicht abgedeckt ist.

Mittels dieser Guthabeneinheiten kann dann der Kunde Warenbestellungen zahlen, die er über das Internet vorgenommen hat: Der zahlungswillige Kunde teilt den Identifizierungscode der dafür notwendigen Geldbeträge als Angebot dem Zahlungsempfänger mit. Der Empfänger prüft sodann die Deckung des Angebots. Bei entsprechendem Ergebnis werden schließlich die Geldbeträge an den Zahlungsempfänger unter Abbuchung der bereitgestellten Summen übertragen oder der Vorgang wird abgebrochen.

Mit Ausnahme des Erwerbs der Prepaidkarte als erstem Schritt finden alle Verfahrensschritte auf elektronischem Wege, also programmtechnisch gesteuert

---

[16] BPatG, CR 2002, 559 ff. – *Cyber-Cash-Verfahren*.

statt, ohne dass Hardwarekomponenten[17] in einer neuen Art und Weise benutzt würden.

III. „Point-Granting-Service"

Eine weitere internetbasierte Geschäftsmethode ist das „Point-Granting-Service", ein Verfahren, mit dem einem Nichtkunden Bonuspunkte gutgeschrieben werden können. Dies kann man sich wie folgt vorstellen: Ein über das Internet Waren beziehender Kunde tätigt einen bestimmten Umsatz, für welchen ihm Bonuspunkte gewährt werden. Diese ermöglichen dem Käufer entweder einen Rabatt auf seinen getätigten Einkauf oder sonstige Vergünstigungen. Er erhält darüber hinaus die Möglichkeit, die gesammelten Punkte auch einer dritten Person gutschreiben zu lassen und damit die Punkte als Geschenk zu verwenden. Dazu gibt er den Namen des Dritten ein, woraufhin auf dem Server nach diesem Namen gesucht wird. Ist er nicht bereits bekannt, gibt der Kunde den Namen des Dritten, dessen E-mail-Adresse bzw. dessen Postanschrift ein. Daraufhin wird der dem Dritten gewährte Bonus gespeichert und der Dritte über die ihm gutgeschriebenen Punkte via E-mail an die bereits auf dem Server befindliche und bekannte oder die vom Kunden eingegebene Adresse informiert.

Der wirtschaftliche Vorteil liegt für den Anbieter darin, dass die Beschenkten mit einiger Wahrscheinlichkeit den Online-Shop aufsuchen werden, um den Bonus zu nutzen, obwohl ihnen der Shop vielleicht vorher unbekannt war. Als zusätzliches Lockmittel, die angebotenen Dienstleistungen tatsächlich zu beanspruchen, ist ebenfalls vorstellbar, die Kunden in eine Art von Lotterie einzubinden, bei der sie die für die jeweilige Transaktion gewährten Punkte erhöhen können. Beispielsweise könnte bei Beendigung jeder zwanzigsten Transaktion einer der zwanzig Kunden die zehnfache Anzahl der normalerweise bei dieser Transaktion gewährten Punkte erhalten.

Dieses Verfahren, das als Werbemaßnahme charakterisiert werden kann, zeichnet sich ebenso wie die unter I. und II. dargestellten Verfahren durch bloße programmtechnische Umsetzung aus. Die jeweiligen Datensätze, seien es die Daten des Kunden und/oder desjenigen, dem die Boni gutgeschrieben werden sollen, werden auf elektronischem Wege unter Nutzung althergebrachter technischer Komponenten abgeglichen und versendet.

Im Ergebnis ist also festzustellen, dass die geschilderten Erscheinungsformen internetbasierter Geschäftsmethoden auf einem Computer ausgeführte, eine bestimmte Funktion erfüllende Verfahren sind, die sich im Wesentlichen dadurch

---

[17] Siehe dazu unter Kap. 1, § 1, C., III., 2.

auszeichnen, dass bereits bekannte technische Komponenten in einem neuen Zusammenhang eingesetzt werden, ohne dass es zu einer neuartigen Beeinflussung von Hardwarekomponenten kommt.

B. Der Begriff der „Geschäftsmethode"

Diesen dargestellten Erscheinungsformen internetbasierter Geschäftsmethoden ist weiterhin gemein, dass sie darauf ausgerichtet sind, dem Kunden Erleichterungen zu verschaffen, sei es in zeitlicher oder finanzieller Hinsicht. Derartige Vorteile machen sich auch die die Geschäftsmethode verwendenden Unternehmen zu Nutze; der Gebrauch von Geschäftsmethoden ermöglicht ihnen die Erzielung betriebswirtschaftlich positiver Ergebnisse. Geschäftsmethoden sind weiter für eine Vielzahl von geschäftlichen Transaktionen gedacht und werden stets durch Computerprogramme in gleicher Art und Weise rechentechnisch umgesetzt.

Derartiges planmäßiges Vorgehen, um theoretische und praktische Ziele in Wissenschaft und Forschung, aber auch im Alltagsleben sicher und bestmöglich zu erreichen, wird unter den Begriff der Methode subsumiert.[18] Zur „Geschäfts"-Methode wird sie dann, wenn sie auf kaufmännischem oder wirtschaftlichem Gebiet liegt, sich folglich auf Buchhaltung, Organisation, Finanzierung, Lagerhaltung, Abrechnung, Geschäftsführung oder Werbung bezieht. In der Literatur werden darüber hinaus den geschäftlichen Methoden die der Marktforschung, des Unterrichts und der Unternehmenskommunikation zugeordnet.[19] Eine geschäftliche Methode lässt sich also als planmäßiges Vorgehen definieren, um ein Ziel im kaufmännischen Bereich optimal zu erreichen.

Da der in Rede stehende Untersuchungsgegenstand die internetbasierte Geschäftsmethode ist, soll im Folgenden der Begriff „internetbasiert" erläutert werden.

---

[18] Vgl. Brockhaus – Die Enzyklopädie, Stichwort: Methode; Meyers Taschenlexikon, Stichwort: Methode.
[19] *Van Raden/Wertenson,* GRUR 1995, 523, 524; vgl. auch das Beispiel für ein Marktforschungssystem bei *Schindlbeck,* in: Van Raden (Hrsg.), Zukunftsaspekte des gewerblichen Rechtsschutz, S. 125 ff.

C. Der Begriff „internetbasiert"

Der Begriff „internetbasiert" beschreibt eine Methode, die im Internet genutzt wird und ihren Ursprung in der virtuellen Welt hat. Dies macht es erforderlich, kurz auf die Grundlagen des Internet einzugehen.

I. Der Aufbau des Internet

Das Internet[20] lässt sich als weltweites Netz miteinander verbundener Computer und Computernetzwerke beschreiben, die aufgrund einer „gemeinsamen Sprache", der TCP/IP-Protokolle[21], und eines einheitlichen Adressierungssystems plattformunabhängig, also unabhängig von der jeweils verwendeten Hardware und vom verwendeten Betriebssystem[22], miteinander kommunizieren können.[23]

Aus organisatorischer Sicht besteht das Internet aus einem Verbund autonomer Subnetze und einzelner Computer, die von unterschiedlichen Organisationen und Personen betrieben und kontrolliert werden; es existiert kein zentrales „Internetmanagement". Die Existenz und Funktionalität des Internets folgt aus dem Umstand, dass Hunderttausende selbständiger Computer- und Computernetz-

---

[20] Das Internet geht zurück auf ein ARPANET genanntes Produkt der Advanced Research Project Agency (ARPA) des amerikanischen Verteidigungsministeriums aus dem Jahre 1969. Das ARPANET verband Computer und Computernetzwerke, die vom Militär, von militärnahen Unternehmen und vom im Bereich der Verteidigung forschenden Universitäten betrieben wurden. Später ermöglichte es Forschern aus den Vereinigten Staaten den direkten Zugang zu einigen wenigen extrem leistungsfähigen Computern, die sich an ausgewählten Universitäten und Forschungseinrichtungen befanden. Das ARPANET wurde immer größeren Nutzerkreisen zugänglich gemacht. Es wurde mit anderen Netzwerken verbunden zum „DARPA Internet" und schließlich auch mit anderen Ländern verbunden „Internet" (vgl. zur Geschichte des Internet: *Krol*, Die Welt des Internet, S. 15ff.; *Dufour*, Internet, S. 25ff.).
[21] TCP = Transmission Control Protocol; IP= Internet Protocol; zur Funktion der Protokolle statt vieler *Minoli*, Internet &Intranet Engineering, S. 30 ff.
[22] Die Funktionalität von TCP/IP ist auch unabhängig von der Netzstruktur oder vom physischen Übertragungsmedium (Leitungen, Funkverbindungen); vgl. *Hage/Hitzfeld*, in: Loewenheim/Koch (Hrsg.), Praxis des Online-Rechts, S. 1, 19.
[23] Eine inzwischen vielfach verwendete Definition des Internet wurde durch eine einstimmige Resolution des Federal Networking Council (FNC), eines wissenschaftlichen Forums für Zusammenarbeit im Bereich der Netzwerktechnologie, vom 24. Oktober 1995 vorgenommen. Danach bezieht sich der Begriff „Internet" auf „the global information system that (i) is logically linked together by a globally unique address space based and the Internet Protocol (IP) or its subsequent extentions/follow ons; (ii) is able to support communications using the Transmission Control Protocol/Internet Protocol (TCP/IP) suite or its subsequent extentions/follow ons, and/or other IP-compatible protocols; and (iii) provides, uses or makes accessible, either publicly or privately, high level services layered on the communications and related infrastructure described herein"; vgl. http://www.fnc.gov/Internet-res.html, abgerufen am 19. Dezember 1998.

werkbetreiber unabhängig voneinander entschieden haben, gemeinsame Datenübertragungsprotokolle für den Austausch von Informationen mit anderen Computern zu verwenden. Es gibt keinen zentralen Speicher, Kontrollpunkt oder Kommunikationskanal im Internet.[24] Das Internet wächst kontinuierlich und ist aufgrund der Zugänglichkeit seiner Standards und seiner Kommerzialisierung offen für eine beliebige Anzahl weiterer Subsysteme. Die Vielzahl der Betreiber der Subnetze und die damit verbundene dezentrale Struktur unterscheiden das Internet von den sogenannten proprietären Netzen[25], die von einer Organisation oder Person betrieben und kontrolliert werden. Innerhalb der verbundenen Netze lassen sich die nationalen Hochleistungsnetze, die sogenannten Backbones, von kleineren regionalen oder lokalen Netzen unterscheiden, die von den Backbones verbunden werden.

Wie alle Computernetze wird das Internet gebildet durch eine physische Infrastruktur sowie durch eine Vielzahl von Programmen, die auf verschieden Ebenen die Datenübertragung regeln.[26] Der für das Internet charakteristische Standard sind die bereits oben angeführten TCP/IP-Protokolle.

Die physische Struktur des Internet besteht aus vielen Millionen Netzknotenrechnern und den Verbindungen zwischen ihnen. Unter den Netzknotenrechnern gibt es solche, die ausschließlich dem Transport der Daten durch das Netz dienen; hierunter fallen sogenannte Router und Gateways.[27] Die übrigen Netzknotenrechner sind Rechner, die Computeranwendungen ausführen; sie werden Hosts genannt, weil sie Anwendungsprogramme „beherbergen". Auf der Ebene der Anwendungen lassen sich bei den Rechnern die sogenannten Server von den Clients unterscheiden. Während Server Anwendungen anbieten[28], nutzen Clients

---

[24] Im Übrigen wäre es technisch für eine einzelne Institution nicht möglich, alle Informationen, die über das Internet verbreitet werden, zu kontrollieren. Anzumerken ist jedoch, dass in verschiedenen Ländern die Netzwerke im Sinne der jeweiligen nationalen politischen Vorstellungen finanziert und betrieben werden.
[25] Proprietäre Netze betreiben beispielsweise AOL, T-Online oder CompuServe; vgl. dazu ausführlich *Hage/Hitzfeld* in: Loewenheim/Koch (Hrsg.), Praxis des Online-Rechts, S. 1, 2 ff. Onlinedienste haben im Gegensatz zum Internet eine nachvollziehbare Angebotsstruktur und einen jederzeit bestimmbaren Kundenstamm.
[26] Vgl. zu den verschiedenen Programmebenen z.B. *Minoli*, Internet & Intranetengineering, S. 33 ff.
[27] Vgl. *Dufour*, Internet, S. 5, 117 ff. Ein Router leitet automatisch Datenpakete weiter; ein Gateway ermöglicht den Übergang zwischen physisch und logisch verschiedenen Netzen erbringt also Übersetzungsleistungen zwischen unterschiedlichen Übertragungsprotokollen. Router und Gateway existieren in Form eigenständiger Geräte oder als Spezialsoftware.
[28] Als Server bzw. Client werden auch Computerprogramme bezeichnet, die einen Dienst bereitstellen bzw. nachfragen; auf einem Computer können gleichzeitig unterschiedliche Dienste bereitgestellt werden, also mehrere Server laufen.

die Anwendungen. Die Verbindungen zwischen den Netzwerkknotenrechnern variieren in Bezug auf Art und Qualität. Es kann sich bei ihnen um herkömmliche Kupfertelefonleitungen, um Glasfaserkabel, um Radiowellen oder um Satellitensignale handeln. Dementsprechend variieren auch die Übertragungskapazitäten; die Verbindungen im Internet sind überwiegend dauerhafter Natur.

II. Datenübertragung im Internet

Nach der gegenwärtigen Technologie erfolgt die Datenübertragung im Internet in Form der sogenannten Paketübermittlung.[29] Dabei werden die zu übertragenden Daten vor dem Transport in kleinere Datenpakete unterteilt, die jeweils mit einer Ordnungskennung und mit der Adresse des Zielrechners versehen werden. Die Datenpakete werden dann unabhängig voneinander, oft auf unterschiedlichen Wegen und zu unterschiedlichen Zeiten von Router [30] zu Router durch das Netz gesandt.[31] Jeder Router, über den ein Datenpaket geleitet wird, macht von dem Datenpaket eine temporäre Kopie und sendet es zum nächsten, im jeweiligen Moment günstigen Router weiter, bis es seinen Bestimmungsort erreicht hat. Am Bestimmungsort werden die Datenpakete wieder zusammengesetzt. Die aufgezeigten Prozesse laufen üblicherweise vollautomatisch innerhalb der Soft- und Hardware ab, werden also durch Computerprogramme/Software gesteuert.[32]

III. Zugang zum Internet/ Ablauf von Vorgängen im Internet

Der Zugang zum Internet erfolgt für den Endnutzer immer über die Verbindung mit einem der vielen Subnetze oder einzelnen Computer, aus denen das Internet besteht.

Der Endnutzer kann einer Institution oder einem Unternehmen angehören, die bzw. das selbst ein Subnetz betreibt, oder er erlangt den Internetzugang über einen besonderen Internet Access Provider, der den Zugang zum Internet über einen

---

[29] Zu den technischen Details der Paketübermittlung vgl. statt vieler *Hage/Hitzfeld*, in: Loewenheim/Koch (Hrsg.), Praxis des Onlinerechts, S. 1, 19.
[30] Routing meint die Weitervermittlung von Daten an eine Adresse, die sich in einer anderen Organisationseinheit des Netzes befindet; vgl. *Hage/Hitzfeld* in: Loewenheim/Koch (Hrsg.) Praxis des Online-Rechts, S. 1, 28.
[31] Die Paketvermittlung hat unter anderem den Vorteil der effizienteren Ausnutzung von Leitungen, weil die Leitungen für eine bestimmte Verbindung nicht während der Dauer der Übertragung belegt werden, sondern gleichzeitig für eine Vielzahl von Übertragungen genutzt werden können.
[32] Siehe dazu *Zimmermann*, Managing Intellectual Property, November 1997, S. 7, 9.

unmittelbar mit dem Internet verbundenen Computer ermöglicht.[33] Die Realisierung erfolgt damit durch den bestimmungsgemäßen Ablauf des Computerprogramms auf dem Webserver und dem PC des Nutzers, wobei die Verknüpfung der einzelnen Computer ebenfalls durch Software erfolgt.

Ähnlich dem Zugang zum Internet wird der Ablauf einer internetbasierten Geschäftsmethode realisiert. Auch hier laufen bestimmte Computerprogramme auf einem Webserver und dem Computer des Nutzers.

1. Software

Es gilt zunächst die Realisierung des Zugangs zum Internet sowie den Ablauf einer derartigen Methode im Internet durch Erläuterung der Begrifflichkeiten „Software" und „Computerprogramm" zu erklären.

Ein Streifzug durch die juristische Fachliteratur zu den Eigenschaften von Computersoftware, bei dem man mehr oder weniger ausführliche Erklärungsversuche zur Funktionsweise der Computersoftware findet, zeigt, dass der Begriff und sein Inhalt umstritten sind. Es findet sich eine Fülle oft schillernder Veranschaulichungen[34], insgesamt jedoch ein höchst uneinheitliches, teilweise geradezu irreführendes Bild. Deutungen wie „Alles, was auf Computern läuft und sie zum Laufen bringt"[35] oder Vergleiche mit „Gebrauchsanweisungen"[36] helfen weder wesentliche Bestimmungsmerkmale der Software zu erfassen noch eine Abgrenzung zur Computer-Hardware zu finden.

Im Gegensatz zu Hardware ist unter Software etwas Abstraktes zu verstehen, nämlich die „Gesamtheit aller Programme, die auf einer Rechenanlage eingesetzt werden können"[37]. So wurde dem Begriff Software in Deutschland anlässlich der Novellierung des Urhebergesetzes folgender Inhalt zugewiesen: „Software ist jede von Datenverarbeitungsmaschinen interpretierbare Anordnung von Information,

---

[33] Im Rahmen des Internet bestehen verschiedene Dienste. Neben der Email, einem Dienst zur Versendung von elektronischen Briefen, finden sich Diskussionsgruppen (Usenet, Listserver), Möglichkeiten zum Datentransfer (FTP und Telnet; daneben existiert auch noch das ältere Gophersystem) sowie das World Wide Web - WWW - , das sich wie ein Mantel über alle bisherigen Informationsdienste legt; vgl. dazu *Hoeren*, Rn. 11 ff.
[34] Besonders bildhaft beschreibt *Heussen* Software in verschiedenen Aggregatzuständen. Auf dem Weg zur Lösung des Problems verfestige sich Software immer mehr, bis sie als „gefrorene Idee" auf einem Datenträger transportiert werden könne, GRUR 1987, 779, 781.
[35] *Wittmer*, S. 31.
[36] Vgl. *Möhring*, GRUR 1967, 269 ff.
[37] DUDEN „Informatik", Ausgabe 1988, S. 545.

die dazu dient, die Daten- oder Kontrollstruktur von Computerprogrammen zumindest teilweise zu definieren"[38].

Wesentlich für die nachfolgenden Ausführungen ist, dass der Begriff Computerprogramm nicht mit dem Begriff Computersoftware gleichzusetzen ist. Software ist vielmehr der Überbegriff[39] für Computerprogramme und Algorithmen, auf denen Computerprogramme beruhen sowie Dokumentationen, die die Arbeitsweise von Computerprogrammen erläutern, wie z.B. Systemanalysen, Datenflusspläne und Flussdiagramme.[40]

a) Computerprogramm

Der Begriff Computerprogramm, auch Datenverarbeitungsprogramm genannt, wird definiert als eine „Folge von Anweisungen und Vereinbarungen, die, gemäß den Regeln einer Programmiersprache gebildet, als vollständig und ausführlich anzusehen sind, um die Lösung einer bestimmten Aufgabe auf einem Rechner zu steuern"[41]. Da die Aufgabe jedoch eine solche der Datenverarbeitung oder der Informationsverarbeitung ist, muss die Definition insoweit präzisiert werden: Unter der Aufgabe wird ein Teilstück aus einem menschlichen Informationsverarbeitungsprozess verstanden, der vollständig formalisiert, in Algorithmen überführt, schließlich auf einem Rechner ausgeführt werden kann.[42]

aa) Entstehung

Zum besseren Verständnis soll zunächst die Entstehung eines Computerprogramms dargestellt werden.

aaa) Grobentwurf/Generelle Problemlösung

In der ersten Phase der Erstellung eines Computerprogramms erfolgt die generelle Problemlösung, der Grobentwurf. Die auszuführenden Funktionen werden in Teilfunktionen zergliedert und zu Modulen zusammengefasst, die weitgehend unabhängig voneinander sind und nur über Schnittstellen miteinander in Verbindung stehen. Für jedes Modul werden die zur Ausführung der Programmfunktionen zum Einsatz kommenden Algorithmen neu entwickelt bzw. neu angepasst.

---

[38] *Broy*, Informatik-Spektrum 1992, Diskussionspapier des GI-Arbeitskreises für Softwareschutz, S. 89 ff.
[39] *Kolle*, GRUR 1977, 58, 65; *Keplinger*, Emory L.J. 30 (1981), 483, 484.
[40] *Haase*, S. 26.
[41] *Broy*, Informatik-Spektrum 1992, Diskussionspapier des GI-Arbeitskreises für Softwareschutz, S. 89 ff.
[42] *Schneider*, S. 416.

Es werden die Daten-, Datei-, Eingabe- und Aufgabeformate beschrieben sowie die notwendigen Schnittstellen definiert.[43] Das Ergebnis dieser Analysephase ist der Lösungsweg, der in einer Studie (auch Pflichtenheft[44] genannt) beschrieben wird.

bbb) Feinentwurf/Datenflussplan

Auf der Grundlage des in Phase 1 gewonnenen Ergebnisses wird in der zweiten Phase ein Feinentwurf entwickelt, bei dem nicht gefragt wird, welche Funktionen das Programm enthalten soll - Phase 1 -, sondern wie diese zu implementieren sind. Es erfolgt eine nähere Projektion der Problemlösung, indem der Inhalt eines jeden Moduls im Detail beschrieben wird. Die detaillierte Beschreibung des aufgefundenen Lösungswegs erfolgt mit Hilfe des Datenflussplans und des Flussdiagramms.

(1) Datenflussplan

Der Datenflussplan gibt einen Überblick über die beteiligten Speicher, die Datenträger sowie die auszuführenden Arbeiten und zeigt, von welchen Geräten für eine bestimmte Aufgabe Daten eingelesen werden, welche Wege diese Daten nehmen und wo sie schließlich gespeichert werden.

(2) Flussdiagramm

Das Flussdiagramm gibt den Lösungsweg in Form einer grafischen Darstellung des Befehls- und Informationsablaufs so wieder, wie ihn eine Datenverarbeitungsanlage erfordert.[45] Der Geschehensablauf wird dabei in der Regel durch eine Folge von Blöcken, Weichen und Schleifen dargestellt[46].

ccc) Implementierung/Kodierung

In der dritten Phase[47] erfolgt die eigentliche Kodierung des Programms. In ihr wird der Programmablauf nunmehr in eine dem Computer verständliche Befehlsfolge umgewandelt.

---

[43] Vgl. OLG Frankfurt, BB 1985, 139.
[44] Vgl. dazu *Moritz/Tybussek*, Rn. 139.
[45] Vgl. *Schickedanz*, Mitt. 2000, 173, 176.
[46] BGHZ, 94, 276, 382 – *Inkassoprogramm*; ein Beispiel eines Flussdiagramms ist abgedruckt bei *Smolek/Weissenböck*, 33 und bei *Zahn*, GRUR 1978, 207, 211.
[47] In dieser Phase werden zusätzlich die Namen der Dateien und Datenfelder ausgewählt, die Texte für den Dialog mit dem Benutzer formuliert und die dazugehörigen grafischen Darstellungen

(1) Quellenprogramm bzw. Source Code

Diese Kodierung wird in der Regel zunächst unabhängig von der Maschinensprache des zur Verfügung stehenden Computers in einer Programmiersprache vorgenommen; das Ergebnis ist das sogenannte Primär- oder Quellenprogramm. Es wird auch Source Code oder Programmlisting genannt und beschreibt in vollständiger Weise die Anweisungen und Vereinbarungen eines Computerprogramms, also dessen Verhalten, unter Beachtung der Gesetzmäßigkeiten der Programmerstellung in einer vom Entwickler geschriebenen und für den Fachmann verständlichen Form.

Das Quellenprogramm wird dabei von einem Programmierer in einer sogenannten höheren Programmiersprache geschrieben bzw. geschaffen.[48] Nur durch den schriftlichen Text des Quellenprogramms ist ein Computerprogramm außerhalb des Computers in nachvollziehbarer Weise dokumentier- und lesbar;[49] es bildet sozusagen den Programmschlüssel.

(2) Objektprogramm bzw. Objekt-Code

Durch die maschinelle Übersetzung des Quellenprogramms entsteht das sogenannte Objektprogramm, das der Maschinensprache entspricht.[50] Das Objektprogramm ist somit eine Umsetzung (Übersetzung) des Quellenprogramms, die sich als Teil-Vervielfältigung des Quellenprogramms in bearbeiteter Form darstellt.[51]

Objektprogramme sind in einem binärem Code geschrieben und besteht aus zwei Symbolen bzw. Zahlen, die als bit (binary digits)[52] bezeichnet werden. Mit einer

---

entworfen, digitalisiert und mit der ausgewählten Bildschirm-Farbinformation versehen. Es werden zudem die Kommentare zur Erläuterung der Programmfunktionen verfasst, soweit letzteres nicht schon bei der Dokumentation des Feinentwurfs (Phase 1) geschehen ist. Ferner wird auf der Grundlage des Quellenprogramms und der Programmbeschreibung das Begleitmaterial (Anwendungsdokumentation) und die Wartungsdokumentation verfasst.
[48] *Kindermann*, ZUM 1985, 2, 3; *Haberstrumpf*, GRUR 1982, 142, 143.
[49] *Winischhofer*, S. 10.
[50] Vgl. OLG Frankfurt, BB 1985, 139, 140, das vier Phasen der Programmerstellung unterscheidet.
[51] Vgl. *Nordemann*, ZUM 1985, 10, 11; die Übersetzung geschieht grundsätzlich mittels eines Compilerprogramms; vgl. dazu *Kindermann*, ZUM 1985, 2, 3; *Hannemann*, S. 23.
[52] Binary digit = Binärziffer.

entsprechenden Anzahl von „bits" kann man alle Zahlen, Buchstaben und Sonderzeichen ausdrücken.[53]

Während die Quellentexte in nahezu allen Fällen geheim gehalten werden, stellt das Objektprogramm die Weitergabe- und Vertriebsform von Computerprogrammen dar.[54]

bb) Funktion

Neben der Einteilung der Computerprogramme nach den Sprachen, in denen sie geschrieben sind - diesbezüglich unterscheidet man in Quellen- und Objektprogramm – kann andererseits eine Klassifizierung auch im Hinblick auf ihre Funktion erfolgen. Diesbezüglich unterscheidet man zwischen Betriebs- und Anwendungsprogrammen.

aaa) Betriebs- bzw. Systemprogramm

Betriebs- bzw. Systemprogramme werden all diejenigen Programme genannt, die entweder die internen Arbeitsgänge des Computers beeinflussen und kontrollieren (sog. DOS-Programme[55]) oder Quellprogramme in Objektprogramme übersetzen (sog. Compilerprogramme).[56] Ein Betriebssystem koordiniert die Hardwarebetriebsmittel des Computers während des Ablaufs von Rechenprozessen und kontrolliert alle Eingaben und Ausgaben des Computers. Die generelle Aufgabe eines Betriebssystems liegt in der wirtschaftlichen Nutzung der Betriebsmittel und in der Bereitstellung einer zugänglichen Umgebung für Anwendungsprogramme.[57]

bbb) Anwendungsprogramm

Der Begriff Anwendungsprogramm bezieht sich auf Programme, die eine bestimmte Aufgabe für den Benutzer übernehmen, wie z.B. Programme zur Text-

---

[53] Der binäre Code wird im Computer durch entgegengesetzte elektromagnetische Impulse dargestellt. „1" bedeutet, dass ein elektromagnetischer Impuls vorhanden ist, während „0" bedeutet, dass kein elektromagnetischer Impuls vorhanden ist, vgl. dazu *Moritz/Tybussek*, Rn. 5.
[54] Vgl. *Horns*, jurPC, Web-Dok. 223/2000, Abs. 41.
[55] DOS steht für Disk Operating System = Diskettenbetriebssystem.
[56] *Kindermann*, ZUM 1985, 2, 4; *Moritz/Tybussek*, Rn. 18; *Wittmer*, S. 28; *Zahn*, GRUR 1978, 207, 212.
[57] *Dubbel*, Maschinenbau, Y 4.

verarbeitung, Lohn- und Gehaltsabrechnung, Kontenführung, Kostenplanung, Inkassoabwicklung, Konstruktions- oder Produktionssteuerung.[58]
Man unterscheidet zwischen dabei Standardanwendungs- und Individualanwendungsprogrammen. Standardanwendungsprogramme sind beispielsweise Programme zur Textverarbeitung oder Lohn- und Gehaltsabrechnung. Sie lösen ein bei vielen Anwendern auftretendes, identisches Problem in gleicher Weise, d.h., sie werden „konfektioniert" angeboten. Individualanwendungsprogramme hingegen lösen die aus Zielen des Anwenders abgeleiteten, klar definierten Datenverarbeitungsaufgaben, werden meist vom Anwender selbst erstellt und sind häufig auf eine konkrete Datenverarbeitungsanlage zugeschnitten.[59] Individualprogramme sind beispielsweise Programme zur Konstruktions- und Produktionssteuerung.[60]

b) Algorithmus

Hinsichtlich des Verhältnisses zwischen Computerprogramm und Algorithmus ist zu sagen, dass sich der Begriff des Programms unter den des Algorithmus subsumieren lässt. Der Algorithmus ist sozusagen die Grundlage oder auch die Idee eines jeden Programms.

Der „Algorithmus", von der Informatik als fundamental für ihre Disziplin betrachtet[61], wird auf den Namen des arabischen Gelehrten Al Chuwarismi (um 900) zurückgeführt und ursprünglich ganz allgemein als Umschreibung für das Rechnen mit Dezimalzahlen verstanden[62]. Heute ist der Begriff nicht eindeutig, wird jedoch zumeist als das allgemein definierte, programmierbare Verfahren zur Lösung einer bestimmten Aufgabe verstanden. Die Aufgabe wird logisch durchgestaltet und der Lösungsweg eines Problems in eine eindeutige und endliche Zahl von Arbeitsregeln (Umformungsregeln) aufgegliedert, durch deren schematische Befolgung man alle Aufgaben eines bestimmten Typs lösen, d.h., gegebene Größen in andere zielgerecht umarbeiten kann.[63] In der Informatik versteht man unter Algorithmus eine Verarbeitungsvorschrift, die so präzise gefasst ist, dass sie von einem mechanisch oder elektronisch arbeitenden Gerät durchgeführt werden kann. Für die Betätigung der schöpferischen Fantasie des Ausführenden bleibt kein Raum, er muss sklavisch nach den ihm gegebenen Vorschriften arbeiten, die

---

[58] *Kindermann*, ZUM 1985, 2, 4, *Loewenheim*, ZUM 1985, 26, 27; *Zahn*, GRUR 1978, 207, 212.
[59] *Schneider*, S. 78; *Kullmann*, S. 30.
[60] *Moritz/Tybussek*, Rn. 21, 22.
[61] *Albert/Ottmann*, S. 187; *Bund*, S. 22; *Müller/Löberl/Schmidt*, Stichwort Algorithmus, *Kullmann*, S. 30.
[62] *Smolek/Weissenböck*, 27.
[63] *Wittmer*, S. 26, dort Fn. 9; vgl. in neuerer Zeit grundsätzlich zum Begriff Algorithmus: *von Hellfeld*, CR 1989, 471, 477 ff.

alles bis ins Kleinste regeln.[64] Beispiele solcher Verfahren sind die vier Grundrechenarten, die es uns erlauben, mechanisch die Summe oder das Produkt von Zahlen zu errechnen. Algorithmen begegnen uns aber nicht nur bei der Computerprogrammierung, in der Logik oder Mathematik, sondern auch im Alltagsleben, wo sie uns in Gestalt von Kochrezepten, Gebrauchsanweisungen oder Schnittmustern entgegentreten.[65]

Algorithmus meint folglich die abstrakte Methode der Kombination von Anweisungen zur Herstellung von Funktionalität, die durch bestimmte Programmiersprachen realisiert werden kann und von der Art des ausführenden Prozessors (Mensch oder Maschine)[66] unabhängig ist.[67] Die eigentliche schöpferische Leistung und das Kernelement eines Computerprogramms wird dabei durch den Entwurf und die Konzeption sowie die schrittweise Verfeinerung des Algorithmus verkörpert, indem die algorithmischen Lösungselemente das individuelle Gepräge des Programms unmittelbar bestimmen.[68]

Der Prozess, der in der schrittweisen Entwicklung eines Algorithmus von der problemnahen zu der maschinennahen Fassung besteht,[69] wird dementsprechend als Programmierung bezeichnet: Ein Programm ist daher die für eine Maschine geeignete Fassung eines Algorithmus.

Aus dem Vorangegangen folgt, dass Software der Oberbegriff für alle nicht von der Hardware umfassten Komponenten ist. Maßgeblicher Bestandteil ist das Computerprogramm, das in verschiedenen, aufeinander aufbauenden Phasen entwickelt wird und sich seinerseits in kontinuierlich kleiner werdende Einheiten aufschlüsseln lässt. Grundlage und Idee eines jeden Computerprogramms ist dabei der Algorithmus.

2. Hardware

Mit „Hardware" werden - im Gegensatz zu Software - alle Komponenten eines Computers umschrieben, die physikalisch vorhanden sind, also unter anderem der Hauptprozessor, der Speicher aber auch die Maus und der Bildschirm sowie die

---

[64] *Albert/Ottmann*, S. 199, 205; *Hermes*, S. 1 f.
[65] *Claus*, S. 16 – 22; *Goldschläger/Lister*, S. 12, jeweils mit weiteren Beispielen aus dem Alltagsleben.
[66] Dies wird in der urheberrechtlichen Literatur gerügt: vgl. *Betten*, Mitt. 1984, 207; *v. Hellfeld*, Mitt. 1986, 190 ebenso *Troller*, CR 1987, 283; *Wiebe*, S. 41.
[67] *Horns*, GRUR 2001, 1, 7; *Sommer*, GRUR Int. 1994, 383.
[68] *Hübner*, GRUR 1994, 885; *Ulmer/Kolle*, GRUR Int. 1982, 497.
[69] *Wirth*, S. 35 ff, 120; *Haberstumpf*, UFITA, 95 (1983), 223 f.; *ders.* GRUR 1986, 225; *Preuß*, S. 22 f.; *König*, Rz. 163.

Tastatur. Die Hardware umfasst mithin all die physikalisch-materiellen Teile eines Computersystems, die man weder verändern noch kopieren kann[70] und mittels derer unter anderem Impulse zur Steuerung des Computers ausgelöst werden können.

IV. Ergebnis

Der Zugang zum Internet wie auch die Durchführung der Geschäftsmethoden werden damit durch das Computerprogramm verwirklicht. Die Realisierung erfolgt dabei durch den Ablauf des soeben in seinen Phasen detailliert beschriebenen Programms auf dem Webserver und dem PC des Nutzers.

§ 2 Definition

Fasst man die geschilderten Komponenten zusammen, so gelangt man zu der Definition des Begriffs „internetbasierte Geschäftmethode":

Unter einer Geschäftsmethode ist nach dem Vorstehenden eine planmäßige Vorgehensweise zu verstehen, mit deren Hilfe Geschäftsabläufe vereinfacht und beschleunigt, also effizient, ausgeführt werden können.

In dem interaktiven Medium Internet werden diese Geschäftsmethoden unmittelbar in Computerprogramme umgesetzt und sodann durch den bestimmungsgemäßen Ablauf dieser Programme auf den beteiligten Computern – dem Webserver und dem PC des User – realisiert. Insofern ist es in diesem Bereich möglich, ein im Kern betriebswirtschaftliches Konzept durch das zu seiner Verwirklichung verwendete Computerprogramm zu beschreiben. Dies ist der Grund dafür, dass die Beurteilung der Zulässigkeit von Patenten auf derartige Programme einerseits und auf Geschäftsmethoden andererseits oftmals untrennbar miteinander verbunden ist. Bei der Frage der Patentierbarkeit internetbasierter Geschäftsmethoden geht es daher um die Frage der Patentierbarkeit „programmimplementierter Geschäftsmethoden".

Der Begriff „programmimplementierte Geschäftsmethode" wird aus diesem Grund im Folgenden den Untersuchungsgegenstand beschreiben. Ist die programmimplementierte Geschäftsmethode auch eine Spielart computerimplementierter Erfindungen, so soll der Begriff „programmimplementiert" vor

---

[70] DUDEN „Informatik", Ausgabe 1988, S. 259.

allem deshalb benutzt werden, um die Unabhängigkeit der internetbasierten Geschäftsmethode von der Hardware (Computer) zu dokumentieren. Untersuchungsgegenstand ist also die Geschäftsmethode losgelöst von der Vorrichtung Computer.

Kapitel 2 – Nicht-patentrechtliche Schutzmöglichkeiten für programmimplementierte Geschäftsmethoden

Wenn auch die patentrechtliche Beurteilung programmimplementierter Geschäftsmethoden im Mittelpunkt dieser Untersuchung steht, so sollen im Folgenden die nicht-patentrechtlichen Schutzmöglichkeiten für derartige Methoden skizziert werden. Dieses ermöglicht eine Einordnung des Untersuchungsgegenstandes in das System der Immaterialgüterrechte und soll dazu beitragen, die Aspekte einer derartigen Methode zu eliminieren, die bereits Gegenstand der nicht-patentrechtlichen Schutzrechte sind. Es gilt zunächst zu fragen, ob und wie programmimplementierte Geschäftsmethoden jenseits des Patentrechts geschützt werden können. Ziel ist es, herauszufinden, ob dieser nicht-patentrechtliche Schutz umfassend oder lückenhaft ist und infolgedessen möglicherweise ein Bedürfnis nach Patentschutz besteht.

§ 1 Schutzmöglichkeiten nach deutschem und europäischem Recht

Als nicht-patentrechtliche Schutzmöglichkeiten stehen hauptsächlich das Urheber-, das Wettbewerbs- sowie das Gebrauchsmuster- und Geschmacksmusterrecht zur Verfügung. Vor dem Hintergrund, dass programmimplementierte Geschäftsmethoden insbesondere das Spannungsfeld zwischen Urheber- und Patentrecht betreffen, wird die urheberrechtliche Beurteilung des Untersuchungsgegenstandes hier im Mittelpunkt stehen.

A. Programmimplementierte Geschäftsmethoden als Gegenstand von Urheberrecht

Ein europäisches Urheberrechtsgesetz existiert nicht, gleichwohl hat das europäische Gemeinschaftsrecht auf das deutsche Urheberrecht in vielfältiger und tiefgreifender Weise eingewirkt; dessen Fortentwicklung ist wesentlich auf den Einfluss des europäischen Rechts zurückzuführen.[71] Es geht dabei im Wesentlichen um die Anwendung des im EGV enthaltenen primären Gemeinschaftsrechts, das als supranationales Recht höherer Ordnung das nationale deutsche Recht überlagert. Eine vorwiegend industriepolitisch motivierte und eng

---

[71] Vgl. *Dietz*, in: GRUR-FS, S. 1445; *Schack*, Rn. 120 ff.

auf die Bedürfnisse der Marktintegration abzielende Harmonisierungspolitik[72] ist im Laufe der Zeit umfassenderen Konzeptionen gewichen, die die kulturpolitische Dimension einbeziehen und letzten Endes auf eine europäische Gesamtkonzeption des Urheberrechts hinauslaufen dürften.[73] Mittlerweile sind fünf Richtlinien[74] zur Urheberrechtsharmonisierung in Kraft getreten, von denen im Hinblick auf den Untersuchungsgegenstand allein die Richtlinie 91/250/EWG vom 14. Mai 1991 über den Rechtsschutz von Computerprogrammen[75] von Bedeutung ist. Sie wurde mittels des 2. UrhGÄndG vom 9. Juni 1996[76] umgesetzt, welches die materiellen Vorschriften der Richtlinie als 8. Abschnitt in das Urheberrechtsgesetz einfügte. Da sich die konzeptionelle Begründung des Urheberrechts der einzelnen kontinentaleuropäischen Länder nicht grundlegend unterscheidet, soll die Beurteilung anhand des durch die EU-Richtlinie beeinflussten deutschen Urheberrechts erfolgen.

In Übereinstimmung mit der kontinentaleuropäischen Tradition wird das Urheberrecht in Deutschland individualrechtlich begründet[77] und aus dem naturrechtlichen Postulat des geistigen Eigentums des Urhebers an seinem Werk hergeleitet; ratio legis ist der Schutz des Urhebers. Diesem stehen neben dem zu Lebzeiten nicht übertragbaren Urheberpersönlichkeitsrecht auch die Nutzungs- und Verwertungsrechte zu.[78]

Dem Urheberrecht kommt daher die Aufgabe zu, das geistige Eigentum des Urhebers zu sichern und den Schöpfer eines Werkes der Literatur, der Musik oder der bildenden Künste gegen eine unbefugte wirtschaftliche Verwertung seiner

---

[72] Siehe das Grünbuch über Urheberrecht und die technologische Herausforderung – Urheberrechtsfragen, die sofortiges Handeln erfordern, Dok. KOM (88) 172, abgedruckt in: UFITA 110 (1989); kritisch dazu: *Schricker*, in: FS für Steindorff, S. 1437.
[73] Vgl. *Ellins*, S. 246 ff.
[74] Richtlinie 92/100/EWG vom 19. November 1992 zum Vermiet- und Verleihrecht, ABl. Nr. 346 S. 61; abgedruckt in GRUR Int. 1993, 144; Richtlinie 93/83/EWG vom 27. September 1993 betreffend Satellitenrundfunk und Kabelerweiterung (ABl. Nr. L 248; abgedruckt in GRUR Int. 1993, 936; Richtlinie 93/98/EWG vom 29. Oktober 1993 über die Schutzdauer abgedruckt in GRUR Int. 1994, 141; Richtlinie 96/9/EWG vom 11. März 1996 über den rechtlichen Schutz von Datenbanken.
[75] ABl. Nr. L 122 S. 42, abgedruckt in GRUR Int. 1991, 545 und UFITA 122 (1993), 165.
[76] BGBl. I 1993, 910.
[77] Vgl. *Ulmer*, Urheber- und Verlagsrecht, § 16 I, S. 105 ff; *Schricker*, UrhR, Einl. Rn. 11; BGHZ 17, 266 – *Grundig-Reporter*, wonach „die Herrschaft des Urhebers über sein Werk die natürliche Folge seines geistigen Eigentums ist, das durch die Gesetzgebung nur seine Anerkennung und nähere Ausgestaltung gefunden hat".
[78] Dogmatisch wird die Einräumung von Nutzungsrechten als eine Art Belastung des Urheberrechts gesehen, die durch gebundene Rechtsübertragung zum Entstehen eines Tochterrechts führt, das in vielfacher Weise an das beim Urheber verbleibende Mutterrecht gebunden wird; vgl. Schricker-*Schricker*, UrhR, Vor. §§ 28 ff., Rn. 43 ff. m.w.N.; *Lehmann*, NJW 1993, 1823.

schöpferischen Leistung und gegen Verletzungen seiner ideellen Interessen am Werk zu schützen[79]. Die Konzentration auf die schöpferische Leistung grenzt das Urheberrecht gegenüber den technischen Schutzrechten ab.[80]

I. Normativer Rahmen

§ 1 des Gesetzes über das Urheberrecht und verwandte Schutzrechte (UrhG) beschränkt den Schutz auf die Urheber von Werken der Literatur, Wissenschaft und Kunst, während § 2 Absatz 1 UrhG den Schutz auf bestimmte Werkkategorien konkretisiert. Insbesondere werden Sprachwerke, Computerprogramme, Musikwerke, pantomimische Werke einschließlich der Werke der Tanzkunst, Werke der bildenden Künste einschließlich der Werke der Baukunst und der angewandten Kunst, Lichtbildwerke, Filmwerke und Darstellungen wissenschaftlicher und technischer Art genannt.[81]

Die Werkkategorien Literatur, Wissenschaft und Kunst schließen vor allem Anweisungen an den menschlichen Geist aus, d.h., Handlungsanweisungen, sich in einer bestimmten Situation oder unter bestimmten Voraussetzungen in einer bestimmten Weise zu verhalten. Grundsätzlich nicht schutzfähig ist daher die Methode des Schaffens, der Stil, die Manier oder die Technik der Darstellung.[82] Begründet wird dies mit der möglichen Hemmung der literarischen und künstlerischen Entwicklung, wären Methoden und Stilmittel nicht der allgemeinen Benutzung zugänglich.[83]

Indes sind allein die abstrakte Methode des Schaffens, der Stil, die Manier und die Technik der Darstellung vom urheberrechtlichen Schutz ausgenommen. Die konkrete Anwendung dieser Methoden in einer bestimmten Werkgestaltung bzw.

---

[79] So die Begründung der Bundesregierung für die Reform des Urheberrechts, BT-Drucks. IV/270, S. 27.
[80] *Schricker*, GRUR 1996, 815, 816.
[81] Zudem werden nach § 3 UrhG Bearbeitungen und nach § 4 UrhG Sammelwerke und Datenbankwerke geschützt. Nicht geschützt sind gemäß § 5 UrhG amtliche Werke. Darunter fallen Werke von Mitarbeitern staatlicher Ämter und Behörden, von Körperschaften, Anstalten und Stiftungen des öffentlichen Rechts und beliehenen Personen des Privatrechts; vgl. dazu Fromm/Nordemann/Vinck-*Nordemann*, § 5 Rn. 1.
[82] BGHZ 5, 1, 4 – *Hummel I*; BGH, GRUR 1970, 250 f. – *Hummel III*; BGH, GRUR 1977, 547, 550 – *Kettenkerze*; BGH, GRUR 1988, 690, 693 – *Kristallfiguren*; OLG München, ZUM 1989, 253, 254; OLG Hamm, GRUR 1980, 287, 288 – *Prüfungsformular*; Erdmann, FS f. von Gamm, S. 389, 398; *ders.* GRUR 1996, 550, 551.
[83] BGHZ 5, 1, 4 – *Hummel I*.

die konkrete Ausformung einer Konzeption in einem Werk kann schutzfähig sein - vorausgesetzt es handelt sich um eine persönliche geistige Schöpfung.[84] Neben den Handlungsanweisungen an den menschlichen Geist ist auch die bloße Idee regelmäßig nicht schutzfähig. Abstrakte Gedanken und Ideen müssen im Interesse der Allgemeinheit frei bleiben und können nicht durch das Urheberrechtsgesetz monopolisiert werden.[85] Die Versagung des Urheberrechtsschutzes wird damit begründet, dass nur so eine freie geistige Auseinandersetzung und eine wissenschaftliche Weiterentwicklung gewährleistet seien.[86]

Tatsächlich werden aber auch konkrete Ideen selten Urheberrechtsschutz genießen können: Sie werden in der Regel zu ungestaltet sein, als dass in ihnen der individuelle Geist des Urhebers zum Ausdruck käme. Darüber hinaus könnte ihnen der Schutz deswegen zu versagen sein, weil sie sich überhaupt nicht auf einen urheberrechtlich schutzfähigen Gegenstand beziehen.[87] Existieren Ideen oder Gedanken lediglich im Geist des Urhebers, sind sie nicht wahrnehmbar. Daran ändert auch ihre vermeintliche Originellität nichts – ohne nähere Ausformung sind sie regelmäßig nicht durch schöpferische Individualität geprägt.[88]

Abgesehen von der Frage nach dem Schutzgegenstand ist auch die Frage des Schutzumfangs interessant. Es gilt zu ermitteln, ob das Urheberrecht neben der konkreten Darstellung (der Form) auch den Inhalt, also die in der Darstellung verkörperte Leistung schützt. Diese Thematik ist Gegenstand einer alten Kontroverse.

Unterschieden werden grundsätzlich äußere und innere Form des Werkes. Die äußere Form ist die am Ausdrucksmittel orientierte Gestaltung wie beispielsweise

---

[84] Beispielsweise die konkrete Anwendung bestimmter Ordnungsprinzipien bei Lexika, vgl. BGH, GRUR 1987, 704, 705 – *Warenzeichenlexika* bzw. die konkrete Konzeption eines Registers zur Sammlung mittelalterlicher Briefe, vgl. BGH, GRUR 1980, 227, 231 – *Monumenta Germaniae Historica*.
[85] BGH, GRUR 1987, 704, 706 – *Warenzeichenlexika;* BGH, GRUR 1995, 47, 48 – *Rosaroter Elefant;* BGH, GRUR 1991, 449, 453 – *Betriebssystem;* BGH, GRUR 1981, 520, 521 – *Fragensammlung;* OLG Frankfurt a.M., GRUR 1992, 699 – *Friedhofsmauer;* OLG Düsseldorf, GRUR 1990, 189, 191 – *Grünskulptur;* OLG München, GRUR 1990, 674, 675 – *Forsthaus Falkenau;* OLG Hamburg, ZUM 1996, 315, 316; OLG Hamburg, ZUM 1996, 318; *Schack*, Rn.166; *Erdmann*, in: FS f. von Gamm, S. 389, 398; *ders.* GRUR 1996, 550, 551.
[86] *Reimer*, GRUR 1980, 572, 578; *Ulmer*, Urheber- und Verlagsrecht, S. 275.
[87] Beispielsweise sind Ideen zur Verkehrsführung bei Flughäfen nicht schutzfähig, vgl. BGH, GRUR 1979, 464, 465 – *Flughafenpläne*.
[88] In diesem Sinne BGH, GRUR 1959, 379, 381 – *Gaspatrone;* OLG Hamburg Schulze OLGZ 190, 9 – *Häschenschule;* OLG Frankfurt a.M. GRUR 1979, 446, 447 – *Glückwunschkarte;* vgl. auch KG UFITA 17 (1944), 62 ff. – *Wer küsst Madeleine?;* BGHZ 18, 175 f. – *Werbeidee;* BGH GRUR 1981, 520, 521 – *Fragensammlung,* ferner *Morgenroth*, S. 61.

der Stil oder die Sätze eines Schriftwerkes. Aber die Schöpfung eines Schriftwerkes bedarf auch einer strukturellen Ordnung, die sich in der Art und Weise der Gedankenfolge, im Aufbau und inneren Rhythmus der Darstellung zeigt.[89]

Früher wurde von der Rechtsprechung und dem Schrifttum die Auffassung vertreten, dass der Inhalt des Werkes nicht Gegenstand des urheberrechtlichen Schutzes ist.[90] Die Werke seien nur in ihrer Form, nicht aber in ihrem Inhalt geschützt, weil das den Werkinhalt bildende Gedankengut zur freien geistigen Auseinandersetzung der Allgemeinheit zugänglich bleiben müsse. Dieser Auffassung liegt das Prinzip der Freiheit der Gedanken und Lehren zugrunde.[91]

Im Bereich von Literatur und Kunst gelten mittlerweile auch inhaltliche Elemente als schutzfähig. Zur Begründung wird angeführt, dass sich die Individualität bei diesen Werken nicht nur aus deren Formgebung, sondern aus deren Inhalt, der auf der Fantasie des Urhebers beruhe, ergeben könne.[92] Im Gegensatz dazu ist die Schutzfähigkeit der in wissenschaftlichen und technischen Werken und Lehren enthaltenen Erkenntnisse weiter umstritten. Mit der Rechtsprechung[93] ist jedoch davon auszugehen, dass die Gedankenformung und -führung des dargestellten Inhalts für eine persönliche geistige Schöpfung weitgehend ausscheidet und für den Urheberrechtsschutz regelmäßig nur die Form und Art der Sammlung, Einteilung und Anordnung des Materials in Betracht kommt.[94] Damit ist jedenfalls für Werke, die nicht dem Bereich der Literatur und Kunst zuzuordnen sind,

---

[89] Ansonsten wäre ein Werkschöpfer schutzlos, wenn sein Werk überarbeitet würde, beispielsweise bei Sprachwerken in Form von Übersetzungen oder in gleicher Sprache, aber inhaltsgetreuer Wiedergabe mit anderer Wortfolge; vgl. dazu *Kohler*, S. 128 ff., *De Boor*, S. 83 ff; *Rehbinder*, S. 40.

[90] Vgl. RGZ 63, 158 – *Durchlaucht Radieschen;* RGZ 81, 16 – *Lustige Witwe.* Siehe auch Kohler, S. 128; *de Boor,* S. 72 ff., 76, 83 f.

[91] Vgl. dazu Schricker-*Loewenheim,* UrhR, § 69 a Rn. 9.

[92] Schricker-*Loewenheim,* UrhR, § 2 Rn. 74.

[93] BGH, GRUR 1981, 520, 522 – *Fragensammlung;* BGH, GRUR 1987, 704, 705 – *Warenzeichenlexika;* BGH, GRUR 1994, 39 – *Buchhaltungsunterlagen;* BGH, GRUR 1993, 34, 36 – *Bedienungsanweisung;* BGH, GRUR 1991, 130, 131 – *Themenkatalog;* BGH, GRUR 1981, 352, 353 – *Staatsexamensarbeit;* OLG München, ZUM 1995, 427, 429; einschränkend allerdings BGH, GRUR 1997, 459, 461 – *CB-infobank I* – insofern als die Form und Art der Sammlung und Anordnung des dargebotenen Stoffes „vornehmlich" die Individualität begründen soll; siehe auch OLG Düsseldorf, NJW-RR 1998, 116, 117 f.

[94] Im Schrifttum ist diese Eingrenzung auf Kritik gestoßen, die im Wesentlichen darauf hinausläuft, dass es zwar im Interesse der Wissenschaftsfreiheit für den Urheberrechtsschutz wissenschaftlicher Erkenntnisse Grenzen geben müsse, dass aber mit einer Unterscheidung von Form und Inhalt das Problem nicht zu lösen sei und es vielmehr auf die konkreten Bedürfnisse der wissenschaftlichen Kommunikation ankomme; vgl. besonders *Schricker*, in: GRUR-FS, Rn. 43 f; *Haberstumpf,* in: Lehmann, Rechtsschutz und Verwertung, Kap. II, Rn. 51 ff; *ders.,* Rn. 64 ff.; *Hubmann,* in: FS für Uchtenhagen, S. 175 ff.

anzunehmen, dass die in dem jeweiligen Werk verkörperte Leistung keinen urheberrechtlichen Schutz genießen kann. Festzuhalten ist somit, dass die Urheberrechtsfähigkeit dann zu verneinen ist, wenn es sich um eine Methode des Schaffens oder eine Idee handelt, die ohne konkreten Bezug wiedergegeben ist. Entscheidend für die Einordnung des Untersuchungsgegenstandes ist weiter, dass das Urheberrecht nicht den Inhalt des Werkes schützt, sondern bei dem Schutz der konkreten Darstellung stehen bleibt.

Der Urheberrechtsschutz ist an weitere Voraussetzungen geknüpft. Das Urhebergesetz versteht unter Werken nur persönlich geistige Schöpfungen (§ 2 Abs. 2 UrhG). Sie sind als unkörperliche Gegenstände von den sie verkörpernden Werkstücken zu unterscheiden. Auf den Rang und die Qualität des Werkes kommt es grundsätzlich nicht an, aber ein Minimum an geistig-schöpferischer Leistung, die sogenannte Gestaltungshöhe, muss erreicht werden.[95] Banale oder alltägliche Ergebnisse werden nicht geschützt, ebenso wenig werden alleine der Fleiß oder die Bemühung durch urheberrechtlichen Schutz honoriert. Die für alle Werkarten geltenden gemeinsamen Schutzvoraussetzungen sind im Gesetz nicht näher festgelegt. Sie müssen also dem urheberrechtlichen Grundgedanken und dem Wesen des geistigen Schaffens entnommen werden.[96] Im Einzelnen erfordert der Werkbegriff ein persönliches Schaffen[97], einen geistigen Gehalt, eine wahrnehmbare Formgestaltung und Individualität.[98]

II. Urheberrechtsfähigkeit programmimplementierter Geschäftsmethoden

Nach der oben erarbeiteten Definition der programmimplementierten Geschäftsmethode handelt es sich um ein planmäßiges Vorgehen im geschäftlichen Bereich, dessen Umsetzung mittels eines Computerprogramms erfolgt.

Da wirtschaftliche und kaufmännische Organisationsmethoden oder –systeme wie Werbemethoden, Buchhaltungssysteme oder Stenografiesysteme, Konzepte von Raum- und Verkehrsplanung sowie soziale Ordnungssysteme von administrativen Abläufen über pädagogische Curricula bis hin zu Spielen und Sport nicht zu dem urheberrechtlich geschützten Bereichen der Literatur, Wissenschaft, und Kunst

---

[95] Schricker- *Loewenheim*, UrhR, § 2 Rn. 16, 18.
[96] *Rehbinder*, S. 89.
[97] *Ulmer*, Urheber- und Verlagsrecht, S. 12; Schricker- *Loewenheim*, UrhR, § 2 Rn. 7; Fromm/Nordemann/Vinck-*Vinck*, § 2 Rn. 9; *Kolle*, GRUR 1974, 7, 8.
[98] Hier spricht der BGH von einer schöpferischen Eigentümlichkeit. Zu den Prüfungskriterien für Schutzvoraussetzungen des BGH vgl. *Erdmann*, S. 9; *ders.* CR 1986, 249.

zählen,[99] fällt die geschäftliche Methode, ohne Einbeziehung der Mittel ihrer Umsetzung betrachtet, bereits nicht in den Schutzbereich des Urheberrechts.

Gleichwohl sieht dies unter Einbeziehung des Mittels ihrer Umsetzung anders aus. Im Folgenden soll daher geklärt werden, ob das eine derartige Geschäftsmethoden enthaltende Computerprogramm als „Werk" im Sinne des Gesetzes begriffen wird und wenn ja, welche seiner Elemente urheberrechtlichen Schutz genießen.
Grundsätzlich werden Computerprogramme der Kategorie „Sprachwerke" zugeordnet, da sie sich aus linguistischer Perspektive betrachtet als eine in Symbolsprache abgefasste Abfolge von Befehlen darstellen.[100] Nach deutschem Recht genießen Computerprogramme auf der Basis der §§ 69a ff. UrhG Urheberrechtsschutz.[101] Diese Vorschriften regeln Gegenstand, Umfang und Voraussetzungen des Schutzes.[102]

§ 69a Absatz 1 UrhG enthält zwar den Gegenstand "Computerprogramm", liefert jedoch keine Definition des Begriffs.[103] Dies ist mit der Absicht des Gesetzgebers zu begründen, genügend Spielraum für weitere Entwicklungen der Technik vorzusehen.[104] Er verwies stattdessen auf den 7. Erwägungsgrund in der Computerprogrammrichtlinie. Darin heißt es, dass der Begriff des Computerprogramms Programme in jeder Form umfassen soll, zum einen solche, die in die Hardware integriert sind und zum anderen das Entwurfsmaterial zur Entwicklung des Computerprogramms.[105] § 69a Abs. 1 UrhG stellt infolgedessen klar, dass

---

[99] *Kraßer/Schricker*, S. 75; vgl. auch *Ulmer*, § 21 III.
[100] *Vgl.* auch *König*, JurPC 5/91, S. 1099 ff.; *Winischhofer*, S. 55.
[101] Zur Schrifttumsdiskussion bzgl. der Einordnung von Computerprogrammen in das Urheberrecht siehe *Marly*, S. 49 ff. Zur Rechtsprechung vgl. vor allem BAG, GRUR 1984, 429 – *Statikprogramme;* OLH Frankfurt/M GRUR 1983, 753 – *Pengo;* OLG Frankfurt/M, GRUR 1983, 757 – *Donkey Kong Junior II;* OLG Frankfurt/M, 1985, 1049 – *Baustatikprogramm;* OLG Karlsruhe, GRUR 1983, 300 – *Inkassoprogramm;* OLG Koblenz, BB 1988, 992 – *Nutzungsrechte des Arbeitgebers am Computerprogramm des Arbeitnehmers;* zur Rechtsprechungsentwicklung vgl. auch *Loewenheim*, ZUM 1985, 26 ff.
[102] Innerhalb der §§ 69a - 69g UrhG bestimmt § 69a in seinem Absatz 1, was ein Computerprogramm ist, in seinem Absatz 2, welche Elemente eines Computerprogramms schutzfähig sind und welche nicht, in Absatz 3 die Schutzvoraussetzungen und in Absatz 4 die ergänzende Anwendung der Vorschriften für Sprachwerke. Absatz 3, dem die Zielsetzung einer gemeinschaftsweiten Harmonisierung der Anforderungen an die Schöpfungshöhe von Computerprogrammen zugrunde liegt, gehört zu den zentralen Regelungsinhalten.
[103] Dem Gesetzgeber erschien eine solche Begriffsbestimmung nicht ratsam, da er mit Recht befürchtete, dass sie alsbald durch die Entwicklung überholt gewesen wäre, Amtl. Begr. BT Drucks. 12/4022, S. 9.
[104] *Ehricke*, CR 1991, 322.
[105] Ergänzend lässt sich die Begriffsbestimmung in § 1 (i) der Mustervorschriften der WIPO (GRUR 1979, 306) heranziehen, auf die im Schrifttum (vgl. etwa *Gloy/Harte-Bavendamm*, § 43 Rn. 172; *Haberstumpf*, in: Lehmann, Rechtsschutz und Verwertung, Rn. 15; *Kolle*, GRUR Int.

Computerprogramme in jeder Form geschützt sind. Unerheblich ist, um welche Art von Computerprogrammen es sich handelt oder in welcher Sprache sie abgefasst sind.[106] Betriebsprogramme (Systemsoftware) sind ebenso geschützt wie Anwendungsprogramme und Standardsoftware. Auch wird der Schutz unabhängig von der Festlegung des Computerprogramms gewährt; entscheidend ist nicht, ob es auf Diskette, Band, CD-Rom, einer Festplatte oder einem anderen Datenträger gespeichert ist.

Das Computerprogramm ist in all seinen Entstehungsphasen geschützt, dies gilt insbesondere auch für den ausschließlich maschinell lesbaren Objektcode. Dies ist darauf zurückzuführen, dass das im Quellcode vorliegende Programm bei der Kompilierung ohne inhaltliche Änderung in den Objektcode übersetzt wird; seine Elemente sind dem Objektcode immanent. Insoweit kann auch das in eine Maschinensprache kompilierte Programm der Kategorie „Sprachwerk" zugeordnet werden.[107]

Zählt zum Computerprogramm gemäss § 69a Absatz 1 UrhG auch das Entwurfsmaterial[108], so gilt dies nicht für die Benutzeroberfläche als textlich-grafische Gestaltung der Bildschirmoberfläche.[109] Sie unterscheidet sich insofern vom Programm, als dass – jedenfalls theoretisch – die gleiche Benutzeroberfläche durch unterschiedliche Programme erzeugt werden kann.[110] Gleichwohl kann die Benutzeroberfläche - auch wenn sie nicht als Teil des nach §§ 69a ff. UrhG

1985, 29; *Marly*, Urheberrechtsschutz, S. 107 ff. m.w.N., *Weber-Steinhaus*, S. 15) vielfach zurückgegriffen wird. Danach ist ein Computerprogramm „eine Folge von Befehlen, die nach Aufnahme in einen maschinenlesbaren Träger fähig sind zu bewirken, dass eine Maschine mit informationsverarbeitenden Fähigkeiten eine bestimmte Funktion oder Aufgabe oder ein bestimmtes Ergebnis anzeigt, ausführt oder erzielt".
[106] *Schricker-Loewenheim*, UrhR, § 69a Rn. 3.
[107] Vgl. hierzu die eingehende Untersuchung bei *Weber-Steinhaus*, S. 91 ff., 112 f.
[108] Hierzu gehören die Vorstufen des Programms insbesondere das Flussdiagramm/Datenflussplan, sowie andere Dokumentationen von Vor- und Zwischenstufen, unerheblich davon, ob sie in digitaler oder grafischer Form niedergelegt sind. Vgl. zum Entwurfsmaterial auch *Gloy/Harte-Bavendamm*, § 43, Rn. 175 f.; *Haberstumpf*, in: Lehmann, Rechtsschutz und Verwertung, Kap. II Rn. 15 ff., 20f.; siehe auch *Lesshaft/Ulmer*, CR 1993, 607.
[109] *Haberstumpf*, in: Lehmann, Rechtsschutz und Verwertung, Kap. II Rn. 82; *Koch*, GRUR 1991, 180, 183; siehe auch *Raubenheimer*, CR 1994, 69, 70; a.A. OLG Karlsruhe, GRUR 1994, 726, 729, das sich zur Begründung darauf beruft, § 69a UrhG beziehe sich auf Computerprogramme in jeder Gestalt und Ausdrucksform, dabei aber verkennt, dass es bereits an einem Computerprogramm fehlt.
[110] Vgl. dazu *Schlatter*, in: Lehmann, Rechtsschutz und Verwertung, Kap. III, Rn. 4; zum Begriff der „Benutzeroberfläche" siehe ebenda Rn. 67 f.

geschützten Computerprogramms zu bewerten ist[111] - selbst Urheberrechtsschutz genießen.[112]

Es scheint mithin, als sei das Computerprogramm uneingeschränkt in all seinen Entstehungsformen geschützt, inklusive des ausschließlich maschinell lesbaren Objektcodes. Tatsächlich sind jedoch bestimmte Elemente des Programms vom Urheberrechtsschutz ausgeschlossen, § 69 Absatz 2 Satz 2 UrhG. Dies gilt für Algorithmen, Programmsprachen und Schnittstellen als Bestandteil von Computerprogrammen zugrundeliegenden Ideen und Grundsätzen.[113] Die Versagung des urheberrechtlichen Schutzes ist unter Berücksichtigung der Unterscheidung von Ausdruck und Idee so zu verstehen, dass Logik und Algorithmen als allgemeine Grundsätze und mathematische Regeln sowie Programmiersprachen als allgemeines Kommunikationsmittel dem Schutz nicht zugänglich sind,[114] wohl aber ihre konkrete Anwendung und Verknüpfung im Programm.[115] Mit anderen Worten: Der Algorithmus als solcher ist nicht geschützt, da er eine abstrakte mathematische Idee ist und nicht als Werk gilt. Das Programm hingegen, das aus einem Gewebe von individuell geschaffenen, originell angeordneten Algorithmen besteht, ist urheberrechtlich schutzfähig, ebenso wie die Programmcodes eines Programms. Aus diesem Grund hängt bei der Verwendung von Logik, Algorithmen und Programmsprachen die Urheberrechtsschutzfähigkeit von der individuellen Programmstruktur ab. Maßgeblich ist also die Art und Weise der Verknüpfung von Logik, Algorithmen und Programmsprachen durch Unterprogramme, Arbeitsroutinen und Verzweigungen.[116]

Soweit diese Ausschlusstatbestände nicht greifen, können Computerprogramme in all ihren Entstehungsphasen urheberrechtsschutzfähig sein. Vorraussetzung ist allerdings, dass sie die weiteren Schutzkriterien erfüllen, nämlich einen geistigen Gehalt aufweisen und individuell sind. Es gilt daher im Weiteren zu erläutern, wann sie diese Anforderungen erfüllen.

---

[111] *Schricker-Loewenheim* § 69a UrhG Rn. 7, 25 f. (zu Benutzeroberflächen); *Schack*, MMR 2001, 9, 12 m.w.N (zu Webseiten); OLG Düsseldorf, MMR 1999, 729, 730 mit Anm. *Garster* (zu Frames); umstritten ist zudem, ob die Tastenbelegung, die Befehle und akustischen Signale als urheberrechtliche Werke geschützt sein können.
[112] Benutzeroberflächen können als Sprachwerke im Sinne von § 2 Absatz 1 Nr. 7 UrhG als wissenschaftlich-technische Darstellung und unter Umständen auch nach § 2 Absatz 1 Nr. 4 UrhG geschützt sein; vgl. dazu Schricker-*Loewenheim*, UrhG, § 2 Rn. 93.
[113] Die hier besonders hervorgehobenen Schnittstellen sind Programmelemente, die eine Verbindung (Interoperabilität) zwischen Hardware und Software ermöglichen sollen, vgl. Schricker-*Loewenheim*, UrhG, § 69a UrhG Rn. 13; vgl. auch § 69e UrhG.
[114] OLG Celle, CR 1994, 748, 749 f.
[115] In diesem Sinne auch OLG Celle, CR 1994, 748, 749 ff; *Haberstumpf*, in: Lehmann, Rechtsschutz und Verwertung, S. 23 ff.
[116] BGH, GRUR 1991, 449, 453 – *Betriebssystem*.

Diesbezüglich nahm der BGH noch in seinem *Inkassoprogramm*-Urteil (in Anwendung) den Standpunkt ein, nur solche Computersoftware erfülle den Werkbegriff, die in Auswahl, Sammlung, Anordnung und Einteilung der Informationen und Anweisungen deutlich über das hinausgehe, was bei der Erstellung von Computerprogrammen dem Durchschnittskönnen entspreche.[117] Damit hatte das Gericht die Latte der erforderlichen Schöpfungshöhe so hoch angelegt, dass im Ergebnis etwa 90 % aller Computerprogramme ungeschützt blieben.[118] Dieses Erfordernis der besonderen Schöpfungshöhe gilt seit der Einfügung von § 69a Abs. 3 UrhG im Rahmen der Umsetzung der EG-Richtlinie vom 14. Mai 1991 über den Rechtsschutz von Computerprogrammen als überholt. [119] Heute reicht es, dass „sie individuelle Werke in dem Sinne darstellen, dass sie das Ergebnis der eigenen geistigen Schöpfung ihres Urhebers sind".[120]

Um zu beurteilen, ob Computerprogramme tatsächlich das Ergebnis eigener geistiger Schöpfung sind, ist eine detaillierte Prüfung vorzunehmen. Die Werksqualität hängt nämlich davon ab – das ist die Regelung von § 69a Absatz 3 UrhG – ob die Ergebnisses der jeweiligen Entwicklungsphase als persönliche geistige Schöpfungen im Sinne des § 2 Abs. 2 UrhG gelten können.[121] Geht man mit dem BGH von einer dreistufigen Entwicklungsphase eines Computerprogramms aus, so ist zu untersuchen, ob die generelle Problemlösung, auch Problem- oder Systemanalyse genannt, der Datenflussplan bzw. Das Flussdiagramm sowie die Codierung[122] die Ergebnisse eigener geistiger Schöpfungen des Urhebers sind. Da jedoch nach der Entscheidung *Inkassoprogramm* auch die kleine Münze der nicht vollkommen banalen Computerprogramme urheberrechtlich geschützt wird,[123] ist

---

[117] Vgl. BGH, BB 1985, 1747, 1750; BGH, NJW 1991, 1231 ff.
[118] *Schack,* Rn. 178.
[119] Vgl. Schricker-*Loewenheim,* UrhG, Vor §§ 69a ff. Rn. 7, auf die neue Linie schwenkt ein BGHZ 123, 208, 211 – *Buchhaltungsprogramm* (zu intertemporalen Problemen des § 137d UrhG) = BGH, GRUR 1994, 39; OLG Karlsruhe, GRUR 1994, 726; OLG Düsseldorf, CR 1995, 730; OLG Düsseldorf, CR 1997, 337; OLG Karlsruhe, CR 1996, 341 – *Dongle*; LG Oldenburg, GRUR 1996, 481, 482 - *Subventionsanalyse-System;* auch im Schrifttum geht man einhellig davon aus, dass die früheren Anforderungen des BGH nicht mehr aufrecht zu erhalten sind; vgl. Fromm/Nordemann/Vinck-*Vinck,* § 69a Rn. 4; *Gloy/Harte-Bavendamm,* § 43 Rn. 212; *Erdmann/Bornkamm,* GRUR 1991, 877, 878; *Ullmann,* CR 1992, 641, 642; *Dreier,* GRUR 1993, 781, 782.
[120] Vgl. BGH, BB 1985, 1747, 1749 – *Inkassoprogramm.*
[121] Zum Schöpfungsvorgang bei Computersoftware vgl. *Moritz/Tybussek,* Computersoftware, Rn. 126 ff.
[122] *Bernhard/Kraßer,* § 12 III 3 b) 2., S. 101.
[123] A.A. *Harte-Bavendamm* in: Kilian/Heussen, Kap. 54 Rn. 23 f., der davon ausgeht, dass die schablonenhafte, mechanische und routinemäßige Zusammenstellung routinemäßiger Daten und bereits bekannter Programme und Module keinen Urheberrechtsschutz begründet: Was bereits Allgemeingut ist, kann nicht individuell sein.

die Erlangung des urheberrechtlichen Schutzes die Regel, die fehlende Schöpfungshöhe die Ausnahme.[124]

Im Gegensatz zur Schöpfungshöhe bleibt allerdings das Erfordernis einer individuellen Gestaltung unverändert: Urheberschutz ist allein denkbar, wenn dem Programmierer bei der Lösung der ihm gestellten Aufgabe ein hinreichender Spielraum für eine individuelle Gestaltung verbleibt.[125]

Dabei kann die Gestaltungshöhe eines Computerprogramms weder aus dem quantitativen Umfang noch aus dem mit der Erstellung verbundenen Personal- und Zeitaufwand abgeleitet werden.[126] Genauso wenig können die Art bzw. die Ebene der Software[127] oder das zweifelsohne verkörperte schützenswerte[128] wissenschaftliche, technische oder betriebswirtschaftliche Anwender-Know-how Aufschluss über die Werkqualität geben, selbst als Indiz sind sie nicht geeignet. Entscheidend für die Urheberrechtsfähigkeit von Computerprogrammen kann stets und über alle Einordnungsversuche technischer oder kommerzieller Art hinweg nur der Gestaltungsspielraum für die Darstellung in Verbindung mit einem erkennbar verbundenen Gestaltungswillen sein.

Damit kann ein eine Geschäftsmethode enthaltendes Computerprogramm in allen Phasen seiner Entstehung urheberrechtlich geschützt sein, soweit die Kriterien der persönlichen geistigen Schöpfung, wahrnehmbaren Formgestaltung und Individualität erfüllt sind. Der Schutz beschränkt sich auf die jeweilige Darstellung und bezieht sich nicht auf die der Darstellung zugrunde liegenden Ideen bzw. Algorithmen.

III. Schutzumfang

Der Schutzumfang von Urheberrechten bestimmt sich gegenständlich, räumlich und zeitlich. Der gegenständliche Schutzumfang ist durch die dem Urheber gewährten positiven Benutzungs- und negativen Verbietungsrechte vorgegeben. Da Grundlage des urheberrechtlichen Schutzes die ausschließliche Zuordnung des

---

[124] *Koch*, GRUR 2000, 191; *Raubenheimer*, CR 1994, 71; *Wiebe*, BB 1993, 1097.
[125] Vgl. BGHZ 94, 276, 285 – *Inkassoprogramm*; OLG Karlsruhe, NJW-RR 1995, 176, 177 – *Betriebsratsverwaltung*.
[126] BGH, CR 1985, 22 ff. – *Inkassoprogramm*.
[127] Vgl. die Stellungnahme *Holländers*: „Betriebsprogramme sind z.B. schwerer zu entwickeln als Anwenderprogramme, weil sich bei ersteren die Befehlsstruktur nicht bereits aus der Aufgabenstellung ergibt.", *Holländer*, CR 1991, 715, 716, BGH, CR 1991, 80 „Leitsätze der Redaktion". Sie ist sicherlich nicht zutreffend. Im vorliegenden Fall wurde die Individualität des zu beurteilenden Betriebssystems im Einzelnen dargelegt. Richtig dagegen: *Ullmann*, CR 1992, 643.
[128] *Moritz*, CR 1989, 1050.

Werks an den Urheber ist, erlangt er mit der Schöpfung ohne jegliche Förmlichkeit[129] das (subjektive) Urheberrecht. Es schützt ihn in seinen geistigen und persönlichen Beziehungen zum Werk und in dessen Nutzung, § 7 UrhG.[130] Demgemäß umfasst das Urheberrecht das Urheberpersönlichkeitsrecht (§§ 12 – 14 UrhG), körperliche und unkörperliche Verwertungsrechte (§ 15–24 UrhG)[131] sowie sonstige Rechte.[132] Diese Ausschließlichkeitsrechte werden durch die Bestimmungen der §§ 45 – 63 UrhG beschränkt, die in engen Grenzen manche Verwertungsvorgänge zu speziellen Zwecken gestatten.[133] Verwertungen etc. außerhalb dieser Normen können mit denen in den §§ 97 ff. UrhG niedergeschriebenen Ansprüchen geahndet werden.

Diese Bestimmungen finden für Urheber von Computerprogrammen lediglich subsidiäre Anwendung.[134] Für sie gelten Sonderbestimmungen, die sich in den §§ 69c ff. UrhG finden. Die maßgebliche Vorschrift ist § 69c UrhG, der einen Katalog sogenannter zustimmungsbedürftiger Handlungen und gewisse Ausschließlichkeitsrechte gewährt:[135] das Vervielfältigungsrecht, das Umarbeitungsrecht und das Verbreitungsrecht einschließlich der Erschöpfung für Computerprogramme.[136] Diese Rechte beinhalten die Vervielfältigung, unter die selbst das Laden, Speichern, Anzeigen, Ablaufen und Übertragen eines Programms fällt. Darüber hinaus ist unberechtigten Dritten jede Form der Über-

---

[129] Die Erlangung des Urheberrechtsschutzes ist nicht an die Erfüllung verfahrensrechtlicher Voraussetzungen geknüpft. Die Entstehung ist weder von einer Anmeldung, Zahlung einer Gebühr, Registrierung, Hinterlegung noch einer anderen Formalität, wie beispielsweise einem Urheberrechtsvermerk abhängig. Der im deutschen Urheberrecht verankerte Grundsatz der Formfreiheit entspricht auch den Grundsätzen der revidierten Berner Übereinkunft; diese Übereinkunft gewährleistet die Formfreiheit des Urheberrechtsschutzes seit der Berliner Revisionskonferenz (1908) - vgl. *Ulmer*, Urheber- und Verlagsrecht, S. 129.
[130] *Klett*, S. 40.
[131] So gibt § 15 Absatz 1 UrhG dem Urheber das Recht, sein Werk auf jede beliebige Weise körperlich zu verwerten. Dasselbe gilt nach § 15 Absatz 2 UrhG für jegliche unkörperliche öffentliche Wiedergabe. Der Gesetzgeber beabsichtigte damit, dem Urheber alle vorhandenen und künftig neu entstehenden Verwertungsmöglichkeiten seines Werkes vorzubehalten und ihm zugleich allgemein in seinen ideellen Interessen am Werk zu schützen (vgl. Begr. UFITA 45 (1965), 240,242).
[132] *Klett*, S. 129.
[133] Und zwar teilweise kostenlos, wie in den Fällen der §§ 45, 47, 48, 50 und 53 UrhG, teilweise gegen Zahlung einer angemessenen Vergütung, beispielsweise nach §§ 46, 49 (im Regelfall) und 52 (im Regelfall) UrhG.
[134] Zur Anwendbarkeit der für Sprachwerke geltenden Bestimmungen auf Computerprogramme siehe statt vieler: Schricker-*Loewenheim*, UrhG, § 69 a Rn. 23 f.; § 69c, Rn. 1.
[135] Schricker-*Loewenheim*, UrhG, § 69 e, Rn. 1.
[136] Das bedeutet, dass die Bestimmungen der §§ 16, 17 und 23 UrhG hinter § 69c UrhG zurücktreten, soweit § 69c UrhG eine abweichende Regelung trifft, und weiter, dass § 69c UrhG nicht zur Auslegung der §§ 16, 17 und 23 UrhG herangezogen werden kann.

setzung, Bearbeitung bzw. Veränderung sowie jede Form der öffentlichen Verbreitung und Weitergabe des Originals und/oder der Vervielfältigungsstücke eines Computerprogramms untersagt.[137] Infolgedessen ist das sogenannte „reverse engineering"[138] nach gängigen Urheberrechtsverständnis grundsätzlich verboten,[139] untersagt ist also die Benutzung des Quellcodes zu gleichartigen nahezu identischen Ausdrucksformen. Man kann insofern von einem Kopierschutz sprechen.

Dieser weite Schutzumfang ist auf die besondere Anfälligkeit von Computerprogrammen für Urheberrechtsverletzungen zurückzuführen. Gleichwohl werden die Rechte des Computerprogramm-Urhebers nicht schrankenlos gewährleistet.[140] So ist zum einen das Vervielfältigungs- und Umarbeitungsrecht an Computerprogrammen begrenzt, als das Herstellen von Sicherungskopien erlaubt ist. Zum anderen ist es zulässig, den Zugang zu Schnittstellen und die Interoperabilität der verschiedenen Elemente eines Computersystems herzustellen. Erlaubt ist auch die sogenannte Dekompilierung, also die Zurücksetzung des Computerprogramms in frühere Entwicklungsstufen.[141] Eine derartige Zurücksetzung ermöglicht die Erschließung von Programmstrukturen, die der Programmhersteller oft als geheimes Know-how nicht bekannt werden lassen möchte.

Werden die Schranken nicht gewahrt, stehen dem Urheberrechtsinhaber bei Verletzung seines Rechts neben den Ansprüchen auf Unterlassung, Schadensersatz oder Herausgabe des erlangten Gewinns die in § 69 f UrhG festgehaltenen Rechte zu.[142]

---

[137] Vgl. § 69 c UrhG.
[138] Schricker-*Loewenheim*, UrhG, § 69e Rn. 6; § 69d Rn. 20 f.
[139] *Haberstumpf*, CR 1991, 129; *Schöninger*, c't 16/1999, S. 72; *Dreier*, CR 1991, 581; *Marly*, S. 541, 789; *Vinje*, GRUR Int. 1992, 250; *Raubenheimer*, CR 1994, 269.
[140] Es gelten die allgemeinen Schrankenbestimmungen der §§ 45 ff. UrhG, soweit sie mit den §§ 69 d und e UrhG nicht in Konflikt geraten (Vgl. *Dreier*, GRUR 1993, 781, 784), die wiederum spezielle Schrankenregelungen enthalten. (siehe auch: Lehmann, in: FS f. Schricker, S. 533 m.w.N.; *Schulte*, CR 1992, 588, 592; demgegenüber stellt *Haberstumpf*, in: Lehmann, Rechtsschutz und Verwertung, Rn. 148, den urhebervertragsrechtlichen Charakter in den Vordergrund: „Die in den §§ 45 ff. UrhG zugunsten verschiedener Belange gezogenen Schranken des Urheberrechts gelten für Computerprogramme nicht. Die Gesetzesnovellierung sieht zwar in den §§ 69d und e UrhG bestimmte Ausnahmen von den zustimmungsbedürftigen Handlungen vor, die jedoch nur für Personen wirken, die vertragliche Nutzungsrechte an einem Computerprogramm erworben haben."; dagegen spricht auch die Amtl. Begr. zur funktionsgleichen Vorschrift des §§ 55a, vgl. BTDrucks. 13/7934, S. 52.
[141] *Lietz*, CR 1991, 564, 565 ff.; dort auch zu den Schwierigkeiten der Dekompilierung.
[142] Er kann gemäß § 69f Absatz 1 UrhG vom Eigentümer oder Besitzer die Vernichtung aller rechtswidrig hergestellten, verbreiteten oder zur rechtswidrigen Verbreitung bestimmten Vervielfältigungsstücke gegen eine angemessene Vergütung bzw. die Überlassung der Vervielfältigungsstücke gegen eine angemessene Vergütung verlangen. Die Regelung des Absatzes

Diese können nicht nur zu Lebzeiten des Urhebers geltend gemacht werden; das Urheberrecht ist nämlich vererblich, §§ 28, 29 Satz 1 UrhG. Sie sind nach geltendem Recht aber nicht mehr – wie in den USA möglich - übertragbar, § 29 Satz 2 UrhG.[143]

Im Hinblick auf den räumlichen Schutzbereich ist das Territorialitätsprinzip maßgeblich.[144] Der zeitliche Schutzbereich beginnt schließlich mit der Entstehung des schutzfähigen Werkes und endet mit Ablauf der Schutzfrist - im Regelfall siebzig Jahre post mortem auctoris, §§ 64 Abs. 1, 69 UrhG.

IV. Ergebnis

Die Geschäftsmethode fällt bereits aus dem Schutzbereich des Urheberrechts, da sie als betriebswirtschaftliche Vorgehensweise nicht den Bereichen der Kunst, Literatur oder Wissenschaft angehört. Darüber hinaus ist sie mit einer Idee bzw. Methode des Schaffens vergleichbar, die aufgrund der im Urheberrecht vorgenommenen Unterscheidung von Ausdruck und Idee nicht schutzfähig sind.

Jedoch können programmimplementierte Geschäftsmethoden Schutzgegenstand des Urheberrechts sein, nämlich dann, wenn sie mittels Software also mittels eines Computerprogramms umgesetzt werden. Dem Computerprogramm selbst kommt unter bestimmten Umständen urheberrechtlicher Schutz zu: Aus den obigen Ausführungen ergibt sich, dass das Urheberrecht ein Computerprogramm aus einer linguistischen Perspektive betrachtet und es als Sprachwerk schützt. Das Computerprogramm als Datenverarbeitungsprogramm, der Programmcode, wird als Aneinanderreihung aus einem bestimmten Alphabet entnommener Zeichen nach Maßgabe der Grammatik einer formalen Sprache[145], der Programmier-

---

1 ist entsprechend auf die Mittel anzuwenden, deren alleinige Bestimmung die unerlaubte Beseitigung oder Umgehung technischer Programmschutzmechanismen ist, § 69 f Absatz 2 UrhG.
[143] § 8 Absatz 3 LUG bzw. § 10 Absatz 3 KUG (gleichlautend): „Das Recht kann beschränkt oder unbeschränkt auf andere übertragen werden; die Übertragung kann auch mit der Begrenzung auf ein bestimmtes Gebiet geschehen." Die Ausnahmen bezüglich der Urheberpersönlichkeitsrechte folgten aus § 9, §§ 12, 13 KUG. Durch die jetzige Regelung sollte einerseits die Trennung zwischen Urheberpersönlichkeitsrechten und sonstigem Urheberrecht abgeschafft und zudem sichergestellt werden, dass der Urheber selbst dann, wenn er anderen die Verwertung seines Werkes überlässt, eine gewisse Kontrolle über das weitere Schicksal seines Werkes behält. (vgl. dazu: Begr., UFITA 45 (1965), 240, 243.)
[144] Vgl. dazu Schricker-*Katzenberger*, UrhG, Vor. §§ 120 ff., Rn. 120 f.
[145] Eine umfassende Übersicht über Programmiersprachen findet sich in *Salus* (Hrsg.), Handbook of Programming Languages. Macmilian Technical Publishing, Vol. I: Object-oriented Programming Languages. Vol. II: Imperative Programming Languages. Vol. III: Little Languages and Tools. Vol. IV: Functional and Logic Programming Languages.

sprache[146], aufgefasst. Diese linguistische Sicht rechtfertigt es auch, dem Programmierer als Urheber für die von ihm geschaffene besondere sprachliche Ausdrucksform Urheberrechtsschutz zuzubilligen – sofern es sich um eine eigene persönliche Schöpfung handelt.

Bei der Einordnung von Computerprogrammen unter den Begriff der Sprachwerke ist zu berücksichtigen, dass ein solches Programm von der Idee bis zum kodierten Datenträger verschiedene Entwicklungsstadien durchläuft. Für diese ergeben sich unterschiedliche rechtliche Überlegungen. Insbesondere ist zu beachten, dass der in der urheberrechtlichen Betrachtung und Diskussion verwendete Programmbegriff zwar das Entwurfsmaterial einschließt, weil eigenschöpferische Leistungen vor allem beim Programmentwurf erbracht werden.[147] Da bei Computerprogrammen ein geistig schöpferischer Gehalt in der Gedankenführung und -formung des dargestellten Inhalts weitgehend ausscheidet,[148] ist der Programminhalt jedoch nicht geschützt. Auf die Anwendung oder Benutzung einer im Werk etwa enthaltenen Handlungsanweisung oder Information erstreckt sich das Ausschlussrecht des Urhebers daher nicht.[149] Infolgedessen können Urheber von Computerprogrammen anderen nicht kraft ihres Urheberrechts verbieten, wissenschaftliche Erkenntnisse oder technische Problemlösungen, die das Werk enthält, ohne Wiedergabe des Werkes als solchem wissenschaftlich zu verwerten. Dies gilt selbst dann, wenn sie die Erkenntnisse oder Lösungen neu erarbeitet haben.

Der Urheber kann sich Dritten gegenüber auf Ausschließlichkeitsrechte berufen, die nicht schrankenlos gewährleistet sind. Vor allem ist es zulässig, ein Programm zu dekompilieren und so die Interoperabilität zwischen den verschiedenen Komponenten eines Computerprogramms herzustellen. Der Urheber kann die Anwendung der Regel oder des Verfahrens nicht verbieten,[150] sich aber gegen die Vervielfältigung, Verbreitung und unkörperliche öffentliche Wiedergabe (§§ 15 ff. UrhG) zur Wehr setzen.

---

[146] Dabei ist zu beachten, dass auch der häufig nicht unmittelbar vom Programmierer formulierte, sondern durch geeignete Transformationsprozesse („Compiler") mittelbar aus einem Quellentext abgeleitete und auf einem Prozessor ausgeführte Objekt- oder Binärcode ebenfalls eine Produktion einer formalen Sprache und somit eine Programmiersprache im erweiterten Sinne darstellt, denn auch der maschinennahe Code stellt keineswegs eine regellose Bitfolge dar, sondern gehorcht einer prozessorspezifischen Grammatik.
[147] EG-Richtlinie vom 14.5.1991 über den Rechtsschutz von Computerprogrammen, Art. 1 Abs. 1 und Erwägungsgrund Nr. 7, § 69a UrhG; vgl. *Engel*, GRUR 1993, 197.
[148] BGH, BB 1985, 1747, 1750 sowie BGH, CR 1991, 80 ff.
[149] Vgl. *Reimer*, GRUR 1980, 572 – 582; *Engel*, GRUR 1982, 705, 706 f. jeweils mit zahlreichen Nachweisen.
[150] Vgl. *Haberstumpf*, GRUR 1982, 142, 150 f.

Im Folgenden soll ein kursorischer Überblick über die weiteren nicht-patentrechtlichen Schutzmöglichkeiten gegeben werden. Dazu wird zunächst jeweils ein kurzer Blick auf die europäische Rechtslage geworfen und sodann der jeweilige Schutzgegenstand geschildert.

B. Markenrechtlicher Schutz

Neben dem urheberrechtlichen Schutz kommt für programmimplementierte Geschäftsmethoden auch der markenrechtliche Schutz in Betracht. Das Markenrecht ist Gegenstand einer Vielzahl von weltweiten Harmonisierungsbestrebungen, von denen die verfahrensrechtliche Harmonisierung bislang am Weitesten fortgeschritten ist. Auf europäischer Ebene wurden die internationalen Markenrechte der Mitgliedstaaten der Europäischen Union angeglichen.[151]
Gegenstand des Markenrechts ist die unterscheidungskräftige Bezeichnung für eine bestimmte Ware oder Dienstleistung. Auf den Untersuchungsgegenstand bezogen, bedeutet dies, dass der Entwickler eines neuen Geschäftsmodells sein Verfahren mit einem oder mehreren aussagekräftigen Bezeichnungen versehen und diese markenrechtlich schützen kann. Das Markenrecht bietet jedenfalls Schutz davor, dass Wettbewerber für eine identische Methode den gleichen Namen verwenden.

Darüber hinaus besteht die Möglichkeit, den Werktitel einer Software als sogenannte geschäftliche Bezeichnung eintragen und schützen zu lassen.[152] Nicht vom Markenschutz umfasst wird allerdings der Inhalt von Computerprogrammen, also deren zugrunde liegende Idee sowie deren Funktionalität.[153]

Zusammenfassend ist festzuhalten, dass das Markenrecht die Geschäftsmethode schützt, wenn sie mit einer aussagekräftigen und als Marke eingetragenen Bezeichnung versehen ist. Gleiches gilt für den Werktitel von Software, wenn er als geschäftliche Bezeichnung eingetragen wurde.

---

[151] Vgl. dazu Europäische Gemeinschaft, Richtlinie 89/104 EWG des Rates vom 21.12.1989 zur Angleichung der Rechtsvorschriften der Mitgliedstaaten über die Marken, GRUR Int. 1989, 294 ff.; http://europa.eu.int/comm/internal_market/de/indprop/tm/index.htm, abgerufen am 29. Februar 2004; *Ingerl/Ronke*, MarkenG, Einl. Rn. 24.
[152] *Ingerl/Rohnke*, MarkenG, § 5 Rn. 27 ff.
[153] Vgl. dazu *Hübner*, GRUR 1994, 885.

C. Ergänzender wettbewerbsrechtlicher Leistungsschutz

Im Folgenden soll untersucht werden, ob wettbewerbsrechtlicher Schutz für programmimplementierte Geschäftsmethoden möglich ist. Auf internationaler Ebene finden sich ebenso wenig einheitliche wettbewerbliche Bestimmungen wie sich Bemühungen um die Vereinheitlichung der Regeln im europäischen oder weltweiten Raum erkennen lassen. Hinsichtlich des wettbewerbsrechtlichen Schutzes von Computerprogrammen dürfte dies nicht zuletzt darauf zurückzuführen sein, dass sich Verletzungshandlungen oftmals nur schwer ahnden lassen.

Ein mittelbarer Leistungsschutz für programmimplementierte Geschäftsmethoden, der allerdings nur schuldrechtliche Ansprüche und keine Ausschließlichkeitsrechte gewährt, lässt sich für den deutschen Rechtskreis aus dem Gesetz gegen unlauteren Wettbewerb (UWG) herleiten. Dabei findet das Wettbewerbsrecht lediglich subsidiäre Anwendung in Form des sogenannten ergänzenden Leistungsschutzes.[154] Dieser vermag nicht die Leistung als solche zu schützen, sondern knüpft stets an die Art und Weise an, in der die fremde Leistung zu Wettbewerbszwecken benutzt und verwertet wird.[155] Ergänzender Leistungsschutz wird unter drei Vorraussetzungen gewährt.[156] Er setzt voraus, dass ein schutzwürdiges Leistungsergebnis vorliegt, die Leistung übernommen wurde und besondere wettbewerbsrechtliche Umstände hinzutreten.

Ist die Geschäftsmethode als planmäßiges Vorgehen im geschäftlichen Bereich Anknüpfungspunkt für die Beurteilung als Schutzgegenstand, kann ihre exakte Nachahmung durch einen Mitbewerber unter besonderen Umständen den Tatbestand der wettbewerbswidrigen Ausbeutung nach § 1 UWG erfüllen. Dies gilt insbesondere dann, wenn die nachgeahmte Geschäftsmethode ein durch Leistung geschaffenes Wirtschaftsgut darstellt, das „wettbewerbliche Eigenart" besitzt. Davon ist auszugehen, wenn sie aufgrund ihrer konkreten Ausgestaltung oder bestimmter Merkmale geeignet ist, die interessierten Verkehrskreise auf die betriebliche Herkunft oder die Besonderheiten des Erzeugnisses hinzuweisen.[157] Allerdings dürfte einer Geschäftsmethode in der Regel die wettbewerbliche Eigenart abzusprechen sein, verlangt dieses Erfordernis doch einen Ergebnis- oder Produktbezug. Einer Geschäftsmethode, die darauf gerichtet ist, ein solches Produkt erst zu erschaffen, wird es daran fehlen. Gleichwohl ist das Vorliegen wettbewerblicher Eigenart einzelfallabhängig zu beurteilen. Gilt beispielsweise

---

[154] *Köhler/Piper,* UWG, Einf. Rn. 54.
[155] *Köhler/Piper,* UWG, Einf. Rn. 54; Schricker-*Schricker,* UrhG, Einl. Rn. 43.
[156] *Köhler,* WRP 1999, 1075, 1076.
[157] BGH, WRP 1999, 816, 817 – *Güllepumpen;* BGH, WRP 1999, 1030, 1031 - *Rollstuhlnachbau.*

ein Werbekonzept als durch Leistung geschaffenes Wirtschaftsgut[158], so wäre es denkbar, auch eine auf ein Finanzprodukt gerichtete Geschäftsmethode als Wirtschaftsgut im Sinne der Rechtsprechung zum ergänzenden Leistungsschutz zu betrachten.

Als Anknüpfungspunkt für die Beurteilung der wettbewerbsrechtlichen Schutzfähigkeit kommt zudem das eine derartige Methode enthaltende Computerprogramm in Betracht. Geschützt ist dann das Computerprogramm als marktfähiges Arbeitserzeugnis gegen die Übernahme durch ein technisches Reproduktionsverfahren ohne angemessenen eigenen Aufwand und die Benutzung dieser Kopie (unmittelbare Leistungsübernahme).[159] Der Schutz bezieht sich auf alle Ausdrucksformen des wettbewerblich eigenartigen Programms, jedoch nicht auf die dem Programm zugrundeliegende Idee oder dessen Funktionalität. Besteht der Vorteil eines solchen wettbewerbsrechtlichen Schutzes darin, dass jedes Computerprogramm ohne Rücksicht auf seine Individualität oder Originalität als marktfähiges Arbeitserzeugnis geschützt ist, so ist der Schutzbereich recht eng: Im Nachprogrammieren durch Übernahme bestimmter Funktionalitäten liegt beispielsweise keine wettbewerbswidrige Leistungsübernahme.[160]

Schließlich ist die Nachahmung fremder, sonderrechtlich nicht geschützter Leistungen nur dann wettbewerbswidrig, wenn besondere, über die bloße Nachahmung hinausgehende Umstände vorliegen[161]: Es gilt der wettbewerbliche Grundsatz der Nachahmungsfreiheit.[162] Die Feststellung der Wettbewerbswidrigkeit setzt eine einzelfallbezogene Abwägung der Interessen des Nachahmers und des Verletzten voraus. Dabei müssen auf der Seite des Nachahmers Merkmale objektiver und subjektiver Art zusammenkommen, die das Verhalten insgesamt als verwerflich erscheinen lassen.[163]

Festzuhalten ist, dass programmimplementierte Geschäftsmethoden wettbewerbsrechtlich schützbar sind. Der Schutz umfasst dann die Geschäftsmethode und das sie enthaltende Programm. Nicht geschützt sind allerdings die dem Programm zugrunde liegende Idee bzw. dessen Funktionalität.

---

[158] OLG Karlsruhe, NJW-RR 1996, 2981.
[159] Vgl. *Harte-Bavendamm*, CR 1986, 615 ff; zur Rechtslage in der Schweiz vgl. *Troller*, GRUR Int. 1985, 94 ff.
[160] Nicht sanktionierbar sind zudem die nicht wettbewerbliche private Kopie von Programmen sowie die Benutzung von Programmkopien durch einen gutgläubigen Erwerber; *Brandi-Dohrn*, Mitt. 1993, 77 ff.
[161] *Jänich*, GRUR 2003, 483, 487.
[162] *Baumbach/Hefermehl*, UWG, § 1, Rn. 440.
[163] Siehe dazu im Einzelnen: *Baumbach/Hefermehl*, UWG, § 1, Rn. 439 ff.

D. Gebrauchs- und Geschmacksmusterschutz

Weiter ist zu untersuchen, ob Gebrauchs- und Geschmacksmusterschutz praktikable Schutzmöglichkeiten für programmimplementierte Geschäftsmethoden liefern. Das Gebrauchsmuster wurde als gewerbliches Schutzrecht für die sogenannten „kleinen Erfindungen" geschaffen. Für diese lohnte oder eignete sich zum einen kein Patent und zum anderen konnte für sie – dies war der hauptsächliche Grund – wegen des eindeutig technischen Charakters ein Geschmacksmusterschutz nicht erlangt werden.[164]

Das Gebrauchsmuster findet sich weder in allen nationalen Rechtsordnungen weltweit noch lassen sich in den bestehenden Rechtsordnungen große Gemeinsamkeiten finden. Auch die Vereinheitlichungsbemühungen innerhalb der Europäischen Gemeinschaft sind wenig vorangeschritten.[165]

Das Gebrauchsmusterrecht ist dem Patentrecht in vielerlei Hinsicht inhaltlich und gegenständlich ähnlich.[166] Es beschränkt sich als technisches Schutzrecht im Sinne des Standes der Technik auf neue, auf einem erfinderischen Schritt beruhende sowie gewerblich anwendbare Vorrichtungen. Allerdings ist der technische Erfindungsschutz für körperliche Gegenstände mit bestimmter Gestalt dadurch eingegrenzt, dass der Erfindungsgedanke in einer gelockerten Raumform verkörpert sein muss.[167] Infolge dieser Vorraussetzungen und unter Berücksichtigung des Umstandes, dass sowohl Geschäftsmethoden als auch diese gegebenenfalls ausführende Software keine gegenständliche, d.h., greifbare Form besitzen, können Geschäftsmethoden für sich betrachtet und das sie beinhaltende Computerprogramm kaum erfolgreich Gebrauchsmusterschutz beanspruchen.

Darüber hinaus werden in den meisten nationalstaatlichen Regelungen „Programme für Datenverarbeitungsanlagen" ausdrücklich für nicht gebrauchsmusterfähig erklärt. Dies gilt ebenfalls für Verfahrenserfindungen, unter die Computerprogramme in der Regel zu subsumieren sein dürften. Gebrauchsmusterschutz ist daher allenfalls für die Hardwarekomponenten denkbar.[168]

---

[164] Vgl. v. *Falckenstein,* in: Lehmann, Rechtsschutz und Verwertung, S. 319, 320.
[165] Außer Großbritannien, Schweden und Luxemburg verfügen alle EU- Mitgliedstaaten über dieses Schutzrecht, vgl. Information, GRUR 1997, 72.
[166] *Nirk,* GeschMG, Einführung, Rn. 54.
[167] Vgl. BGH, GRUR 1975, 549 – Buchhaltungsblatt mit Anm. *Hoepffner; Bühring* GebrMG (1992), § 1 Rz. 14. Beachte das Grünbuch der EG-Kommission „Gebrauchsmusterschutz im Binnenmarkt" vom 19. Juli 1997; ferner die Eingabe des „Grünen Vereins" hierzu in GRUR 1996, 186 f.; beachte ferner *Weinzinger/Sonn,* GRUR Int. 1995, 745 ff.; *Nirk,* GeschMG, Einführung, Rn. 54 a.E.
[168] Vgl. *Haase,* S. 57.

Der Geschmacksmusterschutz findet sich in unterschiedlichsten Ausprägungen in allen bedeutenden Wirtschaftsregionen. Auf dem Gebiet der Europäischen Union ist er weitgehend vereinheitlicht. Das Geschmacksmustergesetz verhält sich zum Urheberrechtsgesetz wie das Gebrauchsmustergesetz zum Patentrecht, es steht ihm nahe und schützt geistige Schöpfungen auf dem Gebiet der Ästhetik.[169]

Nach dem Geschmacksmustergesetz dürfte ein Schutz für programmimplementierte Geschäftsmethoden in der Regel ausscheiden, weil sowohl die Geschäftsmethode an sich als auch das zu ihrer Umsetzung verwendete Computerprogramm grundsätzlich nicht geeignet ist, speziell das ästhetische Empfinden anzuregen. Hinzu kommt, dass Computerprogramme in der Regel auf Datenträgern gespeichert in den Verkehr gelangen, so dass sich die Substanz des Computerprogramms meist nicht in der körperlichen, für jeden sichtbaren Weise manifestiert, die für das Geschmacksmusterrecht unabdingbar ist.[170] Gegenstand des Geschmacksmusterrechts kann nur das konkret darstellbare Ergebnis sein, also in der Regel das Druckergebnis, nicht jedoch das Verfahren seiner Herstellung oder ein Zwischenergebnis, das selbst nicht schutzfähig ist.[171]

Dennoch sollten Sonderfälle nicht unbeachtet bleiben: Einen solchen stellen Schöpfungen dar, die im weitesten Sinne als Computergrafik[172] verstanden werden können.[173] Da aber jedenfalls das die Grafik erzeugende Programm wiederum nicht Gegenstand des Geschmacksmusters ist, dürfte aus den zuvor genannten Gründen das Geschmacksmusterrecht ebenso wenig praktikable Ansatzpunkte für den Schutz von Computerprogrammen bieten wie das Gebrauchsmusterrecht.

---

[169] *Nirk*, GeschmMG, Einführung, Rn. 47.
[170] In diesem Sinne wohl auch *Haase*, S. 60.
[171] A.A. *Koch*, GRUR 1991, 180, 192. Das Erfordernis einer körperlich manifestierten Darstellung des Musters ergibt sich aus § 7 Absatz 3 Nr. 2 GeschmMG und aus § 5 Absatz 2 der Geschmacksmustermeldeverordnung.
[172] Darunter fallen zum einen technisch bedingte Darstellungen des Maskenlayouts, aber auch Benutzerflächen oder Bildschirm-Icons als eine Form von Bildschirmausgaben.
[173] Auch wenn es sich um flüchtige, nur am Bildschirm angezeigte Wiedergaben handelt, können fixierte Aufzeichnungen solcher Arbeitsergebnisse dem Geschmacksmusterschutz zugänglich sein. Darüber hinaus ist nicht ausgeschlossen, dass beispielsweise das Begleitmaterial in optisch-ästhetischer Hinsicht so originell und neu gestaltet wird, dass insoweit ein Schutz als Geschmacksmuster nicht von der Hand zu weisen ist.

E. Exkurs: Zivilrechtlicher Leistungsschutz nach deutschem Recht

Schließlich kommt jedenfalls nach deutschem Recht zivilrechtlicher Leistungsschutz für programmimplementierte Geschäftsmethoden in Betracht. Da es nahe liegt, eine Geschäftsmethode geheim zu halten, sollen vor allem die Möglichkeiten des Geheimnisschutzes nach deutschem Recht kurz skizziert werden. Es besteht die Möglichkeit, eine Geschäftsmethode als Betriebsgeheimnis gemäß §§ 17, 18 UWG zu schützen, wobei dieser Schutz insoweit begrenzt ist, als er sich nur gegen bestimmte Verletzungsformen richtet. Dazu gehören die unbefugte Weitergabe von Betriebsgeheimnissen durch Beschäftigte während des Anstellungsverhältnisses, die mit bestimmten technischen Mitteln bewirkte Ausspähung von Betriebsgeheimnissen sowie die unbefugte Verwertung oder Mitteilung von Betriebsgeheimnissen unter Missachtung eines Vertrauensverhältnisses.[174]

Zwar mag ein Verstoß gegen § 17 UWG eine Verpflichtung zur Zahlung von Schadensersatz (§§ 823 Absatz 2, 826 BGB) begründen[175], praktisch ist der zivilrechtliche Geheimnisschutz jedoch wenig relevant. Oftmals bedingt die Nutzung geschäftlicher Methoden deren Aufdeckung gegenüber dem Kunden, so dass die Möglichkeit des Geheimnisschutzes zumeist entfällt. Insofern ist zur effektiven Wahrung einer Geschäftsmethode als Betriebsgeheimnis auf Verschwiegenheitsvereinbarungen über geschäftliche Modelle zwischen den Vertragspartnern zu rekurrieren.

F. Ergebnis

Die programmimplementierte Geschäftsmethode kann Schutzgegenstand des Urheber-, Marken-, Gebrauchsmuster- und Wettbewerbsrechts sowie des Geheimnisschutzes sein. Dabei schützt das Urheberrecht die linguistischen Aspekte eines Computerprogramms, wenn sich das Computerprogramm in all seinen Entstehungsphasen als Werk darstellt. Leistungsschutz kann zudem durch das Markenrecht erreicht werden. Dieser Schutz umfasst zum einen die Geschäftsmethode, soweit sie mit einer unterscheidungskräftigen Bezeichnung (Marke) versehen ist, und zum anderen den Werktitel des Computerprogramms, soweit er als geschäftliche Bezeichnung eingetragen ist. Weiter ist mittelbarer

---

[174] eingehende Darstellung vor allem bei *Gloy/Harte-Bavendamm*, Wettbewerbsrecht, § 43 Rn. 191.
[175] *Baumbach/Hefermehl*, UWG, § 17 Rn. 47.

Leistungsschutz über das Wettbewerbsrecht möglich, soweit ein schutzwürdiges Leistungsergebnis unter Hinzutreten besonderer wettbewerbsrechtlicher Umstände übernommen wurde. Schließlich können programmimplementierte Geschäftsmethoden nach deutschem Recht durch das Zivilrecht in Verbindung mit dem Gesetz gegen unlauteren Wettbewerb (Geheimnisschutz) geschützt. Dieser Schutz ist indes praktisch wenig relevant, da geschäftliche Beziehungen zwischen dem Verwender der Geschäftsmethode und dem Kunden häufig die Aufdeckung der Methode erfordern.

Insgesamt wurde festgestellt, dass programmimplementierte Geschäftsmethoden in nahezu allen ihrer Facetten nicht-patentrechtlich geschützt werden können. Augenscheinlich ist jedoch, dass sich die wesentlichen Schutzmöglichkeiten bezogen auf das eine Geschäftsmethode enthaltende Computerprogramm nicht auf die dem Programm zugrunde liegende Idee bzw. den Inhalt des Programms erstrecken. Dies beantwortet auch die oben bereits aufgeworfene Frage, ob denn grundsätzlich ein patentrechtliches Schutzbedürfnis besteht, im positiven Sinne: Soweit der Inhalt und die zugrundeliegende Idee nicht von den nicht-patentrechtlichen Schutzmöglichkeiten umfasst werden, besteht eine Schutzlücke. Ob diese Schutzlücke in Bezug auf programmimplementierte Geschäftsmethoden mit Hilfe des Patentrechts geschlossen werden kann oder gar geschlossen werden muss, gilt es im weiteren Verlauf der Arbeit zu klären.[176]

§ 2 Schutzmöglichkeiten nach U.S.-amerikanischem Recht

Die folgende Darstellung soll die nicht-patentrechtlichen Schutzmöglichkeiten nach U.S.-amerikanischem Recht aufzeigen, nachdem die nicht-technischen Schutzmöglichkeiten für programmimplementierte Geschäftsmethoden im deutschen und kontinentaleuropäischen Recht aufgezeigt wurden. Ziel dieses Abschnitts ist es, Parallelen zwischen den jeweiligen Schutzrechten herauszufinden, um etwaige Abweichungen einordnen zu können.

Bei der Beurteilung ist ein besonderes Augenmerk auf das Case-Law-System der Vereinigten Staaten zu legen. Stärker als im deutschen Recht sind die Gerichte bei der Beurteilung des ihrer Entscheidung zugrunde liegenden Sachverhalts an vorhergehende Gerichtsentscheidungen gebunden.[177] Sind die Umstände des

---

[176] Siehe dazu Kap. 3.
[177] Vgl. *G.P. Kantona*, Anforderungen an eine ausländische Prioritätsanmeldung zur Erlangung eines echten Prioritätsrechts in den Vereinigten Staaten von Amerika, VPP-Rundbrief 1994, 21:

vorhergehenden Falles mit denen des vorliegenden Falles vergleichbar, darf die Entscheidung von den Vorhergehenden nicht abweichen. Das besonders enge Zusammenwirken von Gesetz und bindender Rechtsprechung ist nicht die einzige Besonderheit des amerikanischen Rechtssystems. Hinzukommt das Nebeneinander verschiedener Gerichtssysteme, nämlich denen der Einzelstaaten und dem des Bundes (state und federal law.)[178]

Wie im kontinentaleuropäischen Recht stehen nach U.S.-amerikanischem Recht das Urheber- und Markenrecht sowie das Wettbewerbsrecht als nichtpatentrechtliche Schutzmöglichkeiten für programmimplementierte Geschäftsmethoden zur Verfügung. Diese sollen im Folgenden aufgezeigt werden. Dabei soll auch in diesem Abschnitt die urheberrechtliche Betrachtung im Mittelpunkt stehen.

A. Programmimplementierte Geschäftsmethoden als Gegenstand von Urheberrecht

Das U.S.-Recht sieht das Copyright als ein vom Gesetzgeber aus Zweckmäßigkeitserwägungen heraus geschaffenes Recht an, das seine Grundlage in einer Kompetenzbestimmung der Bundesverfassung findet, die zugleich eine pragmatische gemeinwohlorientierte Rechtfertigung des Urheberrechts enthält. Es heißt dort: „ Congress shall have the power... to promote the Progress of Science and Useful Arts, by securing for limited Times to Authors and Inventors the exclusive Right to their respective Writings and Discoveries."[179] Wenngleich in der Verfassungsnorm Urheber- und Patentrecht nicht ausdrücklich genannt werden, ist unbestritten, dass diese zwei Materien gemeint sind.[180]

Die Urheberrechtsklausel der amerikanischen Verfassung ist also in erster Linie auf die Verbesserung des Allgemeinwohls gerichtet.[181] Die Gewährung des Copyrights soll den Autor reizen, schöpferisch tätig zu werden und damit zur

---

"Das Rechtssystem der Vereinigten Staaten basiert auf dem „common law" oder Gewohnheitsrecht welches auf einem Destillat der den Präzedenzfällen zugrundeliegenden Kerngedanken beruht."
[178] Zum Verhältnis zwischen den einzelstaatlichen Gerichten und den Bundesgerichten siehe *Hay*, Einführung in das amerikanische Recht, S. 38 ff.
[179] Vgl. Art. I, Sec. 8, Cl. 8, U.S. Constitution.
[180] Das Markenrecht fällt nicht unter Art. I, § 8, S. 8, da es nicht „Schriften und Erfindungen" schützt. Die (nicht ausschließliche) Bundeskompetenz für das Markenrecht wird stattdessen aus der „Commerce Clause", Art. I, § 8, S. 3 der Verfassung abgeleitet, die dem Kongress das Recht gibt, „to regulate commerce with foreign nations, and among the several States, and with the Indian tribes".
[181] Vgl. dazu auch *Drexl*, GRUR Int. 1999, 1, 2 f.

Versorgung der Allgemeinheit mit wissenschaftlichen und kulturellen Werken beizutragen.[182] Aus der in der Verfassung angelegten Gewährung des Copyrights im Allgemeininteresse ergibt sich die Ablehnung einer naturrechtlichen Begründung.[183] Dies wurde vom Supreme Court schon in der frühen Entscheidung *Wheaton v. Peters*[184] aus dem Jahre 1834 klargestellt. Hierin betonte das Gericht, dass das Copyright, d.h. das Recht zum Verkauf und zur Vervielfältigung von veröffentlichten Werken,[185] ein ausschließlich vom Kongress geschaffenes Recht sei. Anstatt ein vorgegebenes Recht zu sanktionieren, sei es vom Kongress gewährt worden.[186] Das Copyright als zeitlich begrenztes Ausschließlichkeitsrecht des Autors wird also lediglich als ein Mittel zum Zweck, der Verbesserung des

---

[182] Report of the Register of Copyrights on the General Revision of the U.S.-Copyright Law (1961), S. 3 ff.; *Sony Corp. of America v. Universal City Studios*, 464 US 417 (1984): "Das Copyright soll einen Anreiz für die schöpferische Tätigkeit der Autoren schaffen, in dem ihnen eine besondere Belohnung gewährt wird, und es soll dazu dienen, den öffentlichen Zugang zu den Werken ihres Genies zu ermöglichen, sobald die beschränkte Zeit der ausschließlichen Rechtsinhaberschaft abgelaufen ist." Dieser Gedanke auch wurde von dem bekannten englischen Juristen *Macaulay* formuliert: „Es ist wünschenswert, dass wir ein Angebot an guten Büchern haben: wir können kein solches Angebot haben, wenn geistig tätige Menschen nicht freigiebig entlohnt werden, und das Copyright ist eine Art von Belohnung, gegen die nichts einzuwenden ist." *Macauley*, Copyright (Rede von 1841 im House of Commons) in: 8 Works (*Treylan* ed. 1879) 195, 197, zitiert nach *Chaffee*, 45 Columbia Law Review 503, 506 – 511 (1945).
[183] Die weltweit erste Copyrightgesetzgebung, die englische *Statute of Anne* aus dem Jahre 1710, stellte den Versuch dar, die Machtstellung des Verlegers zu brechen. Vor der Verabschiedung des Gesetzes im Jahre 1710 besaß die englische *Stationer's Company*, in der sämtliche Verleger Mitglieder zu sein hatten, im späten 15. und 16. Jahrhundert das alleinige Recht zur Genehmigung des Drucks und der Veröffentlichung von Büchern. Nachdem das letzte von der Krone gewährte Monopol im Jahre 1694 abgelaufen war, bemühte sich die *Stationer's Company* um erneuten Schutz durch das Parlament. Im Zuge dieser Bemühungen verabschiedete das Parlament im Jahre 1710 die *Statute of Anne*, die die Stellung der Druckindustrie erheblich schwächte. Die *Statute of Anne* beschränkte das Copyright auf eine Frist von 14 Jahren und befristete damit das bis dahin ewige Recht des Verlegers auf das Werk. Außerdem konnte von nun an neben dem Verleger auch der Autor der ursprüngliche Inhaber des Copyright sein. Die *Statute of Anne* spiegelte mit dieser Regelung die Unzufriedenheit des Parlaments mit dem Monopol wider, das *Stationer's Company* zuvor innegehabt hatte. Sie diente damit nicht in erster Linie den Schutzinteressen von Autoren und Verlegern, sondern der Aufbrechung eines nun unerwünschten Monopols zur Förderung der allgemeinen Wohlfahrt. Daher kann die Statute of Anne als frühe kartellrechtliche Norm gesehen werden, deren Verabschiedung nicht durch naturrechtliche Erwägungen bedingt war. Vgl. dazu *Abrams*, 29 Wayne Law Review 1119 (1983); *Bugbee*, Genesis of American Patent and Copyright Law; *Zimmermann*, 35 Emory Law Journal 163 (1993).
[184] *Wheaton v. Peters*, 33 US (8. Pet.) 591 (1834); siehe dazu *Gorman/Ginsburg*, S. 6 f. sowie *Goldstein*, Copyright, § 1.13 2.2.
[185] Etwas anderes galt jedoch nach Auffassung des Gerichts für das vor der Veröffentlichung des Werkes bestehende "Common Law Copyright", das jedoch nicht dem Copyright Act, sondern seiner Bezeichnung nach dem Common Law (dem ungeschriebenen Recht) unterfiel.
[186] *Wheaton v. Peters*, 33 US 660 f. (1834).

Allgemeinwohls, gesehen.[187] Der Supreme Court beschreibt die ökonomische Ratio des Copyrights mit folgenden Worten: „Die ökonomische Philosophie hinter der Vorschrift, die den Kongress zum Schutze von ... Urheberrechten ermächtigt, ist die Überzeugung, dass die Schaffung von Anreizen für das persönliche Gewinnstreben der beste Weg ist, um das öffentliche Wohl durch Talent von Autoren und Erfindern im Bereich der 'Wissenschaft und Künste' zu fördern."[188]

Der primäre Zweck des Urheberrechts ist also, die Schaffung und Verbreitung kreativer Werke im Interesse und zum Wohle der Allgemeinheit zu fördern.[189] Erst in zweiter Linie soll die Gewährung ausschließlicher Rechte der Belohnung des Urhebers dienen.[190] Resultat dieses Urheberrechtsverständnisses ist die Ablehnung eines Urheberpersönlichkeitsrecht.

I. Normativer Rahmen des U.S.-amerikanischen Urheberrechts

Das U.S.-amerikanische Urheberrecht ist konzeptionell gesehen kein einheitliches, aus einer Wurzel entspringendes Recht.[191] Es besteht vielmehr aus einer Reihe von Einzelrechten, die im Copyright Act (C.A.) abschließend aufgezählt sind[192] und dem Urheberrechtsinhaber nur bestimmte Nutzungsarten[193] des geschützten Werkes ausschließlich vorbehalten. Es wird daher häufig auch als Rechtsbündel („bundle of rights") bezeichnet.[194] Das U.S.-amerikanische Urheberrechtsgesetz von 1976[195] ersetzte das alte Urheberrechtsgesetz von 1909,[196] infolgedessen

---

[187] Report of the Register of Copyrights on the General Revision of the U.S.-Copyright Law (1961), S. 3 ff.
[188] *Mazer v. Stein*, 247 US 201, 219 (1954).
[189] Vgl. z.B. *Twentieth Century Music Corp v. Aiken*, 422 U.S. 151, 156 (1975): "The limited scope of the copyright holder's statutory monopoly, like the limited copyright duration required by the Constitution, reflects a balance of competing claims upon the public interest. Creative work is to be encouraged and rewarded, but private motivation must ultimately serve the cause of promoting broad public availability of literature, music and other arts."
[190] Vgl. *United States v. Paramount Pictures, Inc.* 334 U.S. 131, 158 (1948): "The copyright law, like the patent statuettes, makes reward to the owner a secondary consideration."
[191] Vgl. dagegen für das deutsche Urheberrecht *Ulmer*, Urheber- und Verlagsrecht, § 18 II 4.), S. 116.
[192] Vgl. *Nimmer* on Copyright, § 8.01 (A), S. 8 – 14.
[193] Vgl. *Sony Corp. v. Universal City Studios, Inc.* 464 U.S. 417, 432 (1984).
[194] Vgl. H.R. Rep. No. 1476, 94th Cong. 2d. Sass., S. 61 (1976); *Stewart v. Abed*, 495 U.S. 207, 220 (1990).
[195] Copyright Act 1976, nachfolgend abgekürzt „CA", Public Law 94-553, 90 Stat. 2541, Title 17 U.S.C., in der Fassung vom 1. Juli 1996, abgedruckt in: *Gorman/Ginsburg*, Supplement 1997, S. 213 ff.
[196] Act of March 4, 1909, ch. 320, 35 Stat. 1075, as amended.

heute urheberrechtlicher Schutz nach U.S.-amerikanischem Bundesrecht[197] gemäß 17 U.S.C. § 102 (a) C.A. gewährt wird.

Gemäss 17 U.S.C. § 102 (a) C.A., der die geschützten Werkarten nicht abschließend aufzählt,[198] fallen insbesondere Werke der Literatur, Musik, bildenden Kunst, audiovisuelle Werke und Tonaufnahmen in den Schutzbereich.

Nicht geschützt ist die Methode des Schaffens, denn 17 U.S.C. § 102 (b) C.A. stellt klar, dass sich der Urheberrechtsschutz in keinem Fall auf Prozeduren, Abläufe, Systeme, Verfahrens- bzw. Arbeitsmethoden, Konzepte, Prinzipien und Entdeckungen erstreckt und zwar unabhängig davon, in welcher Form die jeweiligen Prozeduren, Arbeitsmethoden u.s.w. in dem jeweiligen Werk dargestellt werden.[199] 17 U.S.C. § 102 (b) C.A. verdeutlicht, dass auch Ideen keinen urheberrechtlichen Schutz genießen. Dem amerikanischen System liegt somit wie dem deutschen der Grundsatz der Ideenfreiheit zugrunde.

Urheberrechtsfähig ist lediglich der Ausdruck einer Idee („expression of an idea"), nicht jedoch die Idee selbst. Die Trennung zwischen Idee und Ausdruck der Idee wurde vom Supreme Court zum ersten Mal in *Baker v. Selden* vorgenommen[200] und hängt damit zusammen, dass die Monopolisierung von Ideen zu Lasten des Fortschritts der Wissenschaft und Künste verhindert werden soll. Das Spannungsverhältnis zwischen Idee und Ausdruck wird in der Rechtslehre als

---

[197] Innerhalb der Grenzen der „Preemtion Clause" des § 301 (a)/(b) C.A. kann zusätzlich urheberrechtlicher Schutz nach Common Law oder einzelstaatlichem Recht in Bereichen fortbestehen, die vom Bundesgesetz nicht erfasst werden; vgl. *Nimmer/Nimmer*, Bd. I, § 2.02. So wurde in Kalifornien ein Gesetz verabschiedet, welches die vom Urheber nicht körperlich festgelegten Werke schützt; Cal. Civil Code §§ 980 –982 (West 1996). Diese Werke fallen nicht unter die „subject matter of copyright as of authorship specified in sections 102 and 103" (§301 (b)(1) C.A.).
[198] 17 U.S.C. § 101 C.A.: Definition von „including"; H.R: Rep.No. 94 – 1476, S. 53 (1976).
[199] 17 U.S.C.(b): „In no case does copyright protection for an original work of authorship extend to any idea, procedure, system, method of operation, concept, principle, or discovery, regardless of the form in which it is described, explained, illustrated, or embodied in such work."
[200] Vgl. Supreme Court , 101 U.S. 99 (1879) – *Baker v. Selden*. Der Kläger Selden war der Autor eines Buches, das der Öffentlichkeit eine neue Methode der Kontoführung vorstellte. Er hatte ein Design entwickelt, mit dem sich die Gesamtheit aller von einer Person geführten Konten tabellarisch in übersichtlicher Weise darstellen ließ. Der Beklagte kopierte die Tabelle und Selden verklagte ihn wegen Urheberrechtsverletzung. Das Gericht urteilte, dass das Buch zwar urheberrechtlich geschützt sei, jedoch nicht die Kontotabellen an sich. Die Kontotabelle stelle lediglich eine Idee dar, die ihren Ausdruck in der detaillierten Beschreibung des Buches gefunden habe. Während der schriftliche Ausdruck der Idee – das Buch – geschützt sei, bleibe die dem Buch zugrundeliegende Idee ungeschützt, um sicherzustellen, dass die Idee nicht von einer Person monopolisiert werden könne, was den Fortschritt der Wissenschaften und der Künste behindern würde.

„idea/expression dichotomy" bezeichnet.²⁰¹ Tatsächlich ist aber der Ausdruck nicht uneingeschränkt schützbar. Sondern allein dann, wenn er von der Idee trennbar ist.²⁰² Verschmelzen Idee und Ausdruck, d.h., ist der Ausdruck so eng mit der Idee verbunden, dass nur eine enge oder eine begrenzte Anzahl von Möglichkeiten existiert, um die Idee auszudrücken, ist der Ausdruck ebenso wenig geschützt, wie die Idee.²⁰³ Diese Einschränkung ist eine Konsequenz der sogenannten *Merger-Doktrin*.²⁰⁴ Diese besagt, dass Idee und Ausdruck miteinander verschmelzen, wenn nur wenige oder keine anderen Möglichkeiten des Ausdrucks einer Idee existieren. Es soll verhindert werden, dass infolge der Ununterscheidbarkeit von Idee und Ausdruck letzten Endes die Idee monopolisiert wird.²⁰⁵ Um also das urheberrechtlich geschützte Werk zu definieren, ist es notwendig, die in einem Werk möglicherweise verkörperte Idee zum schutzwürdigen Ausdruck der Idee abzugrenzen. In welchen Fällen Idee und Ausdruck miteinander verschmelzen, ist einzelfallabhängig zu beurteilen.

Fälle, in denen Idee und verkörperter Ausdruck einer Idee nur schwer oder gar nicht von einander getrennt werden können, weil die Anzahl der Ausdrucksformen der Idee begrenzt sind, sind beispielsweise Formulare. Hier wird das Kopieren des Werkes nicht unterbunden, weil die Gewährung von Urheberrechtsschutz mit der ungewollten Einräumung einer Monopolstellung verbunden wäre.

Damit ist allein der konkrete Ausdruck, also die konkrete Darstellung geschützt. Die Methode des Schaffens ist ebenso wenig urheberrechtsschutzfähig wie die einem Werk der Literatur, Musik oder Kunst zugrundeliegende Idee.

Das Werk muss weiter den Anforderungen des 17 U.S.C. § 102 (a) C.A. entsprechen. Danach wird Urheberrechtsschutz nur für eigentümliche Werke von Autoren gewährt, die in einem körperlichen Ausdrucksmedium fixiert sind, durch das sie wahrgenommen, vervielfältigt oder in einer anderen Weise mitgeteilt werden können, entweder direkt oder mit Hilfe einer Maschine.²⁰⁶ Dabei muss das

---

²⁰¹ *Schricker-Loewenheim*, UrhG, § 69 a Rn. 8.
²⁰² *Herbert Rosenthal Jewellery Corp v. Kalpakian*, 446 F. 2d. 675, 678 f (9th Cir. 1971); *Synercom Technology, Inc. v. University Computing Co.* 462 F. Supp. 1003, 1014 (N.D. Tex. 1978).
²⁰³ *Morrissey v. Proctor & Gamble Co.*, 379 F. 2d 675, 678 (1st Cir. 1976); *Apple Computer, Inc. v. Franklin Computer Corp.*, 714 F. 2d 1240, 1252 (3rd Cir. 1983); *Apple Computer, Inc. v. Formula Int'l, Inc.*, 464 U.S. 1033 (1984); 725 F. 2d 521, 525 (9th Cir. 1984).
²⁰⁴ Vgl. *Herbert Rosenthal Jewellery Corp. v. Kalpakian*, 446 F2d 738,742 (9th Cir. 1971).
²⁰⁵ *Fettermann*, Intellectual Property Law Review, 1988, 402; auch U.S. District Court N.D. California in Sachen *NEC vs. Intel*, GRUR Int. 1990, 397 m.w.N.
²⁰⁶ 17 U.S.C. § 102 (a): „Original works of authorship fixed in any tangible medium of expression ... from which they can be perceived, reproduced, or otherwise communicated, either directly or with the aid of a machine".

Werk weder neu sein, um urheberrechtlichen Schutz zu genießen, noch wird ihm eine ästhetische Qualität abverlangt.[207] Es reicht aus, dass ein Werk aufgrund unabhängiger Schöpfung entstanden ist, also ohne dass fremde Werke kopiert worden sind.[208]

Ursprünglich hatten amerikanische Gerichte Urheberschutz in Übereinstimmung mit der sogenannten Sweat-of-the-Brow-Theorie[209] gewährt, wonach ein Werk schon dann urheberrechtlich geschützt war, wenn der Autor in einem gewissen Umfang Arbeit in dessen Erstellung investiert hatte. Auf Kreativität kam es nicht an. Inzwischen hat der Supreme Court die Anwendung der Sweat-of-the-Brow-Theorie aufgegeben und seine Rechtsprechung geändert.[210] Der urheberrechtliche Werkschutz ist nunmehr von einem gewissen Grad an Kreativität abhängig.[211] Verlangt wird, "that the work was independently created by the author ... and that it possesses at least some minimal degree of creativity... (T)he requisite level of creativity is extremely low."[212] Allerdings gab der Supreme Court keinerlei Hinweis darauf, welcher Grad an Kreativität im Einzelfall ausreichen soll.

Aus dem Vorangegangenen folgt, dass ein Werk eigentümlich, also aufgrund unabhängiger Schöpfung entstanden und körperlich fixiert sein muss, um in den Schutzbereich des U.S.-amerikanischen Urheberrechts zu gelangen.

II. Die Copyright-Fähigkeit programmimplementierter Geschäftsmethoden

Die Geschäftsmethode als planmäßiges Vorgehen im geschäftlichen Bereich ist auch nach U.S.-amerikanischem Urheberrecht nicht geschützt. Zum einen fällt die Geschäftsmethode nicht in den Schutzbereich des Gesetzes, zum anderen folgt aus 17 U.S.C. § 102 (b) C.A. - wie bereits dargestellt -, dass der Urheberrechtschutz weder Arbeits- und Verfahrensmethoden oder Konzepte noch Konzepte erfasst.[213]

---

[207] H.R. Rep. No. 94-1476, S. 51 (1976): „The phrase `original works of authorship´, which is purposely left undefined, is intended to incorporate without change the standard of originality established by the courts under the present copyright statute. This standard does not include requirements of novelty, ingenuity, or aesthetic merit, and there is no intention to enlarge the standard of copyright protection to require them."; *Hazard*, Copyright, Chapter 2, II, § 2.2.
[208] Vgl. *Nimmer/Nimmer*, § 2.01 (A).
[209] Vgl. dazu auch *Ginsburg*, GRUR Int. 1991, 593, 595.
[210] *Feist Publication, Inc. V. Rural Telephone Service Company Inc.*, 499 U.S. 340 (1991) = GRUR Int. 1991, 933.
[211] *Feist Publication, Inc. V. Rural Telephone Service Company Inc.*, 499 U.S. 340,359f. (1991) = GRUR Int. 1991, 933.
[212] *Feist Publication, Inc. V. Rural Telephone Service Company Inc.*, 499 U.S. 340, 345 (1991)=GRUR Int. 1991, 933; vgl. dazu *Nagel/Schuster*, CR 1994, 133 ff.
[213] *Nimmer*, Computer Technologies, Ch. 1, Part A, § 1:13.

Indes kann das die Geschäftsmethode beinhaltende Computerprogramm Gegenstand des Copyrights sein. Wie dieser Schutz aussieht, soll im Folgenden skizziert werden. Anders als das deutsche Recht in § 2 Absatz 1 Nr. 1 UrhG nennt das U.S.-amerikanische Recht Computerprogramme zwar weder in 17 U.S.C. § 102 (a) C.A. noch in der Definition von „literary works" in 17 U.S.C. § 101 C.A. Die urheberrechtliche Schutzfähigkeit von Computerprogrammen war denn auch zunächst wegen der sogenannten „useful article doctrine"[214] bezweifelt worden. Danach sind Werke vom Copyright Act ausgeschlossen, die in erster Linie einem Gebrauchszweck dienen und über diesen hinaus keinen Eigenwert in schöpferischer Hinsicht beanspruchen können.[215] Obwohl dies in der U.S.-amerikanischen Rechtsprechung zunächst vereinzelt zur Ablehnung des Programmschutzes führte, konnten sich die Bedenken nicht durchsetzen.[216] Auch in den USA ist im Einklang mit der international herrschenden Auffassung – vergleiche insoweit nur Art. 10 Absatz 1 TRIPS – nunmehr anerkannt, dass Computersoftware unter die Kategorie der Sprachwerke fällt.[217]

Der Schutz als Sprachwerk umfasst Computerprogramme grundsätzlich in mehreren Erscheinungsformen; geschützt sind Original-Computercodes[218] ebenso wie Betriebssysteme, Anwendungsprogramme oder Datenbanken. Nicht zum Computerprogramm zählen Bildschirmdarstellungen, die als audiovisuelle Darstellungen eigenständig urheberrechtlich schützbar sind.[219]

---

[214] Die useful article doctrine beruht auf der in § 101 C.A. getroffenen Entscheidung zwischen urheberrechtsfähigen Werken, und sogenannten „useful articles", also Gebrauchsgegenständen, die nicht urheberrechtsfähig sind.
[215] Vgl. *Nimmer,* Nimmer on Copyright, (1964 ff.), § 2.18.
[216] Einen nachhaltigen Einfluss auf die Entwicklung des Programmschutzes durch das Urheberrecht, insbesondere auf die internationale Entwicklung, hat der Final Report of the National Commission on New Technological Uses of Copyrighted Works (CONTU) in den USA ausgeübt; er sprach sich für das Urheberrecht als Schutzinstrument aus – Washington 1978, S. 29 ff.; *Ahn,* S. 21.
[217] So ging der Gesetzgeber davon aus, dass die Kategorie der literarischen Werke Computerprogramme einschließe und es deshalb nicht nötig sei, Computerprogramme ausdrücklich in einer der Kategorien zu erwähnen, vgl. H.R. Rep. No. 94 –1476, S. 54 (1976); diese Feststellung enthält auch Art. 4 des „WIPO Copyright Treaty", 36 I.L.M. 65, 69 (1997); Court of Appeals, First Circuit, GRUR Int. 1997, 61, 66 – *Lotus 1-2-3; Hazard,* Copyright Law, CH. 3, III, § 3.6.
[218] Siehe dazu den Second Circuit in der Entscheidung *Computer Assoc. International Inc. v. Altai Inc.,* 982 F.2d. 702 (2d. Cir. 1992), GRUR Int. 1994, 74: „Es ist mittlerweile allgemein anerkannt, dass die wörtlichen Elemente eines Computerprogramms, z.B. der Quell- und der Objektcode, urheberrechtsfähig sind."
[219] *Stern Electronics, Inc. v. Kaufmann,* 699 F. 2d., S. 852 (2d. Cir. 1982); zur Unterscheidung der Begriffe „Benutzeroberfläche", „look and feel", „user interfaces" und „display" vgl. *Schlatter,* in: Lehmann, Rechtsschutz und Verwertung, Rn. 67 f.

Vom urheberrechtlichen Schutz ausgenommen sind nach dem C.A. auch Algorithmen. Sie sind als Ideen oder Lösungsprinzipien zu qualifizieren und werden daher von 17 U.S.C. § 102 (b) C.A. erfasst.[220] Schutz kann ihnen allenfalls in ihrem Ausdruck zukommen.

Um diesen konkreten und schutzfähigen Ausdruck von der Idee abzugrenzen, ging die U.S.-amerikanische Rechtsprechung wie folgt vor: Sie sonderte den Zweck oder die Funktion, die das Programm erfüllen sollte als Idee aus. Alles Übrige, also die Struktur, Abfolge und Organisation eines Programms wurde als schützbarer Ausdruck bewertet, vorausgesetzt, dieser folgte nicht notwendig aus dem Zweck oder der Funktion des Programms. Konnte der gewünschte Zweck auf einer Vielzahl von Wegen erreicht werden (sog. Merger-Doktrin), galten Struktur und Organisation als schützenswert. Dieses Vorgehen führte zu einer Erweiterung des urheberrechtlichen Schutzes, der mit der Entscheidung *Associates International, Inc. v. Altai, Inc.*[221], durchbrochen wurde. Diese Entscheidung repräsentiert nun den aktuellen Stand der amerikanischen Rechtsprechung. Um schutzfähige von nicht schutzfähigen Computerprogramm-Elementen zu unterscheiden, wurde darin der sogenannte „abstraction-filtration-comparison test" erarbeitet. Nicht der allgemeine Oberzweck eines Programms, sondern die unterste Ebene, also die Programmtexte selbst, bilden danach die Basis für die urheberrechtliche Wertung. Über die Kombination der Programmtexte zu Modulen und schließlich dem Programm als Ganzen ergibt sich eine hierarchische Gliederung von den Einzelanweisungen bis zur abstrakten Gesamtlösungsebene (Abstraction). Auf dieser Ebene wird die Grenzlinie zwischen schützenswerten Ausdruck und schutzfreier Idee gezogen. Erst danach können die schützbaren Elemente aus dem angeblich verletzten Programm ausgesondert werden (Filtration). Ergebnis diesen Schrittes ist damit nicht mehr eine Aussonderung des Ausdrucks, sondern von funktional zu identifizierenden und deshalb schutzfähigen Programmelementen. Dieser verbleibende Rest kann dann mit klassischen Analysen auf Übereinstimmung (Comparison) überprüft werden.[222]

Weitere Vorraussetzung des urheberrechtlichen Schutzes ist die Eigentümlichkeit, die im U.S.-amerikanischen Recht mit dem Begriff „Originality" umschrieben wird. Originalität als Schutzvoraussetzung bedeutet lediglich, dass das Programm vom Urheber selbst stammt, nicht banal und nicht kopiert ist; die Schutzfähigkeit

---

[220] *Borking*, S. 273; *Samuelson*, 21 Duke L.J. 663, 755 (1984) ; *Stern*, Western New Engl. L.Rev. (1985), 459, 483.
[221] 23 USPQ2d, S. 1241 (2d. Cir 1992) = CR 1992, 462.
[222] Anzumerken ist, dass die Reihenfolge der Prüfung in Folgeentscheidungen wieder verlassen wurde. Vgl. dazu *Becke*, CR 1994, 336, 337; *Rubber Co. v. Bando American, Inc.* 28 USPQ (2d Cal 10 1993).

von Programmen lässt sich daher in der Regel einfach begründen. Da derartige Programme direkt von Programmierern erstellt werden, verdanken sie ihre Herkunft einem Autoren. Dies wird in der amerikanischen Rechtsprechung als ausreichend angesehen, um das Erfordernis der Originalität zu erfüllen. Eine Persönlichkeitsprägung im Sinne eines deutlichen Überragens gegenüber dem Durchschnittskönnen wird in den USA nicht verlangt.

Erforderlich ist zudem, dass das Werk in einem körperlichen Ausdrucksmedium fixiert ist, 17 U.S.C. § 101 C.A. Dies ist der Fall, wenn die Verkörperung des Werks in einer Kopie hinreichend dauerhaft oder stabil genug ist, um für einen Zeitraum länger als nur vorübergehend wahrgenommen, vervielfältigt oder auf eine andere Weise mitgeteilt werden zu können.[223] Das Schrifttum und die Rechtsprechung gehen davon aus, dass ein auf einer Festplatte abgespeichertes Werk stabil genug ist, um es länger als nur vorübergehend mit Hilfe einer Maschine wahrnehmbar zu machen.[224] Im Übrigen haben die Gerichte für nicht körperliche Computerprogramme anerkannt, dass der ROM eines Computers ein körperliches Ausdrucksmedium darstellt und dass ein Computerprogramm, das sich im ROM befindet, im Sinne des 17 U.S.C. § 102 (a) C.A. fixiert ist.[225]
Bezogen auf den Untersuchungsgegenstand ist diesem Erfordernis dadurch Rechnung getragen, dass der Zugriff auf Informationen im Internet zur Vorbedingung hat, dass diese auf der Festplatte des Hostrechners abgespeichert sind. Diese Abspeicherung entspricht dem Fixierungserfordernis des 17 U.S.C. § 102 (a) C.A. Ein auf der Festplatte eines Internet Service Providers gespeichertes Werk gilt daher als fixiert im Sinne des 17 U.S.C. § 102 (a) C.A.[226] und ist schutzfähig.

Zusammenfassend ist festzuhalten, dass das Computerprogramm aus linguistischer Sicht als Sprachwerk betrachtet wird und in all seinen Entstehungsphasen urheberrechtlich geschützt sein kann, soweit es eigentümlich und körperlich fixiert ist. Der Schutz bezieht allein auf die konkrete Darstellung. Erfasst werden weder abstrakte Ideen noch Algorithmen.

---

[223] 17 U.S.C. § 101 (1976): „A work is fixed in a tangible medium of expression when its embodied in a copy ... is sufficiently permanent or stable to permit it to be perceived, reproduced, or otherwise communicated for a period of more than transitory duration".
[224] Vgl. nur *Kirkland*, 482 PLI/PAT 531, 542.
[225] Vgl. *Apple Computer Inc. v. Formula International, Inc.*, 562 F. Supp. 775, 779 (C.D.Cal. 1983), bestätigt durch das Berufungsgericht, 725 F.2d 521 (9th Cir 1984), das die Feststellung der ersten Instanz im Hinblick auf das Fixierungserfordernis nicht problematisiert hat; vgl. auch *Stern Electronics, Inc. V. Kaufman*, 669 F.2d 852 (2d Cir. 1982), wonach die Kopie eines Werks fixiert ist, wenn sie in den Speicher eines Computers geladen wird.
[226] Vgl. auch das NII White Paper, S. 25.

III. Schutzumfang

Es ist zu untersuchen, in welchem Umfang nach U.S.-amerikanischem Recht urheberrechtlicher Schutz für programmimplementierte Geschäftsmethoden gewährt wird. In den USA führt die erstmalige Fixierung des Werkes zur Urheberschaft[227], 17 U.S.C. § 101 C.A. Dem ersten Urheber stehen ausschließliche Rechte zu, die abschließend in 17 U.S.C. § 106 C.A. geregelt sind[228]: das Vervielfältigungsrecht[229], das Bearbeitungs- und Umgestaltungsrecht[230], das Verbreitungsrecht[231], das Recht zur öffentlichen Aufführung[232], das Recht der öffentlichen Darstellung und Ausstellung[233] und das Recht der öffentlichen Aufführung durch digitale Sendung[234]. Weiter sind begrenzte Urheberpersönlichkeitsrechte für Urheber von „work of visual art", also für Urheber von Werken der bildenden Kunst, in 17 U.S.C. § 106 A C.A. enthalten. Der Paragraph wurde erst 1990 mit dem "Visual Artists Rights Act"[235] in den Copyright Act eingefügt, der wiederum bis zu diesem Zeitpunkt überhaupt kein Urheberpersönlichkeitsrecht kannte.[236]

---

[227] Auch wenn grundsätzlich der erste Inhaber des Urheberrechts als Urheber im Sinne des C.A. gilt, bestimmt § 201 (b) C.A., dass dies nicht der Fall ist, wenn es sich um sogenannte „works made for hire" handelt. Wurden Werke von einem Arbeitnehmer im Rahmen seiner beruflichen Tätigkeit erschaffen, oder bestimmte Werke auf Bestellung angefertigt, vor deren Erstellung schriftlich vereinbart wurde, dass es sich um sogenannte „works made for hire" handeln soll, so gilt nicht der Schöpfer des Werkes als Urheber mit sämtlichen ihm nach dem „Copyright Act" zustehenden Rechten, sondern der Arbeit- oder Auftraggeber; vgl. hierzu auch *Nordemann/Scheuermann*, GRUR Int. 1990, 945, 947.

[228] Abgesehen von den in § 106 C.A. statuierten Rechten hat der Urheberrechtsinhaber nach § 602 (a) C.A. das Recht, den Import von Vervielfältigungsstücken des Werkes in die USA zu unterbinden. Der unerlaubte Import gilt, abgesehen von wenigen eng begrenzten Ausnahmetatbeständen in § 602 (a) C.A. insoweit als Verletzung des Verbreitungsrechts nach § 106 (3) C.A.

[229] „To reproduce the copyrighted work in copies or phonorecords".

[230] „To prepare derivative works based upon the copyrighted work".

[231] „To distribute copies or phonorecords of the copyrighted work to the public by sale or other transfer of ownership or by rental, lease or lending".

[232] „In the case of literary, musical, dramatic, and choreographic works, pantomimes, and motion picture or other audiovisual works, to perform the copyrighted work publicly".

[233] "In the case of literary, musical, dramatic, and choreographic works, pantomimes, and pictorial, graphic, or sculptural works, including the individual images of a motion picture or other audiovisual work, to display the copyrighted work publicly".

[234] „In the case of sound recordings, to perform the copyrighted work publicly by means of a digital audio transmission."

[235] Public Law No. 101-650, 104 Sat. 5089 (1990); siehe dazu grundsätzlich *Goodin*, 22 Golden Gate U.L. Law Rev. 567 (1992); *Dieselhorst*, GRUR Int. 1992, 902 ff.; *Baucks*, ZUM 1992, 72 ff.

[236] § 106 A C.A. genügt nicht dem Inhalt von Art 6 ff. RBÜ, da er Urheberpersönlichkeitsrechte nur für Urheber von Werken der bildenden Kunst vorsieht. Dennoch stellte der Kongress im „Berne Convention Implementation Act" fest, dass die USA ihren Verpflichtungen aus dem Beitritt zur RBÜ nachgekommen seien. Der Kongress war der Auffassung, dass die Kombination von

Die genannten Rechte des Urhebers in 17 U.S.C. § 106 C.A. werden nicht schrankenlos gewährleistet, sie werden vielmehr von den Schranken der 17 U.S.C. §§ 107 bis § 120 C.A. also begrenzt.

Eine der grundlegendsten dieser Schranken ist der Grundsatz des „fair use" (redliche Benutzung), 17 U.S.C. § 107 C.A. Es handelt sich dabei um eine allgemeine gesetzliche Umschreibung des Maßstabs, anhand dessen zu entscheiden ist, ob bestimmte, eigentlich rechtsverletzende Handlungen zulässig sind. Sind die Handlungen nicht von den Schranken gedeckt, also unzulässig, kann der Urheberrechtsinhaber die in den 17 U.S.C. §§ 502 ff. C.A. festgehaltenen Ansprüche geltend machen. Danach stehen ihm gegebenenfalls Ansprüche auf Unterlassung (17 U.S.C. § 502 C.A.), Beschlagnahme und Vernichtung (17 U.S.C. § 503 C.A.), Schadensersatz[237] und Gewinnherausgabe (17 U.S.C. § 504 C.A.) zu.[238] Bezogen auf den Untersuchungsgegenstand ist insbesondere festzuhalten, dass die Möglichkeit der Dekompilierung des Programms in den USA nicht verhindert werden kann.[239]

Bundesrecht und einzelstaatlichem Recht einen ausreichenden urheberpersönlichkeitsrechtlichen Schutz für den Beitritt der USA zur RBÜ gewährt. Was allerdings das Recht der einzelnen amerikanischen Bundesstaaten betrifft, so haben nur elf der 50 Bundesstaaten begrenzte Gesetze zum Schutz von Urheberpersönlichkeitsrechten verabschiedet. Dies sind die Staaten Kalifornien (Cal. Civil Code § 987 (West 1996)), Conneticut (Conn. Gen. Stat. Ann. § 42 – 116t (West 1997)), Louisiana (La. Rev. Stat. Ann. §§ 2151 – 2156 (West 1987), Maine (Me. Rev. Stat. Ann. tit. 27, 303 (West 1996)), Massachusetts (Mass. Gen. Laws Ann. ch. 231 § 85 S (West 1997), Nevada (Nev. Rev. Stat. §§ 597.720 –597.760 (1995)), New Jersey (N.J. Stat. Ann. §§ 2A:24A-1 bis 2A:24A-8 (West 1997)), New Mexico (N.M. Stat. Ann. §§ 13 –4B-1 bis 13-4B-4 (Michie 1978)), New York (N.Y. Art & Cult. Aff. Law § 14.03 (Mc Kinney (1996)), Pennsylvania (Pa. Stat. Ann. tit. 73, § 2101 (West 1996)) und Rhode Island (R.I. Gen. Laws § 5-62-4 (1996)); bezüglich des New Yorker Gesetzes siehe *Damich*, 86 Colum. L. Rev. 1733 (1984). Im Übrigen sind alle diese Gesetze ebenfalls auf Werke der bildenden Kunst beschränkt. Zwar ist es richtig, dass über den urheberrechtlichen Schutz hinaus ein gewisser persönlichkeitsrechtlicher Schutz nach § 43 des „Lanham Act" gewährt wird, dies ändert jedoch nichts an der Tatsache, dass der von der RBÜ geforderte umfassende urheberpersönlichkeitsrechtliche Schutz weder nach U.S.-amerikanischem Bundesrecht noch durch die Kombination von Bundesrecht und einzelstaatlichem Recht besteht, vgl. dazu auch *Ginsburg*, GRUR Int. 1991, 593, 597, *Schlachter*, 12 Berkeley Tech. L. J.15, 35 (1997).

[237] Bezüglich des Schadensersatzes hat der Urheberrechtsinhaber ein Wahlrecht; er kann entweder Ersatz des konkreten Schadens, den er infolge der Verletzung erlitten hat, zusammen mit dem Verletzergewinn oder Ersatz eines gesetzlichen Schadens wählen (§ 504 (a)). Im Falle einer vorsätzlichen Urheberrechtsverletzung kann das Gericht einen gesetzlichen Schadensersatzanspruch sogar bis $ 50.000,00 zuerkennen (§ 504 (c) (2)).

[238] Daneben kann ein Erstattungsanspruch für Kosten und Rechtsanwaltsgebühren (§ 505 C.A.) bestehen.

[239] *Smets-Solanes*, Software Userright, http://www.smets.com/it/policy/useright/useright.pdf, S.4, abgerufen am 10. Februar 2001.

Im Übrigen kann das U.S.-amerikanische Copyright jederzeit als Ganzes oder in Teilen inter vivos, von Todes wegen oder ex lege übertragen werden (17 U.S.C. § 201 (d) (1) C.A.), wobei nach der Definition des Begriffs „transfer of copyright ownership" in 17 U.S.C. § 101 C.A. die Einräumung eines ausschließlichen Nutzungsrechts automatisch die Übertragung des Urheberrechts ist.[240]

Der durch das Urheberrechtsgesetz gewährte Schutz beginnt mit der Schöpfung des Werkes und erlischt 50 Jahre nach dem Tod des Urhebers, 17 U.S.C. § 302 (a) C.A.[241]

IV. Ergebnis

Die Geschäftsmethode als planmäßige Vorgehensweise im geschäftlichen Bereich fällt nicht in den Schutzbereich des Copyrights, da dieser Werke insbesondere der Kunst und Literatur umfasst. Unabhängig davon könnte sie aufgrund des Ausschlusses von Arbeitsmethoden, Ideen und Prozeduren vom Copyright keinen urheberrechtlichen Schutz genießen. So kann sichergestellt werden, dass sich die Allgemeinheit der sich in geschützten Werken enthaltenen Ideen bemächtigen kann.[242]

Gleichwohl kommen bestimmte Aspekte des die Geschäftsmethode umsetzenden Computerprogramms als Schutzgegenstand des Copyright in Betracht. Der Urheberrechtsschutz bleibt dabei bei einer linguistischen Betrachtungsweise stehen. Geschützt ist das Computerprogramm als „literary work", also als

---

[240] Dass der U.S.-amerikanische Gesetzgeber trotz dieser Regelung verhindern wollte, dass dem Urheber durch die Übertragung des Urheberrechts endgültig sämtliche Rechte verloren gehen, zeigt sich an § 203 C.A. Nach § 203 (a) C.A. können der Urheber oder eine Mehrheit von Miturhebern – beziehungsweise deren Rechtsnachfolger- nach dem 1. Januar 1978 gewährte einfache und ausschließliche Nutzungsrechte gegenüber dem Inhaber mit einer Frist vom mindestens 2 und höchstens zehn Jahren kündigen und zwar so, dass der Zeitpunkt des Wirksamwerdens der Kündigung in einen Zeitraum von fünf Jahren fällt, der 35 Jahre nach der Einräumung des Nutzungsrechts beginnt. Dies hat gemäß § 203 (b) C.A. zur Folge, dass zu diesem Zeitpunkt die von den gekündigten Nutzungsrechten umfassten Befugnisse an den bzw. die Urheber oder deren Rechtsnachfolger zurückfallen.
[241] Dies gilt für die am oder nach dem 1. Januar 1978 geschaffenen Werke. Veröffentlichte Werke, die bereits vor dem 1. Januar 1978 urheberrechtlich geschützt waren, können nach § 304 C.A. während eines Zeitraumes von insgesamt 75 Jahren ab Entstehen geschützt werden. (vgl. bzgl. der Vereinfachung der Verlängerung der Schutzdauer auf 75 Jahre für vor dem 1. Januar 1978 bereits geschützte Werke durch den Copyright Amendments Act von 1992, Public Law 102 –307, 106 Stat. 264; *Hart/Kaufman*, 17 Colum.-VLA J.L. & Arts 311 (1993).
[242] Dieser allgemein anerkannte Grundsatz wurde auch in § 9 Absatz 2 des TRIPS-Übereinkommens ausdrücklich normiert. Siehe dazu auch *Katzenberger*, GRUR Int. 1995, 447, 464.

Sprachwerk. Damit wird der wörtliche Ausdruck des Programms erfasst. Nicht erfasst wird hingegen der Programminhalt, also die in ihm verkörperte (technische) Idee bzw. der Algorithmus, mithin der Teil, der die Funktionalität eines Computerprogramms ausmacht. Aus diesem Grund ist es auch zulässig, ein Programm zu dekompilieren und anzuwenden. Allerdings können nach U.S.-amerikanischem Recht Urheber eines Computerprogramms anderen kraft ihres Urheberrechts verbieten, ihr Werk zu vervielfältigen, zu bearbeiten, öffentlich aufzuführen bzw. aus- und darzustellen (17 U.S.C. § 106).

B. U.S.-amerikanisches Wettbewerbsrecht

Die programmimplementierte Geschäftsmethode kann Gegenstand des U.S.-amerikanischen Wettbewerbsrechts sein. Dieser Schutz gegen unlauteren Wettbewerb (Unfair Competition) umfasst, wie auch der deutsche Schutz – eine Vielzahl unterschiedlicher Fallgruppen, in denen der freie und faire Leistungswettbewerb gestört ist.[243] Das U.S.-amerikanische Wettbewerbsrecht wurzelt im allgemeinen Deliktsrecht der Einzelstaaten,[244] hat sich aber im Laufe der Zeit zu einem eigenständigen Rechtsgebiet entwickelt. Soweit es Regelungen enthält, die bundeseinheitlich geregelt sind, tritt es aufgrund der sogenannten „preemtion doctrine"[245] hinter die bundeseinheitlichen Regelungen zurück.[246]
Im Bereich des unlauteren Wettbewerbs bildeten sich in den USA zunächst zwei charakteristische Verhaltensweisen heraus, welche die Gerichte als prinzipiell wettbewerbswidrig einstuften. Als unlauter betrachtete man zum einen Täuschungen über die Herkunft eines Produkts oder einer Dienstleistung (sog. „passing off" oder „palming off")[247] und zum anderen das Erschleichen wettbewerbsrelevanter Informationen. Von der Entscheidung *International News Service v. Associated Press*[248] aus dem Jahre 1918 ausgehend, kristallisierte sich in den Vereinigten Staaten eine weitere Fallgruppe wettbewerbswidrigen Verhaltens heraus. Sie wird allgemein als „Misappropriation" beschrieben[249] und betrifft die unbefugte Aneignung fremder Geschäftswerte durch einen Mitbewerber.

---

[243] Vgl. *McCarthy*, IP Encyclopaedia, 462 f.
[244] Vgl. *Barett*, CH 6 I. B.
[245] *Heinlein*, GRUR Int. 2001, 377, 383.
[246] *Thurman*, GRUR Int. 1969, 208, 214.
[247] Vgl. *Barett*, CH 6 II A.
[248] 248 U.S. 215 (1918).
[249] Zum unlauteren Wettbewerb werden in den Vereinigten Staaten heute auch die Fälle der unlauteren Werbung (False Advertising) und der geschäftlichen Rufschädigung (Commercial Disparagement) gezählt.

Nach der Misappropriation-Doktrin wird die Verwendung einer Geschäftsmethode allgemein dann als unlauter betrachtet, wenn: (1) ein unkörperlicher Geschäftswert betroffen ist, in dessen Herstellung ein Wettbewerber Zeit, Mühe oder finanzielle Mittel investiert hat; (2) ein Mitbewerber sich diesen Geschäftswert in schmarotzerischer Art und Weise angeeignet hat, also erntet, wo er nicht gesät hat; (3) der ursprüngliche Produzent des Geschäftswertes hierdurch einen wettbewerbsrechtlichen Nachteil erleidet.[250] Die Missapropriation-Doktrin liefert also unter bestimmten Umständen eine Art ergänzenden wettbewerbsrechtlichen Leistungsschutz. Die Kriterien, die dabei hinsichtlich der Unlauterkeit des Vorgehens herangezogen werden (schmarotzerische Ausbeutung einer wettbewerbsrechtlich schutzwürdigen Leistung, Trittbrettfahren) ähneln denjenigen, die in Deutschland im Zusammenhang mit den wettbewerbsrechtlichen Fallgruppen der unmittelbaren Leistungsübernahme und der identischen Nachahmung diskutiert werden, wobei in den Vereinigten Staaten genau wie in Deutschland der Grundsatz der Nachahmungsfreiheit gilt.[251]

Bezogen auf den Untersuchungsgegenstand können die Regeln des Common Law über unerlaubte Handlungen wie etwa der Missbrauch von Kennzeichnungsmitteln („passing-off"), Herabsetzung („disparagement") und Verleitung zu Vertragsbruch insbesondere dann zur Anwendung gelangen, wenn Computerprogramme in ihrem Wert herabgesetzt werden oder unter Verleitung zur Verletzung beschränkender Vereinbarungen offenbart werden. Darüber hinaus werden sie in den Fällen in Betracht zu ziehen sein, in denen über die Herkunft der Software getäuscht wird.[252] Vom Schutz umfasst werden aber jedenfalls nicht die in den jeweiligen Programmen verkörperten Inhalte, respektive Ideen und Algorithmen.

---

[250] Vgl. *Barett*, CH 6 VI. A.
[251] Wie in Deutschland ist auch in den USA die Gewährung von ergänzenden wettbewerbsrechtlichen Leistungsschutzes keineswegs unumstritten. Dies zeigte sich bereits in der INS-Entscheidung selbst, in der zwei Richter (Justice Brandeis, Justice Holmes) in eigenen „Dissenting Opinions" das Urteil kritisierten. (Siehe *International News Services v. Associated Press*, 248 U.S. 215, 248 ff. (1918)). Da eben auch in den USA der Grundsatz der Nachahmungsfreiheit gilt, diskutiert man, ob ein Schutz vor der Leistungsübernahme, die nicht gegen sonderrechtliche Regelungen verstößt, überhaupt zulässig ist. Der U.S.-amerikanischen Rechtsprechung ist es bis heute nicht gelungen, dem Misappropriation-Tatbestand klare und verlässliche Konturen zu verleihen; (vgl. dazu *Götting*, S. 254).
[252] *Thurman*, GRUR Int. 1969, 208 f.

C. Trade-Secret-Law

Aus der wettbewerblichen Fallgruppe des „passing off" hat sich im Laufe der Jahre der heutige Schutz von Geschäftsgeheimnissen (Trade-Secret-Law)[253] entwickelt. Geschützt sind Betriebsgeheimnisse für unbestimmte Dauer, sofern sie nicht oder nur in beschränktem Umfang offenbart werden.[254]

Der Schutz des Trade-Secret-Law verlangt ein gewisses Maß an tatsächlicher Geheimhaltung und dafür notwendige Vorkehrungen[255] sowie Originalität bzw. Neuheit[256] und beruht insbesondere auf den allgemeinen Erwägungen von Billigkeit und Gerechtigkeit, sowie dem Vertragsrecht. Seit 1996 wird die rechtswidrige Aneignung von Trade Secrets auch als bundesrechtlicher Straftatbestand behandelt.[257]

Programmimplementierte Geschäftsmethoden können Geschäfts- oder Betriebsgeheimnisse darstellen[258], die zu den sonstigen Werten eines Geschäftsvermögens gezählt werden und als sogenannte Trade Secrets Schutzgegenstand des ergänzenden Leistungsschutzes sein können. Unter den Begriff „Trade Secrets" fallen Erfahrungswissen ("Know-how") wirtschaftlicher oder technischer Art, bestehend aus Formeln z.B. für chemische Zusammensetzungen, Mustern, Vorrichtungen oder Zusammenstellungen von Informationen wie die Geschäftsstrategie oder auch „nur" eine Kundenliste, die in einem Geschäftsbetrieb genutzt wird und die dem Geschäftsinhaber insbesondere den Wettbewerbern einen Vorteil verschafft. Damit kann sowohl die Geschäftsmethode als auch das Computerprogramm in den Schutzbereich des Trade-Secret-Law fallen.

Eine unbefugte Verwendung von Geheimnissen („infringement of trade secret") durch Personen, die hiervon entweder ohne Wissen des Betriebsinhabers Kenntnis erlangt haben oder denen die Geheimnisse lediglich zur Verwertung im Betrieb anvertraut worden sind, ist rechtswidrig, wobei schon die unredliche Aneignung als unlauterer Wettbewerb betrachtet wird. Solange das Geheimnis (auch widerrechtlich) nicht offenbart worden und damit de facto neu ist, besteht Rechtsschutz in Form von Unterlassungsansprüchen, Schadensersatzansprüchen

---

[253] *Chisum/Jacobs*, § 6 f.
[254] *Thurman*, GRUR Int. 1969, 208, 213.
[255] Siehe Restatement Agency 2d, Sec. 389, 391.
[256] *Sarkes Tarzian, In. v. Audio Devices, Inc.* (1958) 166 FSupp 250, aff'd (1960) 283 F.2d 295, cert. denied (1961) 365 US 869; *Kawanee Oil Corp. v. Bicron Corp. et al* (U.S.S.C., 1974) 416, US 470, GRUR Int. 1975, 352 – 385, m. Anm. *Christiansen*.
[257] Public Law 104-294 (1996).
[258] Zum Begriff siehe auch: *Ski Corp v. Kam Ski Corp.* (1958) 158 Fsupp. 919.

und Ansprüchen auf Herausgabe des erzielten Gewinns.[259] Derjenige hingegen, der das Geheimnis durch logische Analyse oder durch eigene Experimente entlarvt, hat das Recht zur Nutzung, ohne dass der Inhaber des Geschäftsgeheimnisses irgendwelche Ansprüche gegen ihn geltend machen kann.[260]

Für den Untersuchungsgegenstand folgt aus dem Vorhergehenden, dass die programmimplementierte Geschäftsmethode durch das Trade-Secret-Law geschützt sein kann.

D. Trademark-Law

Weiter kann eine programmimplementierte Geschäftsmethode Gegenstand des U.S.-amerikanischen Trademark-Law sein. Dabei kann dieser Schutz insbesondere herangezogen werden, wenn es gilt, den Titel des Computerprogramms oder dessen Herkunftsangaben zu schützen. Das Trade Mark-Law ist nicht geeignet, die im Computerprogramm verkörperte Idee zu schützen.

E. Design Patent Law

Das Design Patent Law findet sich in kaum veränderter Form in allen amerikanischen Patentgesetzen seit 1842.[261] Es dient einzig und allein dem Schutz des „eye appeal", des über die Augen wirkenden ästhetischen Aspekts des Design.[262] Es ist insofern im deutschen Recht nur mit dem Geschmacksmusterrecht, nicht etwa mit dem Gebrauchsmusterrecht vergleichbar, wenn auch

---

[259] *Aerosonic Corp. v. Trodyne Corp.* (1968) 402 F2d 223; *Nucor Corp. v. Tennessee Forging Steel Service, Inc.* (1973) 476 F2d 386.
[260] Kann aber der Inhaber des Geschäftsgeheimnisses die Informationen vertraulich halten, dann ist ihm das Geschäftsgeheimnis auf Dauer sicher. Der Schutz seiner Idee ist zeitlich nicht begrenzt, wie dies beim Patent der Fall ist.
[261] Vgl. zur Entwicklung *Hudson*, JPOS 1948, 380ff.; *Deller's Walker on Patents*, 2. Bd., S. 729 ff (§§ 155 –157).
[262] "Design patents refer to appearances, not utility. Their object is to encourage works of art and decoration which appeal to the eye, to the aesthetic emotions, to the beautiful.": *Rowe v. Blodgett & Clapp Co.* 112 F 61 (2d. Cir. 1901). Vgl. *Vacheron & Constantin-Le Coultre Watches, Inc. v. Benrus Watch Co. Inc.* 260 F 2d 637 (2d Cir. 1958); *Thabet MfG. Co. v. Koolent Metal Awning Corp. of America*, 226 F 2d 207 (6th Cir. 1955), sowie Darstellung und Nachweise bei *Deller's Walker on Patents*, 2. Bd. S. 733 ff. (Kap. 158), 760 ff. (Kap. 162).

seine Einbindung in das Patentgesetz dem deutschen Betrachter etwas anderes suggerieren mag.[263]

Die wesentlichen Voraussetzungen des Design Patent Schutzes sind gemäß 35 U.S.C. § 171 „ornamentality", Neuheit und Erfindungshöhe. Dass ein Design „ornamental" zu sein hat, ist insofern das Kernerfordernis des Design Patent und stellt die Ausrichtung des Konzepts auf den ästhetischen Aspekt sicher. Die „Ornamentality" hat im Wesentlichen zwei Stoßrichtungen: sie verlangt, eine gewisse ästhetische Wirkung im Sinne einer „Verschönerung" und schließt rein technisch-funktionsbezogenen Designs vom Schutz aus.

Das bedeutet für den Untersuchungsgegenstand, dass jedenfalls die Geschäftsmethode für sich betrachtet mangels ästhetischer Wirkung vom Schutzbereich des Design Patent Law nicht umfasst ist. Und auch für den Schutz des die Geschäftsmethode beinhaltende Computerprogramms dürfte das Design Patent Law wenige praktikable Ansatzpunkte bieten.

F. Ergebnis

Programmimplementierte Geschäftsmethoden fallen in den Schutzbereich mehrerer nicht-patentrechtlicher Gesetze. Dabei ist zu beachten, dass sich aus der föderalen Struktur der USA Unterschiede im Hinblick auf die zur Anwendung kommenden Gesetze ergeben. Bundes- und einzelstaatliche Regelungen stehen nebeneinander; im Fall von Parallelregelungen geht bundesstaatliches dem einzelstaatlichen Recht vor.

Neben dem Copyright kommen im U.S.-amerikanischen Recht sowohl das Wettbewerbsrecht, das Trademark, das Trade-Secret- und Design Patent Law als Schutzmöglichkeiten in Betracht. Das Copyright betrachtet das Computerprogramm aus linguistischer Perspektive und schützt es als Sprachwerk, die Geschäftsmethode als solche wird hingegen vom Schutz nicht erfasst. Der Schutzbereich des Wettbewerbsrechts umfasst sowohl die Geschäftsmethode als auch das Computerprogramm, soweit sie einen Geschäftswert verkörpern, dieser

---

[263] Nicht zutreffend insofern *Rauscher auf Weeg*, GRUR Int. 1958, 277, 279. Höchstens kann es über das design patent zu einem reflexartigen Schutz technischer Aspekte kommen, wie *Mestern*, Mitt. 1962, 127, 129, beschreibt. Auch dies ist aber durch das „ornamentality"-Kriterium stark eingeschränkt. Das Missverständnis ist übrigens gegenseitig: In den USA wurde zuweilen aus dem Raumerfordernis des deutschen Gebrauchsmusterrechts auf eine Orientierung dieses Konzepts auf das äußere Erscheinungsbild geschlossen und auf diese Weise eine Vergleichbarkeit zum design patent behauptet; richtigstellend hierzu *Rosenberg*, Patent Law Foundation, S. 346.

unlauter genutzt wurde und die Nutzung mit einem finanziellen Nachteil für den Erschaffer des Wertes verbunden ist. Darüber hinaus ist Geheimnisschutz für die programmimplementierte Geschäftsmethode über das Trade-Secret-Law zu erlangen. Gleichzeitig kann insbesondere der Titel des Computerprogramms als Trademark geschützt werden. Im Gegensatz zu all diesen Schutzmöglichkeiten bietet das Design Patent Law wenig praktikablen Schutz; es bleibt bei der ästhetischen Betrachtung des Programms stehen.

Die genannten Schutzmöglichkeiten weisen zwar unterschiedliche Schutzrichtungen auf, sie haben jedoch gemeinsam, dass die hinter der programmimplementierten Geschäftsmethode stehende bzw. im Programm verkörperte Idee in der Regel nicht geschützt ist. Dabei ist insbesondere für das Copyright Law festzuhalten, dass es bei einer linguistischen Sicht stehen bleibt und daher die Funktionalität eines Programms nicht schützt.

Kapitel 3 – Die Patentierbarkeit programmimplementierter Geschäftsmethoden nach deutschem und europäischem Recht

Wie bereits dargestellt, befinden sich programmimplementierte Geschäftsmethoden im Spannungsfeld zwischen Patent- und Urheberrecht. Beruht die Lösung der einem Computerprogramm zugrunde liegenden Idee ausschließlich auf dem Einsatz der Verstandestätigkeit, handelt es sich um eine urheberrechtliche Leistung. Geschützt ist die konkrete Ausdrucksform eines Computerprogramms, losgelöst von der dem Programm zugrundeliegenden Idee.

Bezogen auf die Funktion oder Qualität eines Computerprogramms kommt dieser äußeren Gestaltung jedoch keine maßgebliche Bedeutung zu. Entscheidend sind vielmehr die im Programm enthaltenen schöpferischen Ideen bzw. Kenntnisse. Diese sind für die inneren Merkmale des Programms wie beispielsweise die Schnelligkeit und Zuverlässigkeit der Datenverarbeitung, die Ergonomie oder die Anwenderfreundlichkeit von Bedeutung. Computerprogramme haben also einen über den konkreten Ausdruck hinausgehenden Zweck: Sie sollen eine über die konkrete Ausdrucksform hinausreichende Funktionalität bewirken. Dies geschieht, indem zur Verstandestätigkeit der Einsatz technischer Komponenten hinzutritt.[264] Diese dem Urheberrechtsschutz nicht zugängliche Funktionalität oder auch Funktionswirkung ist dem Patentschutz zugänglich.

Wurden in Kapitel 2 die nicht-patentrechtlichen Schutzmöglichkeiten für programmimplementierte Geschäftsmethoden aufgezeigt, soll im Folgenden deren Patentfähigkeit wie auch deren Patentierbarkeit nach deutschen bzw. europäischen Recht untersucht werden. Dazu wird zunächst der patentrechtliche Schutzgegenstand untersucht.

§ 1 - Schutzgegenstand

Der Patentschutz gilt grundsätzlich nicht dem körperlichen Gegenstand, also insbesondere nicht einem Produkt, einer Vorrichtung oder einem Verfahren, sondern dem darin verkörperten und dargestellten Gedanken (der Anweisung, Lehre). Der Schutz umfasst darüber hinaus das Funktions- und Wirkungsprinzips einer Vorrichtung oder eines Verfahrens in seiner praktischen Realisierung und

---

[264] *Koch*, GRUR 2000, 191, 195.

Verwertung.[265] Begehrt man für diese in den Gegenständen verkörperten Lehren Schutz, so ist dies nur unter bestimmten sachliche Voraussetzungen möglich. Diese sind zum einen im EPÜ und zum anderen im deutschen Patentgesetz geregelt.

Das deutsche Patent stimmt im Wesentlichen mit dem europäischen Patent überein, das sich als ein Bündel von Patenten mit Wirkung in den Vertragsstaaten des Übereinkommens über die Erteilung europäischer Patente (EPÜ)[266] darstellt (europäisches Bündelpatent).[267] Gegenstand des Übereinkommens ist die Vereinheitlichung des Verfahrens zur Erteilung eines Europäischen Patents[268], wobei das Übereinkommen die nationalen Erteilungsverfahren der Vertragsstaaten unberührt lässt.[269] Seine materiell-rechtlichen Regelungen beschränken sich de iure auf die Europäischen Patente und beeinflussen die in nationalen Verfahren erteilten Schutzrechte nicht unmittelbar. Gleichwohl hat eine Vielzahl der Mitgliedstaaten die Zustimmung zum EPÜ zum Anlass genommen, das nationale Recht dem materiellen europäischen Patentrecht über die zwingend vorgeschriebene Anpassung hinaus anzugleichen.

---

[265] *Horns*, GRUR 2001, 1, 2; *Tauchert*, Abs. 5; *Betten/Körber*, GRUR 1997, 119.

[266] Das EPÜ wurde am 5. Oktober 1973 in München unterzeichnet; es wird nach dem Ort seines Abschlusses auch Münchener Übereinkommen (MPÜ) genannt. Beitrittsberechtigt sind nur europäische Staaten - Mitgliedstaaten sind zur Zeit (Februar 2003): Belgien, Dänemark, Deutschland, Frankreich, Griechenland, Großbritannien, Irland, Italien, Luxemburg, Monaco, die Niederlande, Norwegen, Österreich, Schweden und die Schweiz; vgl. *Singer/Stauder*, EPÜ, Art. 165, Rn. 1.

[267] *Busse-Keukenschrijver*, PatG, § 1 Rn. 108.

[268] Das Übereinkommen gibt den nationalen Verletzungsgerichten beispielsweise einheitliche Auslegungsregeln zur Bestimmung des Schutzumfanges zur Hand und bestimmt die Nichtigkeitsgründe für das vor den nationalen Gerichten durchzuführende Nichtigkeitsverfahren.

[269] Im Rahmen der Europäisierung des Patentrechts war jedoch nicht nur die im EPÜ geregelte Vereinheitlichung der Erteilung eines Patents vorgesehen, sondern auch die Schaffung eines einheitlichen Patents mit einheitlichen Schutzwirkungen (sog. Gemeinschaftspatent). Das Übereinkommen über das europäische Patent für den gemeinsamen Markt (Gemeinschaftspatentübereinkommen) wurde am 21. Dezember 1989 von den damals zwölf EG-Staaten unterzeichnet, ist derzeit jedoch noch nicht in Kraft getreten, da es der Ratifikation aller 12 Unterzeichnerstaaten bedarf, die bislang nur teilweise erfolgt ist; zu den Einzelheiten des Zustandekommens vgl. *Singer/Stauder*, EPÜ, Vor. Art. 143, Rn. 2 - 7. Unabhängig hiervon soll augenblicklich ein weiteres Gemeinschaftspatent geschaffen werden. Durch einen Beitritt der Europäischen Gemeinschaft zum EPÜ sollen künftig gemeinschaftsweit einheitliche Patente erteilt werden; angedacht ist dabei, sich in die bestehenden Strukturen der EPO zu integrieren. Der Verordnungsvorschlag der Kommission „über das Gemeinschaftspatent" findet sich unter http://europa.eu.int/scadplus/leg/-de/lvb/l26056.htm, Kritisch zum gewählten Ansatz äußert sich mit gewichtigen Argumenten: *Bossung*, GRUR Int. 2002, 463 und 575.

Da die deutsche und die europäische Regelung übereinstimmen, gelten die folgenden Ausführungen sowohl für Deutschland als auch für das Anwendungsgebiet des EPÜ, es wird an gegebener Stelle auf Unterschiede hingewiesen werden.

Grundsätzlich gilt eine Erfindung dann als patentrechtlich schützenswert, wenn sie die in §§ 1, 3, 4 PatG bzw. Art. 52, 54 EPÜ normierten Voraussetzungen erfüllt. So geben die gleichlautenden materiellen Vorschriften Art. 52 Absatz 1 EPÜ und § 1 Absatz 1 PatG die Patentierungserfordernisse Neuheit, erfinderische Tätigkeit und gewerbliche Anwendbarkeit vor. Die Erfordernisse Neuheit und erfinderische Tätigkeit werden in eigenen Vorschriften, Art. 54 EPÜ i.V.m. Art. 55 EPÜ bzw. § 3 PatG sowie in Art. 56 EPÜ bzw. § 4 PatG weiter ausgestaltet und sind im Wesentlichen wortidentisch. Lediglich das Erfordernis „gewerbliche Anwendbarkeit" wird im deutschen und europäischen Patentrecht unterschiedlich normiert. Während § 5 PatG diese Voraussetzung für das deutsche Patentrecht statuiert, trifft das europäische Patentrecht die grundsätzlich gleiche Regelung in Art. 52 Absatz 4 EPÜ i.V.m. Art. 57 EPÜ.

Im Folgenden soll daher zunächst erläutert werden, ob eine programmimplementierte Geschäftsmethode als Erfindung eingeordnet werden kann. Dazu wird erstens der Begriff der Erfindung erläutert, zweitens eine Untersuchung der Rechtsprechung von Bundesgerichtshof (BGH), Bundespatentgericht (BPatG) und der Beschwerdekammern des Europäischen Patentamtes (EPA) vorgenommen und drittens geprüft, ob die Erfindung auch patentierbar ist, also die weiteren patentrechtlichen Schutzvoraussetzungen erfüllt.

A. Begriff der Erfindung

Die Patentfähigkeit eines Gegenstandes bemisst sich danach, ob der Gegenstand eine Erfindung ist. Dieses Erfordernis hat traditionell die Aufgabe, den Kreis der dem Patentschutz grundsätzlich zugänglichen Gegenstände festzulegen.

Hinter dem Erfordernis der Erfindung verbirgt sich also die Frage, welchen Inhalt ein Gegenstand aufweisen muss, um als Erfindung anerkannt zu werden. Weder das deutsche Patentgesetz noch das EPÜ halten eine Definition[270] dessen, was eine Erfindung ist, bereit. Dies ermöglicht zum einen, den Begriff dem jeweils neuesten Stand der Technik anzupassen,[271] zum anderen ist damit aber auch die

---

[270] Busse-*Keukenschrijver*, PatG, § 1 Rn 5.
[271] BGH, GRUR 69, 672 – *Rote Taube*.

Ausfüllung dieses unbestimmten Rechtsbegriffs Rechtsprechung und Lehre überlassen.[272]

Gleichwohl wird der Begriff der Erfindung in § 1 Absatz 2 PatG wie auch Art. 52 Absatz 2 EPÜ präzisiert. Darin festgeschrieben sind in Form eines Negativkatalogs diejenigen Gegenstände, die nicht als Erfindungen im Sinne des Patentgesetzes gelten. Dazu gehören unter anderem „Pläne Regeln, Verfahren für geschäftliche Tätigkeiten sowie Programme für Datenverarbeitungsanlagen", wobei die Liste nicht abschließend ist. Dem Wortsinn nach könnte man daher schlussfolgern, dass programmimplementierte Geschäftsmethoden nicht patentierbar sind. Es bestünde die Möglichkeit, sie entweder als „Plan, Regel oder Verfahren für eine geschäftliche Tätigkeit" oder als „Programm für eine Datenverarbeitungsanlage" einzuordnen. Letzterer Ausschluss könnte insbesondere durch den Gedanken des für Computerprogramme zu erlangenden Urheberrechtsschutz getragen sein. Indes wäre diese Annahme übereilt. § 1 Absatz 3 PatG und Art. 52 Absatz 3 EPÜ heben den Patentierungsausschluss der jeweiligen Absätze 2 ein Stück weit auf. Die Patentfähigkeit ist lediglich insoweit ausgeschlossen, als für die genannten Gegenstände und Tätigkeiten „als solche" Patentschutz beansprucht wird.

Folge dieser Einschränkung der Ausschlussbestimmung ist, dass es kein generelles Patentierungsverbot für die nach Absatz 2 ausgeschlossenen Gegenstände gibt. Erfindungen können mithin auch die in Absatz 2 aufgezählten Gegenstände und Tätigkeiten sein, nämlich dann, wenn sie keine Methoden "als solche" sind.

Damit ist jedoch noch nichts über den Inhalt der Erfindung gesagt. Liefert das Gesetz auch keine Anhaltspunkte beispielsweise in Form einer Legaldefinition, so herrscht jedenfalls Einigkeit darüber, dass allein „technische" Erfindungen Gegenstand eines Patents sein können.[273]

I. Technischer Charakter der Erfindung

Das Patentierungserfordernis[274] des technischen Charakters ist im deutschen Patentgesetz nie kodifiziert worden,[275] dennoch ist es eines der – scheinbar –

---

[272] Vgl. Bundesrat-Drucks. Nr. 14 1876/77 zu § 1 PatG; Reichtags-Drucks. Nr. 8 1877 zu § 1 PatG.
[273] BGH, GRUR 1992, 33, 35 – *Seitenpuffer*; Abl. EPA, 1995, 525.
[274] Die weiteren Anforderungen an eine Erfindung wie Ausführbarkeit, Wiederholbarkeit und soziale Nützlichkeit werden im Laufe der Untersuchung keine Beachtung finden. Vgl. dazu *Bernhardt*, PatG, § 1 Rn. 70, 72 – 74.
[275] *Lutter*, Patentgesetz, S. 17.

unumstößlichen „Grundgesetze" des deutschen[276] wie auch des europäischen[277] Patentrechts. Das Erfordernis ergibt sich mittelbar aus der Einbeziehung der §§ 3, 4 PatG sowie der Artt. 54 und 56 EPÜ, wonach eine patentfähige Erfindung gegenüber dem Stand der Technik neu und erfinderisch sein muss. Dass Erfordernis wird in der Regel mit dem Begriff „Technizität" umschrieben.

Das begriffliche Hervorheben der Technik bei dem Versuch, den Erfindungsbegriff zu bestimmen und zu charakterisieren, stellt dabei weniger auf die konditionale Verbindung von Erfindung und Technik ab, sondern zielt auf die Abgrenzung von technischen gegenüber geistigen Erfindungen.[278] Dahinter steht, dass das Patentrecht gerade nicht Leistungen auf allen Gebieten des menschlichen Schaffens schützen soll, sondern ausschließlich jene auf einem besonderen Gebiet. Dieses Gebiet wird als Gebiet der „Technik" bezeichnet.

Zur Begründung des Technizitätserfordernisses wird jedenfalls für das deutsche Recht auf die Intention des Gesetzgebers des Patentgesetzes von 1877 rekurriert, der entnommen wird, dass das Patentgesetz nur dem Schutz „technischer Erfindungen" dienen sollte.[279] Es heißt darin, dass rein wissenschaftliche Entdeckungen, die Aufstellung neuer Methoden z.B. für den Acker- und Bergbau und die Kombination neuer Pläne für Unternehmungen auf dem Gebiet des Handels vom Patentschutz nicht umfasst seien.[280] Umfasst diese beispielhafte Aufzählung dem Patentschutz nicht zugängliche Gegenstände lediglich solche nicht-technischer Art, so ist argumentum a maiore ad minus zu folgern: Nur technische Erfindungen sind vom Patentschutz erfasst.

---

[276] Siehe nur Benkard-*Bruchhausen*, PatG, § 1 Rn. 41 – 50, 54 – 57; Busse-*Keukenschrijver*, § 1 Rn. 17 – 66.
[277] Auch für die Anwendung des EPÜ wird durchweg der technische Charakter der Erfindung vorausgesetzt, wie etwa Regel 27 der Ausführungsordnung deutlich zeigt: So ist in der Beschreibung nach Regel 27 (1) (b) „das technische Gebiet, auf das sich die Erfindung bezieht anzugeben" und nach (1) (d) die Erfindung „so dazustellen das danach die technische Aufgabe (...) und deren Lösung verstanden werden können (...)."
[278] Vgl. *Krauße*, PatG, § 1 Anm. 2, die Technik bezieht sich auf die Erscheinungswelt im Gegensatz zur Welt des Geistes; *Wallach*, GRUR 1929, 969, 973. Die Technik umfasst die Erscheinungswelt, nicht die Welt des Geistes, RG MuW 33, 183, 184; a.A. *Isay*, PatG, 2. Auflage, § 1, Rn. 7: „... abgesehen von den Ausnahmen im § 1 Absatz 2 PatG 1891 ist keine Gattung von den Bedürfnissen ausgeschlossen. Es brauchen also nicht technische, überhaupt nicht einmal praktische, materielle Bedürfnisse zu sein."
[279] Stenografische Berichte des Deutschen Reichstages, Band 46, 3. Legislaturperiode, 1. Sess. 1877 Nr. 8, S. 24 zu § 19.
[280] Stenografische Berichte des Deutschen Reichstages, Band 46, 3. Legislaturperiode, 1. Sess. 1877 Nr. 8, S. 17.

In Bezug auf die Technizität kann den Gesetzesmaterialien entnommen werden, dass unter „Technik" nur das Gebiet der unbelebten Natur, seine Beherrschung und die Ausnutzung durch Lehren der Physik und Chemie verstanden wurde.[281] Ein Erweiterung auf jegliche Naturerscheinungen erfolgte 1965 dahingehend, dass vom Technikbegriff auch alle von Stoffen, Kräften und Energiearten ausgeübten Wirkungen umfasst wurden.[282] Schließlich wurde in einer Entscheidung aus dem Jahre 1969 festgestellt, dass die Bedeutung des patentrechtlichen Technikbegriffs – gleich dem Stand der Wissenschaft – dem Wandel unterliege und das heutige Verständnis der Technik sowohl chemische, physikalische, als auch biologische Erscheinungen umfasse.[283] Diese Aussage besitzt für den kontinentaleuropäischen Rechtskreis Allgemeinverbindlichkeit. Sowohl BGH, BPatG wie auch die Beschwerdekammern des EPA ordnen dem Feld der Technik jedenfalls die Bereiche der Chemie, Physik und Biologie zu.[284]

II. Technische Aufgabe und technische Lösung

Damit steht fest, dass eine Erfindung nach deutschem und Gemeinschafts-Recht technischen Charakter besitzen muss. Dieser zeigt sich in einem Erfolg, der durch die technische Lösung einer technischen Aufgabe herbeigeführt wird. Nach herrschender Lehre ist eine patentfähige Erfindung daher eine Verknüpfung zweier Kausalreihen, bestehend aus der Lösung einer technischen Aufgabe und einem technischen Erfolg.[285] Sie setzt sich insbesondere zusammen aus einem technischen Problem (der Aufgabe) und der Lösung des technischen Problems.[286]

Ohne das gemeinsame Vorhandensein von Aufgabe und Lösung, ist eine Erfindung nicht patentfähig, denn ohne Aufgabe oder ohne Lösung mangelt es ihr an Verständlichkeit.[287] Auch wenn im Einzelfall die Mitteilung der bloßen Aufgabe oder der bloßen Lösung ausreichen kann, reicht eine so verkürzte Darstellung für das Verständnis eines Fachmannes nur aus, wenn sich aus der allein mitgeteilten

---

[281] Entscheidungen der Beschwerdeabteilung II vom 12.6.1914 in Bl.f. PMZ 1914, 257, 258; RG GRUR 1933, 289, 290.
[282] Vgl. BPatGE 6, 145, 147.
[283] BGH, GRUR 1969, 672 – *Rote Taube*.
[284] Siehe dazu auch *Nack*, S. 211.
[285] Vgl. BGH, GRUR 1985, 31, 32 – *Acrylfaser* sowie *Isay*, PatG, 5. Auflage, § 1 Rn. 2.
[286] Vgl. *Bruchhausen*, in: FS 25 Jahre Bundespatentgericht, S. 189, *Damme*, S. 147; *Hesse*, GRUR 1981, 853; *Isay*, PatG, 5. Auflage, § 1 Anm. 3, 5; *Klauer/Möhring*, PatG, § 1 Anm. 2; *Kohler*, Patent- und Industrierecht, S. 8; RPA Patentblatt 1890, 381; RG PMZ 1986, 98; BGH, GRUR 1969, 672, 673 – *Rote Taube;* BGH, GRUR 1975, 430, 432 – *Bäckerhefe;* BGH, GRUR 1979, 692 – *Spinnturbine;* BGH, GRUR 1984, 194 – *Kreiselegge;* BGH, GRUR 1985, 31 – *Acrylfasern*.
[287] EPA 26/81, Abl. 82, 211.

Aufgabe die Lösung selbst ergibt (Aufgabenerfindung),[288] bzw. die Aufgabe aus der allein dargestellten Lösung gefolgert werden kann. Können keine Rückschlüsse auf Aufgabe oder Lösung gezogen werden, ist weder eine bloße Aufgabe[289] noch eine Lösung eine Erfindung.

1. Aufgabe

Der Begriff der „Aufgabe" hat seit der Einführung des deutsche Patentgesetzes keine entscheidende Fortentwicklung erfahren. Darunter wird die Zielvorstellung des Erfinders verstanden, im Bereich der Technik einen Erfolg zu erzielen.[290]

Obgleich die Aufgabe stets als notwendiger Bestandteil eines Erfindungsprozesses verstanden wurde, findet sie sich begrifflich nicht im Patentgesetz. Lediglich in § 5 der Patentanmeldeverordnung in der Fassung von 1981 wurde die „Angabe der Aufgabe", die durch die Erfindung gelöst werden soll, gefordert. In der geänderten Fassung von 1990 wurde die „Aufgabe", wie auch schon durch *Pietzcker*[291], durch den Begriff „Problem" ersetzt. Es wird nunmehr die Angabe des der Erfindung zugrundeliegenden Problems gefordert, sofern sich dieses nicht aus der angegebenen Lösung oder etwaigen Angaben über die vorteilhafte Wirkung der Erfindung in Bezug auf den Stand der Technik ergibt.[292] Begrifflich sind also Aufgabe und Problem, bzw. technische Aufgabe und technisches Problem, im patentrechtlichen Sinne unstrittig synonym zu verstehen.[293]

Entscheidend ist, ob das Problem durch die Erfindung tatsächlich, d.h., objektiv, bewältigt wird.[294] Subjektive Vorstellungen des Erfinders bleiben daher außer Be-

---

[288] *Schulte*, PatG, § 4 Rn. 21.
[289] BGH, GRUR 1984, 194 – *Kreiselegge*.
[290] Siehe *Pietzcker*, PatG, § 1 Rn. 69.
[291] *Pietzcker*, PatG, a.a.O., Rn. 71.
[292] Vgl. Bl.f. PMZ 1990, 214; ebenda wird in Regel 27 Absatz 1 lit. c AO-EPÜ zwar in der deutschen Fassung die technische Aufgabe für die Beschreibung der Erfindung gefordert, die englische und die französische Fassung greifen jedoch auch den Begriff technical problem bzw. problème technique zurück.
[293] So bereits *Kohler*, Patentrecht, S. 134, der nur auf den Begriff Problem eingeht; *Lutter*, Patentgesetz, S. 20, widmet sich nur dem Begriff Aufgabe; *Isay*, Patentgesetz, 5. Auflage, § 1 Anm. 13 verwendet beide Begriffe synonym, ebenso *Müller*, Mitt. 29, 252; *Hesse*, GRUR 1981, 853.
[294] BGH, GRUR 1981, 186 – *Spinnturbine*.

tracht.[295] Aufgabe ist folglich die technische Problemstellung losgelöst vom Motiv des Erfinders, einen wie auch immer gearteten Vorteil zu erringen.[296]

2. Lösung

Die Angabe der technischen Mittel, die die technische Aufgabe zum angestrebten technischen Erfolg leiten, ist die Lösung.[297] Sie kann abstrakt gehalten sein (beispielsweise durch die Angabe des Lösungsprinzips)[298] oder durch Wirkungsangaben bestimmt werden.

3. Besonderheiten des europäischen Patentrechts

Wie bereits festgehalten, ist in Anwendung des EPÜ ebenfalls der technische Charakter einer Erfindung maßgeblich. Wird auch im europäischen Rechtskreis die sogenannte „Aufgabe-Lösung"-Doktrin angewendet, so ist der Ort ihrer Anwendung ein anderer. Während im deutschen Recht die Prüfung im Rahmen der Patentfähigkeit verortet ist, prüft das EPA diese Doktrin im Rahmen der Patentierbarkeit. Der „Problem-Solution-Approach" wurde nahezu vollständig in das Erfordernis der Erfindungshöhe überführt, auf das an späterer Stelle noch einzugehen sein wird. So heißt es jüngst in der Entscheidung T 641/00- *Sim-Card*:[299] „Based on the ordinary meaning to be given the terms of Article 46 EPC in their context in the EPC, and consistent in particular with Rule 27 EPC, as a test for whether an invention meets the requirements of Article 56 EPC the boards of appeal have developed and applied a method known as the 'problem-solution approach' ...".[300] Ein derartiges Verorten in dem Kriterium der Erfindungshöhe ist

---

[295] Vgl. *Pietzcker*, PatG, § 1 Rn 71, BGH, GRUR 1960, 546, 548 – *Bierhahn;* BGH, GRUR 1964, 676, 678 – *Läppen.*
[296] Aufgabe kann auch sein, was bereits gelöst wurde; sie sollte indes nichts enthalten, was Teil der Lösung ist, oder auf sie hindeutet, vgl. EPA T 229/85 – *Ätzverfahren;* EPA T 99/85 – *Diagnostisches Mittel.*
[297] BGH, GRUR 1965, 533 – *Typensatz.*
[298] BPatGE 7, 15 m.w.N.; BPatGE 7, 12; BGH, GRUR 1972, 77 – *Streckwalze;* BGH, GRUR 1980, 849 – *Antiblockiersystem;* BGH, Bl.f.PMZ 1984, 211 – *Optische Wellenleiter;* BGH, Bl.f.PMZ 1985, 117 – *Anzeigevorrichtung.*
[299] EPA, Mitt. 2003, 123, 124, 125 - SIM-Card.
[300] T 641/00, Mitt. 2003, 124, 125 – *SIM-Card;* vergleiche auch die EPO Veröffentlichung „Case Law of the Board of Appeal of the European Patent Office", 4th Edition, 2002, pages 101ff. Im Übrigen fand sich dieser Ansatz bereits in der Entscheidung T 24/81 – *Metallveredelung/BASF* – veröffentlicht in GRUR Int. 1983, 650. Es heißt darin: „Die Bewertung der erfinderischen Tätigkeit wird dadurch objektiviert, dass man vom objektiv gegebenen Stand der Technik ausgeht, dem gegenüber die Aufgabe ermittelt, die erfindungsgemäß aus objektiver Sicht gestellt und gelöst wird, und die Frage des Naheliegens der angemeldeten Lösung dieser Aufgabe von der Warte des Fachmanns mit den objektiv zu erwartenden Fähigkeiten aus betrachtet."

auch dem deutschen Recht nicht fremd, spielt allerdings dort nur eine sehr geringe Rolle.

Zusammenfassend ist jedenfalls im deutschen wie auch im europäischen Recht zur Bestimmung der Erfindung entscheidend, ob eine technische Aufgabe mit technischen Mitteln zu einer technischen Lösung geführt wird.

III. Ergebnis

Das deutsche bzw. europäische Patentrecht ist ein technisches Schutzrecht, dessen Schutz die Funktionalität eines Gegenstandes oder einer Tätigkeit umfasst. Unabdingbare Voraussetzung der Erlangung von Patentschutz ist, dass der beanspruchte Gegenstand eine Erfindung ist. Diese muss technisch sein, d.h., sie muss ein technisches Problem (Aufgabe) mit technischen Mitteln lösen können. Dabei soll die Lösung das Gebiet der Technik betreffen. Zu diesem zählen traditionell die Physik, die Chemie und die Biologie.

B. Patentierungsverbote nach deutschem und europäischem Recht

Da einer Erfindung also technischer Charakter innewohnen und mit ihr ein technisches Problem durch Einsatz technischer Mittel gelöst werden muss, ist zu erörtern, ob programmimplementierte Geschäftsmethoden technische Erfindungen sein können. Daher soll zunächst überprüft werden, ob sie nicht unter die gesetzlichen Patentierungsverbote der § 1 Absatz 2 PatG bzw. Art 52 Absatz 2 EPÜ fallen. Fielen sie darunter, sind sie keine technischen Erfindungen. Diese Patentierungsverbote erfassen nämlich gerade diejenigen Gegenstände bzw. Verfahren, denen der technische Charakter abgesprochen wird.[301] Begründet wird dies in Rechtsprechung und Literatur zum deutschen Recht damit, dass es diesen Gegenständen an einer Lehre zum technischen Handeln fehlt. Entweder sei überhaupt keine Handlungsanweisung oder eine solche ohne technischen Charakter, wie beispielsweise eine Anweisung an den menschlichen Geist, gegeben.[302] Diese

---

[301] *Schulte*, PatG § 1 Rn. 60 jeweils m.w.N., sowie die Gesetzesbegründung (Bl.f.PMZ 1976, 332), die in diese Richtung weist, wenn es dort unter anderem heißt, dass der Negativkatalog lediglich Gegenstände ausschließt, die in der „höchstrichterlichen Rechtsprechung bisher nicht als Erfindungen anerkannt sind (Computerprogramme)."; vgl. auch EPA GRUR Int. 1999, 1053 – *Computerprogrammprodukt/IBM;* EPA AmtsBl. 90, 12; EPA AmtsBl. 90, 379.
[302] Die Patentierungsverbote gemäß § 2 PatG bzw. Art. 53 EPÜ, die sich auf sittenwidrige Erfindungen sowie bestimmte biotechnologische Erfindungen beziehen, bleiben an dieser Stelle außer Betracht; sie beruhen auf ethischen Überlegungen und sind teilweise Ausdruck der

Auffassung vertritt auch das EPA. Es hat in seinen Prüfungsrichtlinien und in der Rechtsprechung der Beschwerdekammern ebenfalls den technischen Charakter als notwendiges Merkmal des Erfindungsbegriffs herausgestellt und sein Fehlen als Grund dafür bezeichnet, dass die in Art. 52 Absatz 2 EPÜ genannten Gegenstände nicht als Erfindungen angesehen werden.[303]

Infolgedessen gelten Entdeckungen, wissenschaftliche Theorien und mathematische Methoden, ästhetische Formschöpfungen, Pläne, Regeln und Verfahren für gedankliche oder geschäftliche Tätigkeiten, für Spiele sowie Programme für Datenverarbeitungsanlagen und die Wiedergabe von Informationen nicht als Erfindungen.[304]

Zu den Nichterfindungen zählen indes nur die in § 1 Absatz 2 PatG bzw. Art. 52 Absatz 2 EPÜ aufgezählten Gegenstände „als solche". Dies führt zu der Frage, ob der Untersuchungsgegenstand als „Geschäftsmethode als solche" bzw. als „Computerprogramm als solches" einzuordnen ist.

C. Das Patentierungsverbot für Geschäftsmethoden „als solche"

Für Geschäftsmethoden als planmäßiges Vorgehen auf kaufmännischen oder betriebswirtschaftlichen Gebiet besteht nach § 1 Absatz 2 lit. c) PatG bzw. Art. 52 Absatz 2 lit. c) EPÜ ein gesetzliches Patentierungsverbot.

Dieses Patentierungsverbot hat in Deutschland eine lange Tradition[305] und wurde vor Einführung der gesetzlichen Patentierungsverbote auf die Lehre von der „Anweisung an den menschlichen Geist" gestützt; dort hieß es, der Benutzer dieser Regeln müsse den Erfolg nämlich durch eigene Denktätigkeit herbeiführen.

Abgrenzung zwischen Patent und Sortenschutz. Zu der Problematik dieser Regelungen siehe auch *Straus*, GRUR Int. 1992, 252; *ders.* GRUR Int. 1996, 179, 188. Ebenso außer Betracht bleiben die (faktischen) Patentierungsverbote aus § 5 Absatz 2 PatG bzw. Art. 52 Absatz 4 EPÜ; vgl. dazu: *Straus*, GRUR Int. 1996, 10, 12 ff.
[303] EPA, GRUR Int. 1999, 1053, 1055 ff. - *Computerprogrammprodukt/IBM*; EPA, GRUR Int. 2001, 167, 169 – *Datenstrukturprodukt/Philips*, EPA, CRi 2001, 18, 19 – *„Geschäftliche Tätigkeiten"*.
[304] Auch vor Inkrafttreten der Patentrechtsvorschriften wurden geistige Leistungen, die nicht dem Bereich der Technik angehören so allgemein als nicht patentierbar angesehen, dass von Gewohnheitsrecht gesprochen werden konnte. Vgl. *Kolle*, GRUR 1977, 61.
[305] Siehe zum Beispiel schon *Kohler*, Deutsches Patentrecht, S. 56; RG PMZ 1933, 80 – *Rechentabellen*.

Solche Verfahren galten als nicht patentfähig, weil andernfalls die menschliche Verstandestätigkeit vom Patentschutz erfasst würde.[306]

Nach herrschender Meinung gilt dies auch für Geschäftsmethoden.[307] Ihnen fehle der technische Charakter, weil sie nur mit einer bestimmten menschlichen Verstandestätigkeit zu tun haben und eine solche bezwecken oder anleiten sollen.[308] Bei der reinen von einem Computerprogramm umschlossenen Geschäftsmethode erfolgt die Problemlösung nicht mittels des Einsatzes technischer Mittel und das zu lösende Problem/die zu lösende Aufgabe nicht auf einem traditionellen Gebiet der Technik. Geschäftsmethoden gelten bereits aus diesem Grund nicht als Erfindung. Dem Patentierungsausschluss nach § 1 Absatz 3 lit. 1 c) bzw. Art. 52 Absatz 3 lit. c) EPÜ kommt daher lediglich klarstellende Bedeutung zu.[309]

Tatsächlich findet sich auch nicht eine gerichtliche Entscheidung, in der die Verneinung der Patentfähigkeit darauf zurückgeführt wird, dass der betreffende Gegenstand eine „Geschäftsmethode" sei. Andererseits hatte die Rechtsprechung bisher noch nie die Gelegenheit, die Patentfähigkeit einer „echten Geschäftsmethode" zu beurteilen: In den betreffenden Entscheidungen ging es stets um konkrete Gegenstände, die Teil einer Geschäftsmethode waren.[310]

Dies zeigt auch die Entscheidung Wettschein[311]: Beansprucht wurde in diesem Fall die Gestaltung eines Totoscheins, nachdem zunächst für das Verfahren an sich versucht worden war, ein Patent zu erlangen. Das Patent wurde mangels technischer Gestaltung des Scheins mit der Begründung abgelehnt, es würde durch die Gestaltung und Einteilung keine technische Wirkung erzielt.[312] Auch die Möglichkeit, das Anwendungsfeld von Wettbewerbern infolge der Ausgestaltung des Wettscheins zu erweitern, betreffe das wirtschaftliche oder organisatorische Gebiet, nicht aber das technische.[313] Mit ähnlicher Begründung wurde der ebenfalls nur technischen Erfindungen zugängliche Gebrauchsmusterschutz für ein Buchungsblatt abgelehnt, das durch seine farbliche Gestaltung die Arbeit des

---

[306] *Ilzhöfer*, S. 32 ff.
[307] Benkard-*Bruchhausen*, PatG, § 1 Rn. 95.
[308] Benkard-*Bruchhausen*, PatG, § 1 Rn. 103.
[309] *Jänich*, GRUR 2003, 483, 485.
[310] Illustrativ: PA PMZ 1950, 353 – *Buchhüllen;* es ging um eine auswechselbare Buchhülle für Leihbibliotheken, auf die Werbung gedruckt ist.
[311] BGH, GRUR 1958, 602.
[312] BGH; GRUR 1958, 602, 603 – *Wettschein*.
[313] BGH, GRUR 1958, 602, 603 – *Wettschein*.

Buchhalters erleichtern sollte. Der beanspruchte Gegenstand berühre betriebswirtschaftliche Interessen und liege nicht auf technischem Gebiet.[314]

Im Ergebnis genießt die Geschäftsmethode als planmäßiges Vorgehen im betriebswirtschaftlichen Bereich mangels technischen Charakters keinen Patentschutz; sie gilt nicht als Erfindung.

Damit ist die Patentierung von bloßen betriebswirtschaftlichen Geschäftsmethoden ausgeschlossen. Es stellt sich aus diesem Grund die Frage, ob auch programmimplementierte Geschäftsmethoden vom Patentierungsverbot umfasst sind. Gerade die Implementierung der Geschäftsmethode in ein Computerprogramm stellt jedoch das Kernproblem der patentrechtlichen Einordnung dar. Bisher war im Zusammenhang mit softwarebezogenen Anwendungen zumeist von der Steuerung von Apparaten, von Industrierobotern und Ähnlichem die Rede, also von Anwendungen, die noch einen konkreten greifbaren materiellen Bezug haben.

Die Schwierigkeit liegt darin, dass es sich um einen Gegenstand handelt, der insofern zweifellos technisch ist, als er eine Maschine, nämlich einen Computer steuert, andererseits aber einen über die Steuerung hinausgehenden Zweck (Einsatzbestimmung) verfolgt, der nicht technisch ist. Dieser Zweck wird größtenteils auf betriebswirtschaftlichem, sprachwissenschaftlichem, versicherungswirtschaftlichem oder finanzwirtschaftlichem Gebiet liegen[315] und ist hardwareunabhängig zu betrachten. Hinzu kommt, dass Unklarheit über den Begriff Computerprogramm besteht.

Es gilt daher zu untersuchen, wie weit das gesetzliche Patentierungsverbot für „Computerprogramme als solche" reicht, also Geschäftsmethoden enthaltene Computerprogramme als „Computerprogramme als solche" und damit als Nichterfindungen gelten. Zunächst wird anhand der Auswertung der Rechtsprechung von BGH, BPatG und EPA erläutert werden, unter welchen Voraussetzungen ein Computerprogramm als Erfindung gilt, um sodann Konsequenzen für die Patentfähigkeit von programmimplementierten Geschäftsmethoden zu ziehen.

---

[314] BGH, GRUR 1975, 549 – *Buchungsblatt*.
[315] Vgl. *Nack,* GRUR 2000, 853, 854.

D. Das Patentierungsverbot für Computerprogramme „als solche"

Im Folgenden wird erörtert, ob ein eine Geschäftsmethode beinhaltendes Computerprogramm als Nichterfindung einzuordnen ist, also als „Computerprogramm als solches" angesehen werden muss. Es soll mit der Schilderung der gesetzlichen Regelung begonnen werden.

I. Die gesetzliche Regelung

„Computerprogramme als solche" gelten gemäß § 1 Absatz 3 PatG und Art. 52 Absatz 3 EPÜ nicht als Erfindungen. Dass sie grundsätzlich nicht als Erfindungen anzusehen sind, kann dem Patentierungsverbot selbst jedoch nicht entnommen werden und lässt sich auch aus der Historie des Patentierungsverbotes nicht herleiten.

Das Patentierungsverbot für „Computerprogramme als solche" wurde 1978 zur Klarstellung und nicht zur Änderung der damaligen Rechtslage in das Patentgesetz aufgenommen. In der amtlichen Begründung (Motive) zur Gesetzesänderung heißt es: „Obgleich der Katalog lediglich Gegenstände und Tätigkeiten vom Patentschutz ausschließt, die bereits nach geltendem deutschen Recht allgemein nicht als Erfindungen angesehen werden oder doch von der höchstrichterlichen Rechtsprechung bisher nicht als Erfindung anerkannt sind (Computerprogramme), erscheint die Übernahme der Vorschrift im Interesse der Rechtseinheit und der Rechtssicherheit geboten."[316]

Da das Gesetz eine Definition dessen, was ein „Computerprogramm als solches" ist, nicht enthält, ist zunächst auf die Auslegung durch die Gerichte zu rekurrieren.

II. Die Auslegung des Patentierungsverbotes durch den BGH

Grundsätzlich ist festzuhalten, dass der Bundesgerichtshof (BGH) zu keinem Zeitpunkt der Patentfähigkeit von Computerprogrammen eine klare Absage erteilt hat, sondern im Gegenteil stets von der grundsätzlichen Patentfähigkeit von Computerprogrammen ausgegangen ist.[317] Zur Begründung wird angeführt, dass für die

---

[316] Siehe PMZ 1976, 264, 332. Das Patentierungsverbot entstand in Anlehnung an Regel 29 (1) des Patentzusammenarbeitsvertrages (PCT).
[317] BGH, GRUR 1977, 96 – *Dispositionsprogramm*: „Die Lehre, eine Datenverarbeitungsanlage nach einem bestimmten Rechenprogramm zu betreiben, kann vielmehr nur patentfähig sein, wenn..."; BGH, GRUR 1977, 657 – *Straken;* BGH, GRUR 1978, 102, 103 – *Prüfverfahren*.

Zukunft nicht abzusehen sei, welche Arten von Aufgaben mit Hilfe des Einsatzes von Datenverarbeitungsanlagen gelöst werden könnten.

Das Patentierungsverbot des § 1 Absatz 3 PatG fand dementsprechend sowohl in der älteren wie auch in der jüngeren Rechtsprechung kaum Anwendung: Die Ablehnung der Patentfähigkeit wird nicht in einem Urteil der deutschen Rechtsprechung mit der Erfüllung der Tatbestandsvoraussetzungen des Patentierungsverbotes für „Computerprogramme als solche" begründet.[318] Aus diesem Grund kann kein von der Rechtsprechung anerkanntes konkretes Beispiel für ein „Computerprogramm als solches" angeführt werden.

Der BGH hat denn auch keine verbindliche Definition des Terminus „Computerprogramme als solche" entwickelt[319], sondern vielmehr die Verneinung der Patentfähigkeit stets auf die Nichterfüllung des Erfordernisses der Technizität gestützt. So wird nach der überwiegenden Meinung in Rechtsprechung und Schrifttum angenommen, dass das Kriterium „Computerprogramme als solche" faktisch gleichbedeutend mit dem Erfordernis der Technizität ist.[320] Dies ist insbesondere vor dem Hintergrund gerechtfertigt, dass die Patentierbarkeit auch bei Erfindungen, die sich als Computerprogramm darstellen oder ein solches einschließen, weiterhin vom technischen Charakter abhängt. Die Frage, ob ein eine Geschäftsmethode enthaltendes Computerprogramm ein „Computerprogramm als solches" ist, hat daher keine selbständige Bedeutung.[321] Maßgeblich für die Einordnung als Erfindung ist das Erfordernis der Technizität.

Es gilt daher zu fragen, was unter dem Begriff Technizität zu verstehen ist bzw. wie ein Computerprogramm beschaffen sein muss, damit es das Kriterium der Technizität erfüllt und infolgedessen als Erfindung gelten kann.

1. Das Erfordernis der Technizität in der Rechtsprechung des BGH

Der BGH hat sich in einer Reihe von Entscheidungen mit der Technizität von Computerprogrammen auseinandergesetzt. Diese Entscheidungen lassen allerdings eine systematische Auseinandersetzung mit der Frage der Patentfähigkeit von Computerprogrammen vermissen.

---

[318] *Nack*, in: FS König, S. 359, 371.
[319] BGH, GRUR 2000, 498 – *Logikverifikation*.
[320] BGH, GRUR 2002, 143 – *Suche fehlerhafter Zeichenketten*. Für die Literatur siehe: *Beyer*, GRUR 1990, 399 ff.; *Gall*, Mitt. 1985, 181, 185; *Kolle*, GRUR 1982, 443, 448.
[321] *Busche*, Mitt. 01, 57; *Nack*, S. 265.

Gleichwohl sprach der BGH in der Entscheidung *Rote Taube*[322], eine allgemeine und nicht nur auf Computerprogramme bezogene Definition aus, die bis heute Bestand hat. Der BGH wählte einen dynamisch zu verstehenden Technikbegriff, der für die moderne Entwicklung von Naturwissenschaft und Technik offen ist und grundsätzlich jeder neuen ingenieur- oder naturwissenschaftlichen Technologie den Zugang zum Patentschutz eröffnet. In der Entscheidung heißt es: „Technisch ist eine Lehre zum planmäßigen Handeln, unter Einsatz beherrschbarer Naturkräfte zur Erreichung eines kausal übersehbaren Erfolges."[323]

Nach der Definition des BGH in der Entscheidung *Rote Taube* muss folglich erstens eine Lehre zum technischen Handeln vorliegen, die zweitens von Naturkräften Gebrauch macht und die drittens zur Erreichung eines kausal übersehbaren Erfolges dient.[324] Mit dem in der Entscheidung *Rote Taube* formulierten Technizitätsverständnis wurde zunächst die Beherrschung von Naturkräften zum zentralen Thema des Patentrechts. Die Problemlösung muss danach auf dem Einsatz von Mitteln beruhen, die Gegenstand der Naturwissenschaften (Physik, Biologie, Chemie) sind. Bezogen auf den Untersuchungsgegenstand geht es dabei um die Lösung von Problemen mit Hilfe physikalischer Größen.

Indes stellt sich die Frage, was unter Naturkräften zu verstehen ist. Definiert hat der BGH diesen Begriff bislang kaum. Seine Rechtsprechung[325] ging in älteren Entscheidungen davon aus, dass „menschliche Verstandeskräfte" keine Naturkräfte im Sinne des Patentrechts sind. In seiner Entscheidung *Antiblockiersystem*[326] führte das Gericht ergänzend aus, dass der Erfolg „unmittelbar ohne Zwischenschaltung der menschlichen Verstandestätigkeit" bewirkt werden müsse".[327] Von diesem Grundsatz ist der BGH jedoch jüngst abgerückt.[328] Der streng dogmatische Gegensatz von patentfähigen technischen

---

[322] BGH, GRUR 1969, 672 ff. - *Rote Taube*.
[323] BGH, a.a.O., Leitsatz 1.
[324] BGH, GRUR 1965, 533, 534 – *Typensatz*; BGH, GRUR 1969, 672 – *Rote Taube*; BGH, GRUR 1986, 531, 533 – *Flugkostenminimierung*; BGH, GRUR 1992, 36, 38 – *Chinesische Schriftzeichen*; BGH, GRUR 2000, 498, 499 – *Logikverifikation*; *Busse-Keukenschrijver*, PatG, § 1 Rn. 21; *Schulte*, PatG, § 1 Rn. 19 ff.
[325] Siehe unter anderem: BGH, GRUR 1977, 96,99 – *Dispositionsprogramm*; BGH, GRUR 1977, 152 – *Kennungsscheibe*; BGH, GRUR 1977, 657 – *Straken*; BGH, GRUR 1978, 102 – *Prüfverfahren*.
[326] BGH, GRUR 1980, 849 – *Antiblockiersystem*.
[327] Zur Frage, ob unter Umständen auch menschliche Verstandeskräfte als Naturkräfte angesehen werden können oder aber die Information eine solche Naturkraft ist, siehe *Zipse*, Mitt. 1974, 246 ff.; *Beyer*, FS BPatG, S. 189 ff.; *ders.*, GRUR 1990, 399; *Kindermann*, CR 1992, 658; *v. Raden*, GRUR 1995, 451; *Wiebe*, GRUR 1994, 233; kritisch: *Mellulis*, GRUR 1998, 843.
[328] BGH, GRUR 2000, 498 – *Logikverifikation*.

Erfindungen und nicht patentfähigen Anweisungen an den menschlichen Geist wurde dabei aufgeweicht. Es wurde klargestellt, dass der Technikbegriff Modifikationen zugänglich ist, sofern technologische Entwicklungen und ein daran angepasster effektiver Patentschutz es erfordern.

Der BGH verlangt mithin die Technizität der Erfindung. Zur Unterscheidung von technischen und nicht-technischen Erfindungen bedient er sich eines bestimmten Beurteilungsmaßstabes, den es im Folgenden zu erläutern gilt. Anschließend wird gefolgert werden, welche praktischen Auswirkungen die Anwendung des Beurteilungsmaßstabes für die Einordnung von Computerprogrammen in die Kategorien patentfähig bzw. nicht-patentfähig hat.

a) Beurteilungsmaßstab

Technisch ist nach dem BGH eine Erfindung also dann, wenn mittels des Einsatzes von Naturkräften ein kausal übersehbarer Erfolg erreicht wird. Im Folgenden stellt sich die Frage, was bzw. welche Bestandteile der Erfindung diesen Anforderungen genügen müssen. Mit anderen Worten: Welche Bestandteile einer Erfindung müssen technisch sein? Der BGH griff an dieser Stelle zunächst auf die Kerntheorie zurück und untersucht die Technizität einer Erfindung seit Anfang der 80iger Jahre anhand einer Gesamtbetrachtung.

aa) Kerntheorie

Nach der Kerntheorie galt eine Lehre als technisch, wenn der als neu und erfinderisch beanspruchte Kern der Erfindung technisch war. Dabei wurde zunächst gefragt, worin die Leistung des Erfinders liegt, um sodann deren Charakter zu beurteilen. Dieser musste technisch sein. Die erforderliche Technizität sollte nur dann angenommen werden, wenn die verwendeten technischen Mittel Bestandteil der Problemlösung selbst sind.

Die Anwendung der Kerntheorie führte zu einer sehr restriktiven Gewährung von Patentschutz für Computerprogramme. Die Leistung, die bei der Erstellung von Computerprogrammen erbracht wird, besteht nämlich in der Erstellung einer Folge von Arbeitsanweisungen. Darin unterscheidet sich zwar ein Computerprogramm nicht wesentlich von einem herkömmlichen Verfahren oder einer herkömmlichen Maschine, da jeder Vorrichtung und jedem Verfahren ein Algorithmus zugrunde liegt. Allerdings wird bei Computerprogrammen dieser Algorithmus nicht in Form einer Interaktion mechanischer oder elektronischer Bauteile, also in mechanisierter Form formuliert, sondern in Form von Arbeitsanweisungen an einen Computer. Somit liegt der „Kern" eines Computerprogramms regelmäßig in der Beschreibung eines Ablaufs von „internen" Arbeitsanweisungen an den Computer. Aus diesem Grund führte der Ansatz des BGH regelmäßig zur Verneinung der Patentfähigkeit von Software. Es fiel dem Gericht in Anbetracht der fehlenden „Mechanisierung" schwer, den „technischen" Charakter der Erfindung/Leistung zu bejahen; es sah eher eine gewisse Verwandtschaft zwischen Computerprogrammen und den nicht-patentfähigen „Anweisungen an den menschlichen Geist".[329]

Im Ergebnis scheiterten daher zu dieser Zeit praktisch alle Softwarepatente am BGH.[330]

bb) Gesamtbetrachtungslehre

Die Literatur kritisierte die zergliedernde Betrachtungsweise der erfinderischen Lehre im Rahmen der Kerntheorie und forderte eine gesamtheitliche Prüfung der Technizität, die den ganzen und ungeteilten Anspruch berücksichtige.[331] Dennoch hielt der BGH zunächst an der Kerntheorie fest.

Ab 1980 wandelte sich die Auffassung des BGH. Das Gericht erkannte, dass programmimplementierte Erfindungen nicht pauschal vom Patentschutz auszunehmen seien. Infolgedessen ging der BGH in einer Reihe von Entscheidungen zu dieser Frage von der Kerntheorie ab und untersuchte die Erfindung mittels einer Gesamtbetrachtung auf ihren technischen Charakter. Darauf hin wurde die Beurteilung der Patentierbarkeit von Software deutlich großzügiger.[332] Der BGH stellte nun mehr und mehr darauf ab, ob die technischen Elemente des in seiner Gesamtheit untersuchten Gegenstandes im Vordergrund stehen.[333]

Die zunächst vollständige Abkehr von der Kerntheorie und Hinwendung zum Ganzheitsgrundsatz vollzog der BGH 1992 in seiner Entscheidung *Tauchcomputer*.[334] Darin ging es um einen Tauchcomputer, der dem Taucher die Parameter eines Tauchgangs und die verbleibende Tauchzeit anzeigen konnte. Der BGH stellte bei der Einschätzung der Erfindung fest: „Enthält eine Erfindung technische und untechnische Merkmale, so ist bei deren Prüfung auf erfinderische Tätigkeit der gesamte Erfindungsgegenstand unter Einschluss der etwaigen Rechenregel zu berücksichtigen."[335]. Entscheidend ist folglich eine Gesamtbe-

---

[329] BGH, NJW 1981, 1617, 1618 – *Walzstabteilung*.
[330] Siehe beispielsweise BGH, GRUR 1977, 657 – *Straken*.
[331] *Betten*, GRUR 1986, 534, 535; *Anders*, GRUR 1989, 861, 867 f.; *Jander*, Mitt. 1991, 90, 91.
[332] *Milbradt*, K & R 2002, 522, 525.
[333] Vgl. z.B. BGH, GRUR 1980, 849 ff.– *Antiblockiersystem*, BGH, CR 1992, 600 ff. – *Tauchcomputer*, BGH, GRUR 1992, 36, 38 – *Chinesische Schriftzeichen*.
[334] BGH, CR 1992, 600 ff.
[335] BGH, CR 1992, 600 – *Tauchcomputer* (2. Leitsatz der Entscheidung).

trachtung, in deren Anwendung auch von der Patentierung an sich ausgeschlossenen Gegenstände als Teil der im Ganzen schutzfähigen Erfindung dem Patentschutz zugänglich sind.

Erfolgte die Beurteilung der Technizität anhand der Kerntheorie noch in Abhängigkeit vom Programminhalt, indem man auf die neuen und erfinderischen Elemente des Gegenstandes abstellte, so ist für die Beurteilung der Technizität im Wege der Gesamtbetrachtung das äußere Erscheinungsbild[336] maßgeblich. Es wird gefragt, ob eine gewisse Verwandtschaft zu denjenigen Gegenständen zu erkennen ist, die bereits als patentfähig anerkannt sind. Solche Gegenstände sind z.B. Maschinen, also auch Computer.

Damit birgt die Anwendung der Gesamtbetrachtungslehre aber Schwierigkeiten in Bezug auf Computerprogramme. In der Regel werden Computerprogramme gemeinsam mit dem Computer, auf dem sie laufen, beansprucht. Durch diese Verbindung entsteht eine Situation, in der das Computerprogramm im Rahmen einer Gesamtbetrachtung praktisch immer dem Erfordernis der Technizität genügt: Denn von außen betrachtet handelt es sich bei dem beanspruchten Gegenstand stets um einen Computer. Konsequenterweise müsste deshalb durch die Verbindung von Computer und Computerprogramm praktisch die Patentfähigkeit jeden Computerprogramms bejaht werden. Dies erkannte auch der BGH, der daher eine weitere Änderung seiner Rechtsprechung vornahm: Die Erfindung müsse daraufhin untersucht werden, ob die „technischen" Elemente der Lehre „im Vordergrund stehen"[337], es müsse eine „Gewichtung"[338] der einzelnen Elemente stattfinden und so der „Gesamtcharakter" der Lehre bestimmt werden. Die Bewertung dürfe dabei in ihrem Ergebnis nicht davon abhängen, ob der zu beurteilende Vorschlag neu oder erfinderisch ist. Entscheidend sei, wie das, was nach der beanspruchten Lehre im Vordergrund[339] stehe, aus der Sicht eines Fachmanns zum Anmeldezeitpunkt zu verstehen und einzuordnen sei.

---

[336] Faktisch liegt diese Betrachtungsweise auch folgenden Entscheidungen zugrunde: BGH, GRUR 1992, 430 – *Tauchcomputer;* BPatG, GRUR 1996, 866 – *Viterbi-Algorithmus.*
[337] BGH, GRUR 1986, 531 – *Flugkostenminimierung*; BGH, GRUR 1992, 36 – *Chinesische Schriftzeichen.*
[338] Explizit gegen eine solche Gewichtung T 26/86 GRUR Int. 1988, 585 – *Röntgeneinrichtung/KOCH & STERZEL*; T 110/90 GRUR Int. 1994, 1038 – *Editierbare Dokumentenform/IBM.*
[339] „Ob eine auf ein Programm für Datenverarbeitungsanlagen gerichtete Patentanmeldung die erforderliche Technizität aufweist, ist aufgrund einer Gesamtbetrachtung des Anmeldegegenstandes im Einzelfall festzustellen. Eine Gesamtbetrachtung bedeutet eine Bewertung des in dem Patentanspruch definierten Gegenstandes; dies schließt die Möglichkeit ein, bei Vorliegen sachgerechter Gründe einzelne Anspruchsmerkmale unter Berücksichtigung ihres nach fachmännischem Verständnis gegebenen Zusammenhangs unterschiedlich zu gewichten."; vgl. BGH, CR 2000, 281, 283 – *Logikverifikation.*

In Beantwortung der zuvor aufgeworfenen Frage, welche Bestandteile einer Erfindung technisch sein müssen, ist festzuhalten: die Lehre als Ganzes. Wurde aus dem Gesagten deutlich, welchen Beurteilungsmaßstab der BGH anwendet, so soll im Folgenden auf die praktische Umsetzung des Maßstabes eingegangen werden. Es wird sich zeigen, dass die Anwendung der Theorien zu einer Kategorisierung von technischen und nicht-technischen Computerprogrammen führte.

Zur Darstellung der vorhandenen Entscheidungen soll an dieser Stelle auf ein im November 2000 erschienenes Rechtsgutachten[340] des Max-Planck-Instituts für ausländisches und internationales Patent-, Urheber und Wettbewerbsrecht sowie die Arbeit von *Haase*[341] verwiesen werden, die einen umfassenden Überblick über die derzeitige Situation liefern. Beide Studien kommen zu dem Ergebnis, dass sich Fallgruppen patentfähiger und nicht-patentfähiger Erfindungen herausgebildet haben. Die Studien zeigen weiter, dass sich jedenfalls auf der argumentativen Ebene aus der Rechtsprechung kaum verwertbare Aussagen über die Patentfähigkeit von Computerprogrammen ableiten lassen.[342] Es kann daher nicht Aufgabe dieser Arbeit sein, die Entscheidungen des BGH nochmals auszuwerten. Ihre aussagekräftigsten Elemente sollen lediglich zusammengefasst und mit Blick auf den Untersuchungsgegenstand ergänzt werden. Die Rechtsprechung des BGH lässt sich in folgende Fallgruppen patentfähiger Erfindungen einteilen:

b) Technische Programme

Zunächst gelangte die Rechtsprechung des BGH unter Anwendung der Gesamtbetrachtungslehre zur Patentfähigkeit von Betriebssystemen.[343] Sie wurden als technisch eingeordnet, weil sie einen neuen und erfinderischen Aufbau der Datenverarbeitungsanlage lehren oder diese Anlage durch die Angabe einer neuen Betriebsweise in neuer und nicht naheliegender Weise benutzen.[344]

---

[340] Es handelt sich hierbei um ein Gemeinschaftsgutachten des MPI und des Fraunhoferinstituts zur Frage „Mikro- und makroökonomische Implikationen der Patentierbarkeit von Softwareinnovationen: Geistige Eigentumsrechte im Spannungsfeld von Wettbewerb und Innovation", vollständig veröffentlicht in *Blind/Edler/Nack/Straus*, Softwarepatente.
[341] *Haase*, Die Patentierbarkeit von Computersoftware.
[342] Rechtsgutachten MPI, Fn. 7, S. 4.
[343] BGH, GRUR 1992, 33, 35 – Seitenpuffer.
[344] Siehe zu diesen Kriterien insbesondere: *Nack*, GRUR Int. 2000, 855; *Ilzhöfer*, S. 28; *Anders*, GRUR 1990, 500; *Ohly*, CR 2001, 811.

Weiter wurde der technische Charakter von Programmen aus dem Bereich der Steuerungs- und Regelungstechnik[345], also von solchen Computerprogrammen bejaht, die externe Geräte[346] wie beispielsweise eine Fräsmaschine oder ein Stellwerk steuern. Maßgeblich für die technische Beurteilung ist hier, dass Computerprogramme eingesetzt werden, um technische Probleme zu lösen; sie ersetzen die klassischen Hilfsmittel der Mechanik.[347]
Schließlich werden CAD/CAM[348] und die digitale Signalbearbeitung als technisch betrachtet. CAD/CAM steht für „computer aided design" bzw. „computer assisted manufacturing". Mit Hilfe derartiger Programme, die insbesondere im Bereich der Architektur, des Maschinenbaus und der Elektrotechnik eine Rolle spielen, können beispielsweise komplexe dreidimensionale Gegenstände am Computer entworfen werden. Besonderer Vorteil derartiger Programme ist, dass unmittelbar im Anschluss an das Entwerfen mittels Programmeinsatz die Produktion beginnen kann, weil die Ergebnisse eines CAD-Programms zur Steuerung von Werkzeugmaschinen direkt verwendet werden können. Für die Beurteilung als technisch ist in diesen Fällen entscheidend, dass die zu erfassenden, be- und verarbeitenden Daten einen technischen Bezug haben und die Erfassung/Verarbeitung/Bearbeitung unter Einsatz von Programmen und programmgesteuerten Rechenanlagen erfolgt.

Ausgehend von den Entscheidungen *Dispositionsprogramm*[349] und *Seitenpuffer*[350] zeigt sich im Rahmen einer fallgruppenorientierten Betrachtung Folgendes: Grundsätzlich werden solche Innovationen als technisch betrachtet, die zur Lösung eines auf den herkömmlichen Gebieten der Technik – also den Ingenieurwissenschaften, der Physik, der Chemie oder der Biologie – bestehenden Problems beitragen oder die Abarbeitung bestimmter Verfahrensschritte auf einem Computer vorschlagen. Die Technizität ergibt sich in diesen Fällen durch eine wie auch immer geartete Beziehung zum klassisch-technischen Bereich. Um es mit dem Technikbegriff des BGH auszudrücken: Entscheidend ist, dass die Problemlösung auf einem Gebiet der Ingenieur- und Naturwissenschaften mittels technischer Mittel erfolgt; bezogen auf dem Untersuchungsgegenstand heißt dies im Bereich der Physik.

---

[345] BGH, GRUR 1980, 849 ff. – *Antiblockiersystem;* sehr weitgehend in diese Richtung: BGH, GRUR 1992, 430 ff. – Tauchcomputer.
[346] BPatG, GRUR 1987, 799 – *Elektronisches Stellwerk;* BPatG, GRUR 1991, 195 - *Temperatursteuerung.*
[347] Siehe auch *Busche,* Mitt. 2001, 56, der diese Erfindungen zutreffend als Substitutionserfindungen bezeichnet.
[348] BGH, GRUR 2000, 498 – *Logikverifikation.*
[349] Vgl. BGH, GRUR 1977, 96, 98 – *Dispositionsprogramm;* vgl. auch BGH, GRUR 1980, 851.
[350] BGH, GRUR 1992, 33; BGHZ 115, 11 – *Seitenpuffer.*

c) Nicht-technische Programme

Der BGH verneint die Patentfähigkeit aufgrund fehlender Technizität in erster Linie für Textverarbeitungsprogramme[351] und betriebswirtschaftliche Optimierungsprogramme[352]. Er bezeichnet derartige Programme als bloße gedankliche Ordnungssysteme, bei denen der Erfolg der Lehre mit gedanklichen Maßnahmen steht und fällt. Derartige Programme bedienten sich keiner Mittel, die sich außerhalb der menschlichen Verstandestätigkeit auf technischem Gebiet befänden. Die übrigen Merkmale der Datenverarbeitungsanlage wie beispielsweise die Hardware seien demzufolge nachrangig und für die mit der Erfindung vermittelte Lehre nicht entscheidend.[353]

Enthielten solche Programme auch gedanklich/intellektuelle und logische Verfahren, so werde die interne, maschinenbezogene Arbeitsweise und Funktionsfähigkeit einer Maschine durch sie nicht beeinflusst.

Letztendlich unterscheiden sich diese Programme von den patentfähigen „technischen" Programmen insofern, als sie keine Anweisungen enthalten, die die Funktionsweise einer Datenverarbeitungsanlage unmittelbar betreffen. Sie steuern keine Hardware, sondern sie sprechen Elemente der Anlage, wenn überhaupt nur indirekt, nämlich über das Betriebssystem an.

Grundsätzlich werden damit diejenigen Innovationen als nicht-technisch betrachtet, bei denen die Problemlösung nicht auf dem Gebiet der Natur- oder Ingenieurwissenschaften im klassischen Sinne (Physik, Chemie etc.) erfolgt.

d) Ergebnis

Der BGH differenziert bei der Beurteilung von Computerprogrammen zwischen solchen mit technischem Charakter und solchen ohne technischen Charakter. Er nimmt die Ermittlung des technischen Charakters dabei anhand der Gesamtbetrachtungslehre vor. Ergebnisorientiert betrachtet, zeigt sich folgendes Bild: Computerprogramme, die einen traditionellen natur- oder ingenieurwissenschaftlichen Hintergrund haben, werden tendenziell für patentfähig erachtet, während Computerprogrammen, die keinen derartigen Hintergrund haben, die Patentfähigkeit abgesprochen wird. Damit sind nach der Rechtsprechung des BGH Computerprogramme, die einen betriebwirtschaftlichen Hintergrund haben, vom Patentschutz ausgeschlossen.

---

[351] BGH, PMZ 1991, 388 – *Chinesische Schriftzeichen*.
[352] BGH, GRUR 1986, 531, CR 1986, 325 ff. – *Flugkostenminimierung*.
[353] BGH, PMZ 1991, 388 – *Chinesische Schriftzeichen*.

Die jüngste Entscheidungspraxis des BGH deutet jedoch auf eine Ausweitung der eben geschilderten Grundsätze hin. Es gilt daher zu untersuchen, ob nach der jüngeren Entscheidungspraxis Geschäftsmethoden enthaltende Computerprogramme dem Patentschutz zugänglich sind.

2. Neue Beurteilungstendenzen

Tatsächlich scheint es, als komme der BGH in seiner jüngeren Entscheidungspraxis zu einer Neubewertung des Technikverständnisses und infolgedessen zu einer offeneren Sichtweise hinsichtlich der Patentierbarkeit von programmimplementierten Erfindungen. Im Folgenden sollen die drei wichtigsten Etappen dieser Entwicklung[354] aufgezeigt werden.

a) Logikverifikation

Ein neues Kapitel in Sachen Patentschutz softwarebezogener Erfindungen wurde im Dezember 1999 mit der BGH-Entscheidung *Logikverifikation*[355] aufgeschlagen. Der BGH kommt darin zu einer Neubewertung des Technikverständnisses.

Die Entscheidung beschäftigte sich mit einem Verfahren, das bei der Herstellung von Silizium-Chips eingesetzt werden sollte. Die Topografie eines solchen Chips baut auf einer herkömmlichen bestimmten Abfolge logischer Schritte auf; wobei die Überprüfung der Übereinstimmung zwischen Topografie und Logikplan bei komplexen Systemen sehr aufwendig ist. Diese Überprüfung bildet das zu lösende Problem. Es sollte ein Verfahren gefunden werden, bei dem die Überprüfung mit möglichst geringem Speicherplatzaufwand und möglichst kurzer Verarbeitungszeit erfolgen kann, mit der Folge, dass das Programm auf einem Rechner ablaufen kann, der über eine wesentlich geringere Speicherkapazität verfügt. Das Verfahren ist in die Kategorie der bereits oben genannten[356] technischen Programme einzuordnen, die als technisch gelten, weil sie auf der Verarbeitung technischer Daten beruhen.

Der BGH hält auch in dieser Entscheidung an seiner grundsätzlichen Unterscheidung zwischen technischen und nicht-technischen Programmen fest, verabschiedet sich aber von seinem ursprünglichen Argumentationsmuster. Vertrat er zuvor noch die Auffassung, patentfähige Softwareerfindungen müssten stets wirkungsmäßig unmittelbar in physikalischen Kausalketten eingebunden sein, also

---

[354] So auch *Hufnagel*, MMR 2002, 280, 281.
[355] BGH, GRUR 2000, 498 (mit Anm. *Betten*).
[356] Kap. 3 § 1 D. II 1 b).

die Problemlösung zugleich den Einsatz technischer Mittel erfordern,[357] so stellte er nunmehr fest, dass auch solche Programme technisch sind, deren Lehre durch eine Erkenntnis geprägt ist, die auf technischen Erwägungen beruht. Betreffe der Patentgegenstand einen Lösungsvorschlag in einem Prozess, der auf einen unmittelbaren Einsatz von beherrschbaren Naturkräften verzichtet und die Möglichkeit der Fertigung tauglicher Erzeugnisse anderweitig durch auf technischen Überlegungen beruhende Erkenntnisse voranzubringen sucht, reiche dies aus, um die Technizität zu bejahen.[358]

Vereinfacht ausgedrückt ist das Programm dann technisch und damit patentfähig, wenn die Lehre durch eine auf technischen Überlegungen beruhende Erkenntnis und deren Umsetzung geprägt ist. Die Technizität kann folglich mit der Substitution technischer Vorgänge durch vorgelagerte Gedankenoperationen, die sich im Programm niederschlagen, begründet werden.[359] Die technischen Überlegungen müssen sich auf das traditionelle Gebiet der Technik, insbesondere das ingenieur- oder naturwissenschaftliche Gebiet beziehen.[360] Es bedarf also einer Vorverlagerung der Entwicklungstätigkeit.

b) Sprachanalyseeinrichtung

Ein zusätzliche Erweiterung des Technikbegriffes nimmt der BGH in seiner Entscheidung *Sprachanalyseeinrichtung*[361] vor.

Hier galt es, die Patentfähigkeit eines Computers samt Computerprogramm als Vorrichtungsanspruch zu bewerten. Beansprucht wurde ein Computerprogramm, das zur Ermittlung des Sinngehaltes eines Satzes diente, der zum Beispiel über eine Tastatur eingegeben wird.

---

[357] Der BGH befand, den Anspruch im Gegensatz zum BPatG, das die Patentfähigkeit des Anspruchs mit dem Argument, die Lehre könne auch mittels Stift und Papier ausgeführt werden, ablehnte, für patentfähig – obwohl das Programm auf einem herkömmlichen Universalcomputer lief und keine weiteren technischen Geräte steuerte.
Entscheidend für den BGH war, dass die Programmierung erhebliche technische Kenntnisse über elektronische Schaltungen voraussetzte. Da der Entwurf und die Überprüfung heute im Wesentlichen computergestützt ablaufe, handele es sich um eine Verlagerung der Entwicklungstätigkeit. Daher dürfe dieser Bereich nicht nur deshalb vom Patentschutz ausgenommen werden, weil auf den unmittelbaren Einsatz von Naturkräften verzichtet werde.
[358] BGH, GRUR 2000, 498, 499 – *Logikverifikation*.
[359] *Busche* spricht insofern auch von Substitutionsprogrammen, vgl. Mitt. 2001, 49, 55.
[360] So wohl auch: *Busche*, Mitt. 2000, 164, 171.
[361] BGHZ 144, 282ff; CR 2000, 500 mit Anm. von *Esslinger*, GRUR 2000, 1007 m. Anm. von *Betten;* Mitt. 2000, 359.

Aufgabe der Innovation war, den tatsächlichen Sinngehalt in natürlicher Sprache geschriebener Texte zu erfassen, um diese dann in eine Fremdsprache oder in Steuerbefehle, die von technischen Geräten verstanden und ausgeführt werden können, zutreffend zu übersetzen. Man spricht diesbezüglich von einer sogenannten Syntaxanalyse, der besondere Bedeutung bei der automatischen (maschinellen) Übersetzung von Texten zukommt. Die herkömmlichen Sprachanalyseeinrichtungen wiesen das Problem auf, dass sie die Unterstützung durch den Nutzer in Form einer Auswahl, beispielsweise des richtigen Begriffes, erforderten.

Zur Lösung der Aufgabe wurde eine hard- und softwaremäßig bekannte Sprachanalyseeinrichtung um einen Bewertungsblock modifiziert. Hatte der Nutzer bei den herkömmlichen Einrichtungen noch einen aus mehreren Vorschlägen auszuwählen, so wurde ihm die Entscheidung nunmehr abgenommen. Eine sogenannte Bevorzugungs-Analyseeinrichtung wählte selbsttätig denjenigen der Vorschläge aus, für den vom Bewertungsblock die höchste Wahrscheinlichkeit ermittelt wurde.

Der BGH bejahte den technischen Charakter des beanspruchten Gegenstandes. Er ging davon aus, dass zum Bereich der Technik ohne weiteres eine industriell herstellbare und gewerblich einsetzbare Vorrichtung zähle, die durch den Verbrauch von Energie und das Auftreten unterschiedlicher Schaltzustände gekennzeichnet sei. Für die Beurteilung ihres technischen Charakters sei nicht entscheidend, ob mit ihr ein (weiterer) technischer Effekt erzielt werde, ob die Technik durch sie bereichert werde oder ob sie einen Beitrag zum Stand der Technik leiste.[362] Auch stehe dem technischen Charakter einer Vorrichtung nicht entgegen, dass ein Eingreifen des Menschen in den Ablauf des auf dem Rechner durchzuführenden Programms in Betracht komme. Damit ist nicht mehr allein der Inhalt des Programms für dessen Einordnung als technisch oder nicht-technisch maßgeblich, sondern alternativ auch das, was ihm zugrunde liegt oder aus ihm folgt.
Hinter der Entscheidung verbirgt sich insofern eine Erweiterung des Technikbegriffs und damit ein wesentlicher Schritt zur Patentierung von Computerprogrammen, als eine Datenverarbeitungsanlage als eine „programmtechnisch eingerichtete Vorrichtung" und damit durch das Vorliegen eines an sich technischen Gegenstandes nunmehr grundsätzlich und umfassend als patentierbar angesehen wird.[363] Das klassische, auf die planmäßige Nutzung von Naturkräften und des Erfolges gerichtete Technizitätsverständnis[364] wird zu Gunsten eines Technizitätsverständnisses aufgegeben, das auf die der Erfindung vorausgehenden Überlegungen und den aus der Erfindung resultierenden, an der Erfindung selbst

---

[362] Vgl. den Leitsatz 3 bzw. Punkt II. 1. c) bb) (4) der Entscheidungsgründe, BGH, CR 2000, 500.
[363] So auch *Kieswetter-Körbinger*, GRUR 2001, 185, 185.
[364] *Schulte*, PatG, § 1 Rn. 23 – 26.

jedoch nicht teilnehmenden, technischen Wirkungen abstellt.[365] So können auch nicht-technische Lehren teilweise zur Erreichung des Erfolges beitragen, da auf die Unmittelbarkeit des Einsatzes beherrschbarer Naturkräfte verzichtet wird.[366]

Im Ergebnis ist entscheidend, dass mit diesem Urteil jedenfalls keine substanziellen Schranken für als (gegenständliche) Vorrichtungen bzw. als „programmierte Datenverarbeitungsanlage" formulierte Patentansprüche datenverarbeitungsbezogener Erfindungen mehr bestehen. Infolgedessen kann die Versagung des Patentschutzes für programmimplementierte Erfindungen nicht mehr mit fehlender Technizität begründet werden, sofern sich die Patentansprüche nicht auf das Programm als solches, sondern auf eine Vorrichtung, nämlich den programmierten Computer beziehen. Das Technizitätsmerkmal stellt mithin für die Patentierung programmimplementierter Erfindungen kein Hindernis mehr dar, wenn der Bezug zur Vorrichtung nachgewiesen ist.

Übertragen auf den Untersuchungsgegenstand heißt dies, dass auch ein Computerprogramm, welches eine Geschäftsmethode enthält, technischen Charakter haben kann, vorausgesetzt, es wird als Vorrichtung beansprucht.

c) Suche fehlerhafter Zeichenketten

Weitete der BGH in seiner Entscheidung *Sprachanalyseeinrichtung* den Patentschutz für Computerprogramme aus, so zieht er mit der Entscheidung *Suche fehlerhafter Zeichenketten*[367] der Patentierbarkeit wiederum eine Grenze. Er stellt klar, dass der bloße Einsatz eines Computers nicht ausreicht, das Erfordernis der Technizität zu erfüllen.

Beansprucht war ein auf einem digitalen Speichermedium gespeichertes Computerprogramm. Bei dessen Beurteilung stellte der BGH im Wesentlichen auf die Patentfähigkeit des Verfahrensanspruchs ab, da Ansprüche, die auf digitale Speichermedien gerichtet sind, lediglich bereits im Verfahrensanspruch wiedergegebene Erfindungsideen seien. Das Gericht stellte klar, dass es für die Annahme des technischen Charakters nicht ausreiche, lediglich formal einen Gegenstand wie beispielsweise eine Diskette zu beanspruchen, auf dem das Programm abläuft. Es sei erforderlich, dass die als Verfahren beanspruchte Lehre eine über den bestimmungsgemäßen Gebrauch des Computers hinausgehende Eigenheit aufweist und der Lösung eines konkreten technischen Problems dient.[368]

---

[365] BGH, Mitt. 2000, 293, 296 = GRUR 2000, 498.
[366] *Kiesewetter-Körbinger*, GRUR 2001, 185.
[367] BGH, Mitt. 2001, 553; GRUR 2002, 143 ff. – *Suche fehlerhafter Zeichenketten*.
[368] BGH, GRUR 2002, 143, 144 – *Suche fehlerhafter Zeichenketten*.

Gleichwohl vereinfacht der BGH die Annahme der verlangten „Eigenheit". Diese soll nicht ausdrücklich nachgewiesen werden müssen, wenn die Abarbeitung von Verfahrensschritten mittels des Computers auf dem Gebiet der Ingenieurwissenschaften, der Physik, der Chemie und der Biologie erfolgt.[369] In diesen Fällen ist von der grundsätzlichen Patentierbarkeit auszugehen.[370] Im Ergebnis erleichtert die Zweistufigkeit des Testverfahrens jedenfalls die Patentierung auf den zur Technik im herkömmlichen Sinne zählenden Gebieten.

Folge dieser Entscheidung ist, dass jedenfalls die reine Implementierung einer nicht-technischen Lehre für die Annahme des technischen Charakters nicht ausreicht.[371] Erforderlich ist, dass die prägende Anweisung der Lehre der Lösung eines konkreten technischen Problems dient.[372]

d) Ergebnis

Es lässt sich in der jüngeren Rechtsprechung des BGH zwar eine großzügigere Sichtweise hinsichtlich der Patentierung von programmimplementierten Erfindungen erkennen, im Ergebnis führt dies jedoch nicht zur generellen Annahme der Patentierbarkeit derartiger Erfindungen. Auch nach den Entscheidungen *Logikverifikation, Sprachanalyseeinrichtung* und *Suche fehlerhafter Zeichenketten* ist die Annahme der Patentfähigkeit auf bestimmte Fallkonstellationen beschränkt. Der Technikbegriff wird lediglich modifiziert.

Zum einen wird auf das Kriterium der Unmittelbarkeit des Einsatzes beherrschbarer Naturkräfte verzichtet.[373] Im Vorfeld der Innovation angestellte technische Überlegungen vermögen nunmehr die Technizität zu begründen. Ausreichend sind also Überlegungen, die sich auf physikalische oder körperliche Gegebenheiten konzentrieren, irgendwie mit der Herstellung von Produkten verbunden sind und in einem auf einem Rechner implementierbaren Verfahren formuliert werden können.[374] Wenn der vorgelagerte Gedankenprozess auf technischen Überlegungen beruht, geht der BGH davon aus, dass infolgedessen eine technische Lehre beansprucht wird, die insgesamt technischen Charakter hat.

Zum anderen scheint es nicht mehr zweifelhaft, dass programmimplementierte Erfindungen aufgrund des Zusammenwirkens mit dem Computer als Maschine

---

[369] Vgl. Entscheidungsgrund B III. 1. b) bb).
[370] *Haase,* Erfinderkurier 1/2002, S.4.
[371] Vgl. Leitsatz (1) der Entscheidung, BGH, GRUR 2002, 143 – *Suche fehlerhafter Zeichenketten.*
[372] BGH, GRUR 2002, 143, 144 – *Suche fehlerhafter Zeichenketten.*
[373] Siehe auch *Tauchert,* Abs. 17 f.
[374] *Busche,* Mitt. 2000, 164, 171.

technischen Charakter haben und daher nicht von vornherein dem Patentschutz entzogen sind. Als technische Erfindung und damit als patentfähig gelten sie, wenn sie eine über den bestimmungsgemäßen Gebrauch gehende Eigenheit aufweisen und einen technischen Beitrag zur Lösung des dem Patentanspruch zugrunde liegenden technischen Problems liefern.[375] Dies wird im Hinblick auf programmimplementierte Erfindungen tendenziell dann bejaht, wenn es sich um auf Datenverarbeitungseinrichtungen, also auf Vorrichtungen bezogene Patentansprüche handelt.[376] Der BGH behandelt damit Vorrichtungs- und Verfahrensansprüche unterschiedlich. Gleichwohl stimmt der Schutzbereich eines solchen Patents mit dem eines Verfahrens weitgehend überein, da der gewerbliche Vertrieb der Software als mittelbare Patentverletzung regelmäßig miterfasst wird.[377]

Um die Patentfähigkeit zu begründen reicht die reine Implementierung einer nicht-technischen Erfindung in ein Computerprogramm jedoch nicht aus.[378] Nicht patentfähig sind damit Ansprüche auf nicht-technische Programme bzw. Verfahrensansprüche, die nicht-technische Programme und technische Ausführungsschritte umfassen, die aber nichts zur technischen Problemlösung beitragen.

Hat der BGH den Technikbegriff auch modifiziert, so hat er den Kreis der im herkömmlichen Sinne zum Gebiet der Technik zählenden Bereiche, namentlich die Ingenieurwissenschaften, die Physik, die Chemie und die Biologie, nicht erweitert. Die Betriebs- oder Sprachwissenschaften werden weiterhin vom Technikbegriff nicht umfasst.

3. Konsequenzen für programmimplementierte Geschäftsmethoden

Aus dem Vorangegangenen folgt für programmimplementierte Geschäftsmethoden, dass eine ihrer Natur nach im Allgemeinen nicht-technische Geschäftsmethode „als solche" nur als Programmimplementierung, also als Computerprogramm technische Bedeutung erlangen kann.[379] Ihre Patentfähigkeit ist jedoch auch dann nur zu bejahen, wenn sie in einem Computerprogramm mit technischem Charakter enthalten ist. Wird die - unabhängig von der Art ihrer späteren Ausführung entwickelte - Geschäftsidee routinemäßig als Programm

---

[375] Siehe auch BGH, Mitt. 1981, 70 ff. – *Antiblockiersystem*.
[376] So auch *Haase*, S. 223.
[377] Siehe dazu auch *Heide*, CR 2003, 165 ff.
[378] Vgl. auch *Busche*, Mitt. 2001, 49, 57.
[379] Vgl. *Heide*, Werbung und Vertrieb, Rn. 12.

implementiert, so liegt keine technische Erfindung vor,[380] weil allein der bestimmungsgemäße Gebrauch des Computers beschrieben wird.[381] Die vom BGH verlangten Kriterien der darüber hinausgehenden Eigenheit sowie der Lösung eines konkreten technischen Problems werden nicht erfüllt.

In Bezug auf die Ausgangsfrage, ob denn programmimplementierte Geschäftsmethoden unter den Patentierungsausschluss des § 1 Absatz 2 in Verbindung mit Absatz 3 PatG fallen und als „Nichterfindung" gelten, ist daher festzustellen: Soweit der Anspruch eine nicht-technische Geschäftsmethode enthält, die lediglich mittels eines Computerprogramms umgesetzt wird, kann sie nicht als Erfindung im Sinne des Patentgesetzes gelten. Es liegt ein „Computerprogramm als solches" vor. Als Erfindung kann diese Geschäftsmethode nur dann gelten, wenn sie durch ein „technisches" Programm in einen Computer implementiert wird. Tendenziell wird dies dann der Fall sein, wenn das Programm als Vorrichtung beansprucht wird, die Geschäftsmethode also in die Hardware implementiert ist.

III. Die Auslegung der gesetzlichen Regelung durch das BPatG

Nachdem erläutert wurde, unter welchen Voraussetzungen der BGH eine programmimplementierte Geschäftsmethode als Erfindung einordnet, soll im Folgenden die Frage aus Sicht des Bundespatentgerichts beantwortet werden. Dies ist insofern relevant, als die Entwicklung der Rechtsprechung des BGH durch die Entscheidungen der Technischen Beschwerdesenate des BPatG ergänzt und verdeutlicht wird. Ist auch der BGH für Rechtsbeschwerden gegen Entscheidungen des BPatG in direkter Folge und als letzte Instanz zuständig, so werden zum einen gegen eine Vielzahl der Entscheidungen des BPatG keine Rechtsmittel eingelegt und zum anderen teilweise durch den BGH nicht zur Entscheidung angenommen.

Der 17. Senat des BPatG hat kürzlich im Gegensatz zum BGH hat das „Computerprogramm als solches" definiert: „Unter einem 'Programm für eine Datenverarbeitungsanlage als solche', das nach § 1 II Nr. 3 und III PatG vom Patentschutz ausgeschlossen ist, ist der Programmcode und dessen Aufzeichnung

---

[380] So auch *Anders,* GRUR 2001, 555, 559; ebenso der gemeinsame Standpunkt (Consensus Summary) des PTO, JPO und EPA, siehe in Comparative Study Carried out under Trilateral Projekt B3b; Trilateral Technical Meeting Jun 14 –16, 2000 Tokyo, Appendix 6; http://www.european-patent-office.org/tws/b3b_start-page.htm.; abgefragt am 1.8.2001.

[381] Hierüber dürfte Einigkeit bestehen, vergleiche etwa die trilaterale Studie der amerikanischen, japanischen und europäischen Patentämter, beschrieben von *Hössle,* Mitt. 00, 331 ff.

einem Speichermedium gleich welcher Art, sei es Papier oder ein elektronisches Medium, zu verstehen." (Leitsatz).[382]

Allerdings ist diese Definition bezogen auf den Untersuchungsgegenstand wenig aussagekräftig. Eine generelle Aussage über die Patentfähigkeit programmimplementierter Erfindungen wird damit nicht getroffen. Da das BPatG aber jedenfalls den technischen Charakter einer Erfindung als maßgebliches Kriterium für die Einordnung als patentfähige Erfindung ansieht und mit dem Patentierungsausschluss für „Computerprogramme als solche" in § 1 Absatz 3 PatG gleichsetzt, soll im Folgenden untersucht werden, in welchen Fällen das BPatG den technischen Charakter einer Erfindung annimmt.

1. Das Erfordernis der Technizität in der Rechtsprechung des BPatG

Grundsätzlich differenziert auch das BPatG bei der Beurteilung eines Computerprogramms zwischen solchen, die technisch sind und solchen, die als untechnisch zu gelten haben, weil sie Defizite bezüglich der Technizität aufweisen. Das BPatG wendet zur Bestimmung der Technizität den vom BGH entwickelten[383] und oben bereits vorgestellten viergliedrigen Technikbegriff an.

a) Beurteilungsmaßstab

Das BPatG beurteilt die Technizität anhand der Gesamtbetrachtungslehre, die es noch vor dem BGH in der Entscheidung *Temperatursteuerung* wie folgt formulierte: „Bei der Beurteilung des Charakters der von einem Patentanspruch vermittelten Lehre ist – entgegen der aus der Rechtsprechung des Bundesgerichtshofes abgeleiteten sogenannten `Kerntheorie` - stets die Gesamtheit der beanspruchten Merkmale zu berücksichtigen".[384] Da der erstrebte Erfolg durch das Zusammenwirken aller Merkmale eines Patentanspruchs herbeigeführt werde, sei zur Erfassung des Wesens einer angemeldeten Erfindung stets von der Gesamtheit der der Problemlösung dienenden Merkmale im Patentanspruch auszugehen.[385]

---

[382] BPatGE 43, 35 – *Digitales Speichermedium* (Rechtsbeschwerde zugelassen und eingelegt: X ZB 16/00).
[383] BGH, GRUR 1969, 672 ff. – *Rote Taube*.
[384] BPatG, GRUR 1991, 195, 194 – *Temperatursteuerung*.
[385] BPatG, GRUR 1991, 197, 198 – *Schleifverfahren*; ebenso BPatG, GRUR 1992, 681 – *Herstellungsverfahren für ein elektronisches Gerät;* BPatG, GRUR 1987, 799 – *Elektronisches Stellwerk*; BPatG, GRUR 1999, 1078 – *Automatische Absatzsteuerung*.

b) Technische Programme

Ebenso wie in der Rechtsprechung des BGH finden sich in der Rechtsprechung des BPatG eine Vielzahl von Argumentationsmustern, mit denen über Jahre hinweg die Technizität beanspruchter Gegenstände begründet oder versagt wurde. Teilweise wurde die Technizität mit dem Anstellen „technischer Überlegungen"[386] bzw. der Notwendigkeit „im Technischen liegender Überlegungen" zur Entwicklung von Computerprogrammen[387] begründet. In anderen Fällen bejahte oder verneinte das Bundespatentgericht die Technizität von Computerprogrammen damit, dass zur Entwicklung des beanspruchten Gegenstandes „technisches Wissen"[388], „technische Kenntnisse"[389], „Kenntnisse vom Aufbau einer Datenverarbeitungsanlage"[390] notwendig waren oder aber gerade nicht vorhanden gewesen sind.[391] Da sich also auch in der Spruchpraxis des BPatG kaum eindeutige Kriterien zur Unterscheidung von technischen und nicht-technischen Computerprogrammen ausmachen lassen, soll hier wiederum eine fallgruppenorientierte Betrachtung erfolgen.

Dabei lässt sich hinsichtlich des Erfordernisses der Technizität Folgendes feststellen: Nach dem BPatG gilt ein Computerprogramm als technisch, wenn es zur Steuerung, Regelung oder sonstigen Einwirkung auf das Gerät, eine Vorrichtung, eine Anlage oder allgemein eine Regelungseinrichtung verwendet wird.[392] Es muss also der Steuerung von technischen Prozessen oder Geräten dienen. Solche Programme sind geeignet, klassisch mechanische Hilfsmittel zu ersetzen.
Darüber hinaus wird die Technizität in den Fällen bejaht, in denen Daten mit einem technischen Bezug unter Einsatz von Programmen oder programmgesteuerten Rechenanlagen erfasst, bearbeitet oder verarbeitet werden.[393] Dies ist

---

[386] BPatG, GRUR 1988, 198 – *Sprachanalysesystem;* BPatG, GRUR 1989, 42 – *Rollladensteuerung;* BPatG, GRUR 1998, 656 – *CAD/CAM-Verifikationsverfahren.*
[387] Diese Formulierung findet sich auch in BPatG, GRUR 1998, 656 – *CAD/CAM-Verifikationsverfahren.*
[388] BPatG, GRUR 1988, 198, 199 – *Sprachanalysesystem.*
[389] BPatG, GRUR 1989, 42, 44 – *Rollladensteuerung;* BPatG, GRUR 1987, 799 ff. - *Elektronisches Stellwerk;* BPatGE 30, 90 ff. – *Kernreaktorsteuerung;* BPatG, CR 1996, 225 ff. - *Temperatursteuerung;* CR 1991, 226 ff.- *Schleifverfahren.*
[390] BPatG, GRUR 1997, 617, 619 – *Vorbereitung von Musterdaten;* BPatG, CR 1996, 665 - *Viterbi-Algorithmus;* BPatG, CR 1986, 329 ff. - *Digitale Signalverarbeitungsanlage.*
[391] Sozusagen das Gegenstück zu dieser Argumentation findet sich in der Entscheidung *Flugkostenminimierung* des Bundesgerichtshofes, in der es um ein betriebswirtschaftliches Optimierungsprogramm für die kommerzielle Luftfahrt ging. Dort wurde die Technizität mit der Begründung verneint, die erfinderische Leistung liege allein in der betriebswirtschaftlichen und nicht in der technischen Bewertung; vgl. BGH, GRUR 1986, 531 – *Flugkostenminimierung.*
[392] BPatG, CR 1989, 42 – *Rollladensteuerung.*
[393] BPatG, GRUR 1997, 617 – *Vorbereitung von Musterdaten.*

insbesondere darauf zurückzuführen, dass die diesbezüglichen Vorgänge automatisch ablaufen und die Transformation der Prozesswerte nicht nach außen tritt.[394] Der Erfolg tritt in diesen Fällen auf technischem Gebiet im klassischen Sinne ein.

Zusammenfassend ist daher festzuhalten, dass das Bundespatentgericht die Technizität in den Fällen anerkennt, in denen die Problemlösung im klassisch-technischen Bereich, also auf dem Gebiet der Natur- und Ingenieurwissenschaften erfolgt.[395]

c) **Nicht-Technische Programme**

Als nicht-technisch gelten in der Rechtsprechung des Bundespatentgerichts solche Programme, die von der Datenverarbeitungsanlage lediglich bestimmungsgemäßen Gebrauch machen und nicht auf sie in einer über diesen Gebrauch hinausgehenden Weise einwirken. Aus diesem Grunde wurden Textverarbeitungsprogramme,[396] ebenso wie betriebswirtschaftliche Optimierungsprogramme[397] für nicht-technisch und damit für nicht patentfähig erklärt. Eine bloße Informationswiedergabe, die weder auf technische Stellglieder einwirke noch in die Steuerung von technischen Prozessen eingreife, lasse keine weitere technische Wirkung erkennen und könne deswegen nicht als Erfindung gelten.[398]

d) **Ergebnis**

Das Bundespatentgericht differenziert ebenso wie der Bundesgerichtshof zwischen technischen und nicht-technischen Programmen; die Differenzierung erfolgt mittels der Gesamtbetrachtungslehre. In deren Anwendung werden Computerprogramme als technisch angesehen, wenn sie ein technisches Problem lösen. Nicht ausreichend ist die bloße Implementierung einer Geschäftsmethode. Infolgedessen werden Geschäftsmethoden, die sich lediglich eines Computerprogramms bedienen, ohne weitere Wirkungen hervorzurufen, nicht als patentfähig angesehen.

---

[394] Vgl. *Kindermann*, GRUR 1969, 509, 511; *Anders*, GRUR 1990, 500, 504.
[395] So auch *Haase*, S. 282 ff.
[396] BPatG, GRUR 2002, 871 ff. - *Suche fehlerhafter Zeichenketten-Tippfehler.*
[397] BPatG, GRUR 1999, 1078 ff. - *Automatische Absatzsteuerung;* BPatG, GRUR 1991, 816 - *Postgebührenberechnung.*
[398] Siehe beispielsweise die Entscheidungen: EPA, GRUR Int. 1990, 463 - *Computerbezogene Erfindung/IBM*, GRUR Int. 1992, 279 ff. - *Schriftzeichenform/Siemens;* BGH, GRUR 1992, 36 ff. - *Chinesische Schriftzeichen*; BGH, GRUR 2000, 1007 ff. - *Sprachanalyseeinrichtung*, BPatG, GRUR 2002, 871 ff. - *Suche fehlerhafter Zeichenketten-Tippfehler.*

2. Neue Beurteilungstendenzen

Indes stellt sich die Frage, ob diese Differenzierung nach den jüngsten Entscheidungen des Bundespatentgerichts noch aufrecht erhalten werden kann.

a) Geschäftliche Tätigkeit

In der Entscheidung *Geschäftliche Tätigkeit*[399] hatte das BPatG über eine Anmeldung zu entscheiden, die sich mit der Reorganisation von in Unternehmen ablaufenden Prozessen zum Zweck der Optimierung von vorhandenen Ressourcen befasste. Die dem beanspruchten Gegenstand zugrunde liegende Ausgabe bestand darin, ein Verfahren sowie eine Vorrichtung für die effiziente computergestützte Steuerung von Geschäftsabläufen bereitzustellen. Das BPatG verneinte die Technizität des Vorrichtungsanspruchs, da es an der erforderlichen Eigenheit mangele.[400] Analyse und Bewertung der textualen Information eines Dokuments mittels Sprachverarbeitung sowie hiervon abhängige optimierte Geschäftsabläufe in einem Betrieb seien trotz des Einsatzes eines Computers nicht patentfähig. Damit ordnete das Bundespatentgericht den Anspruchsgegenstand als betriebswirtschaftliches Optimierungsprogramm ein.

Diese Entscheidung steht im Widerspruch zu der vom BGH noch in der Entscheidung *Sprachanalyseeinrichtung* vertretenen Auffassung. Dort hatte der BGH die Patentfähigkeit von Vorrichtungsansprüchen in Form „programmierter Datenverarbeitungsanlagen"[401] anerkannt, während hier das BPatG dem als Vorrichtung beanspruchten Programm die Patentfähigkeit versagte. Das BPatG hätte bei Beachtung der Rechtsprechung des BGH in diesem Fall also auch die Technizität annehmen müssen.

b) Verfahren zum Herstellen eines Kabelbaums[402]

Eine weitere Entscheidung betraf ein Verfahren zum Herstellen von Kabelbäumen als gebündelten Drahtkabeln, die häufig unter Zuhilfenahme eines Computers mittels Computer Aided Design (CAD) hergestellt werden. Dabei wird ein Produkt mittels CAD entworfen und ein gegenständlicher dreidimensionaler Prototyp einschließlich seiner Verdrahtung erstellt. Um einen Layoutentwurf zur Herstellung weiterer Kabelbäume zu erhalten, wird der Kabelbaum manuell geplättet. Aus

---

[399] BPatG, CR 2002, 716 m. Anm. *Sedlmaier;* GRUR 2002, 869 – *Geschäftliche Tätigkeit.*
[400] BPatG, GRUR 2002, 869, 870 – *Geschäftliche Tätigkeit.*
[401] BGHZ 144, 282 ff. – *Sprachanalyseeinrichtung;* CR 2000, 500 mit Anm. von *Esslinger;* GRUR 2000, 1007 m. Anm. von *Betten;* Mitt. 2000, 359.
[402] BPatG, CR 2003, 18 ff. – *Kabelbaum.*

einem vormals dreidimensionalen Kabelbaum wird ein zweidimensionaler Baum. Dem beanspruchten Verfahren liegt dabei die Aufgabe zugrunde, ein verbessertes Verfahren zum Herstellen eines Kabelbaums zu schaffen, mittels dessen auf die Herstellung eines Prototyps verzichtet werden kann.

Das BPatG bejahte die Technizität, da das Verfahren der Lösung eines konkreten technisches Problems diene. Mit der Entscheidung *Kabelbaum*[403] hat das BPatG die vom BGH in der Entscheidung *Logikverifikation* vorgenommene Modifikation aufgegriffen, dass eine „auf technischen Überlegungen beruhende Erkenntnis und deren Umsetzung in ein Programm für Datenverarbeitungsanlagen genügt, um die Technizität eines programmimplementierten Verfahrens zu begründen".[404] Das BPatG erweitert diese Erkenntnis durch die Klarstellung, dass sie nicht auf bestimmte technische Gebiete beschränkt sei, sondern für alle technischen Gebiete gelte, deren technologische Entwicklung den Einsatz von entsprechenden Computerprogrammen erfordere.[405]

c) Cyber-Cash-Verfahren

In der Entscheidung *„Cyber-Cash-Verfahren"*[406] hatte des Bundespatentgericht über eine internetbasierte Geschäftsmethode zu entscheiden. Die angemeldete Lehre betraf eine computerbezogene Geschäftsmethode in Form eines elektronischen Zahlungssystems, das durch Identifizierungscodes den Geldtransfer vor allem im Internet sicherer machen sollte. Das System funktioniert ähnlich wie das der Prepaid-Karten im Mobilfunkbereich, allerdings ist der Zahlungsempfänger nicht zugleich der Herausgeber der Kredit- oder Guthabeneinheiten. Ein Anbieter, beispielsweise eine Bank, stellt einem Zahlungsgeber Geldbeträge in bestimmter Höhe zur Verfügung, wobei jedem Betrag aus Sicherheitsgründen ein Identifizierungscode zugeordnet ist. Die Aufgabe, die der Lehre zugrunde liegt, ist es somit, ein auf das Internet angepasstes Substitut für den Bargeldverkehr (cybercash) zu schaffen, das zugleich eine gewisse Sicherheit bietet.

Das BPatG bejahte hier die Technizität mit der Begründung, im Vordergrund stehe die technische Durchführung auf einem Rechnersystem, welche den gewünschten Erfolg auf elektronischem Weg automatisch herbeiführe. Diese

---

[403] BPatG, CR 2003, 18 ff. – *Kabelbaum*.
[404] BPatG, CR 2003, 18, 19 – *Kabelbaum*.
[405] BPatG, CR 2003, 18 – *Kabelbaum*.
[406] BPatG, CR 2002, 563 ff. – *Cyber-Cash-Verfahren*.

Argumentation ist bereits aus der Entscheidung *Automatische Absatzsteuerung*[407] bekannt.[408]

Das BPatG nimmt in seiner *Cyber-Cash-Verfahren*-Entscheidung demgegenüber an, dass die reine Implementierung einer Geschäftsmethode ausreicht, um die Technizität zu bejahen. Damit vertritt es eine Auffassung, die nicht mit der des BGH übereinstimmt. Dieser hat nie die reine Automatisierung eines an sich untechnischen Verfahrens für die Bejahung der Technizität ausreichen lassen, wie unter anderem die Entscheidungen *Dispositionsprogramm*[409], *Walzstabteilung*[410] und *Chinesische Schriftzeichen*[411] belegen.

d) Ergebnis

Das BPatG liegt mithin insofern auf einer Linie mit der Rechtsprechung des BGH, als es Innovationen eine gewisse über den bestimmungsgemäßen Gebrauch hinausgehende Eigenheit abverlangt und diese der Lösung eines konkreten technischen Problems dienen muss.[412] Soweit das BPatG in der Entscheidung *Cyber-Cash-Verfahren* die reine Implementierung einer Geschäftsmethode ausreichen lässt, um die Technizität zu bejahen, ist dies darauf zurückzuführen, dass das BPatG keine Analyse der Eigenheit vorgenommen hat. Die prägenden Bestandteile des beanstandeten Verfahrens lagen auf informations- oder betriebswirtschaftlichem, also keinem klassisch technischen Gebiet,[413] so dass das BPatG die vom BGH geforderte und den Schutz rechtfertigende „Eigenheit" hätte analysieren müssen. Eine solche Prüfung hätte ergeben, dass das im Ergebnis untechnische Verfahren dem Technizitätserfordernis nicht genügt.

Weiter erkennt das BPatG im Einklang mit dem BGH sogenannte Substitutions-erfindungen an.[414] Es verzichtet ebenso wie der BGH auf das Erfordernis der Unmittelbarkeit des Einwirkens der Naturkräfte, indem es auch der Innovation vorgelagerte Erfindungen zur Begründung der Technizität ausreichen lässt.

---

[407] BPatG, CR 2000, 97 – *Automatische Absatzsteuerung*.
[408] Allerdings wurde dem Verfahren der Patentschutz im Ergebnis mangels erfinderischer Tätigkeit versagt. Die Lehre sei für den Fachmann naheliegend.
[409] BGH, GRUR 1977, 96 – *Dispositionsprogramm*.
[410] BGH, BGHZ 78, 98 = GRUR 1981, 39 – *Walzstabteilung*.
[411] BGH, CR 1991, 662 – *Chinesische Schriftzeichen*.
[412] *Haase*, S. 215.
[413] Ähnlich auch Anm. von *Sedlmaier* zu CR 2002, 559, 563 – *Cyber-Cash-Verfahren*.
[414] *Busche*, Mitt. 2001, 49, 56 f.

3. Konsequenzen für programmimplementierte Geschäftsmethoden

Die Patentfähigkeit programmimplementierter Geschäftsmethoden kommt nach der Rechtsprechung des BPatG dann in Betracht, wenn die Geschäftsmethode mittels eines „technischen" Computerprogramms umgesetzt wird. Dies ist insbesondere dann der Fall, wenn das die programmimplementierte Geschäftsmethode umsetzende Programm den traditionellen technischen Bereichen zuzuordnen ist. Jedenfalls reichen betriebs- oder finanzwirtschaftliche Erwägungen dazu nicht aus, da die Überlegungen das Gebiet der Technik betreffen müssen.

Die reine Programmimplementierung genügt nicht, um die Patentfähigkeit zu begründen. Bei derartigen Ansprüchen handelt es sich um Nichterfindungen im Sinne von § 1 Absatz 2 in Verbindung mit Absatz 3 PatG, sie sind Computerprogramme „als solche". Gleichwohl kann der Einsatz eines Computers im Rahmen der Umsetzung der Geschäftsmethode als Nachweis der Technizität einer Erfindung herangezogen werden, vorausgesetzt die prägenden Anweisungen der Lehre dienen der Lösung eines konkreten technischen Problems.[415]

IV. Auslegung des Patentverbotes durch die Spruchkammern des Europäischen Patentamtes (EPA)

Da anders als im deutschen Recht kein aus dem EPA ausgegliedertes Gericht existiert, das für die Prüfung von Beschwerden gegen Entscheidungen des Amtes zuständig ist, erfolgt diese Prüfung durch die besonderen Organe des EPA, die sogenannten Beschwerdekammern (bzw. durch die Große Beschwerdekammer), Art. 15, 21 und 22 EPÜ. Unter „Rechtsprechung des EPA" ist daher die Rechtsprechung der Beschwerdekammern zu verstehen.

Das Patentierungsverbot für „Computerprogramme als solche" befand sich bereits bei Unterzeichung des EPÜ im Jahre 1973 aufgrund eines im Zuge der Vorarbeiten von der Bundesrepublik Deutschland zum Ausdruck gebrachten Vorschlages im Gesetzestext. Ziel war, eine extensive Auslegung der in Absatz 2 niedergeschriebenen Verbote zu vermeiden. Nach der Vorstellung der Verfasser dieser Vorschrift sollte das Patentierungsverbot für Computerprogramme also eng auszulegen sein.[416]

Was ein „Computerprogramm als solches" meint, geht indes nicht aus den Materialien zum EPÜ hervor, gleichwohl finden sich in den Richtlinien des EPA „Aus-

---

[415] BPatG, CR 2002, 248 – *Mailing-Adresslisten*.
[416] Dies ist in der Literatur allgemein anerkannt, statt vieler: *Singer/Stauder*, EPÜ, Art. 52 Rn. 57 f.

legungshilfen". So hat das EPA in seinen Prüfungsrichtlinien den technischen Charakter[417] als notwendiges Merkmal des patentrechtlichen Erfindungsbegriffes und sein Fehlen als Grund dafür herausgestellt, dass die in Art. 52 Absatz 2 EPÜ genannten Gegenstände nicht als patentfähige Erfindungen angesehen werden.[418] Gleiches nehmen auch die Beschwerdekammern an. Diese bemühen sich um eine Auslegung des Begriffs „Computerprogramme als solche", indem der Patentgegenstand auf seinen technischen Charakter untersucht wird.[419]

Letztendlich verhält es sich daher mit dem Patentierungsverbot für „Computerprogramme als solche" ähnlich wie im deutschen Recht: Die Frage, ob es sich um eine patentfähige Erfindung handelt, wird bei der Beurteilung der Technizität abgehandelt. Allerdings kann in der europäischen Praxis nach dem technischen Charakter auch im Rahmen der Prüfung auf erfinderische Tätigkeit gefragt werden. Dort wird die Lösung einer objektiven technischen Aufgabe untersucht.[420] Unabhängig davon, ob der beanspruchte Gegenstand im Rahmen der Patentfähigkeit oder der Patentierbarkeit auf technischen Charakter untersucht wird, gilt es zunächst das Erfordernis der Technizität aus der Sicht des BPatG darzustellen.

1. Das Erfordernis der Technizität

Auch im europäischen Recht muss einer Erfindung ein „technischer Charakter"[421] immanent sein.[422] Die Beschwerdekammern unterscheiden zwischen nichttechnischen Computerprogrammen, deren Patentfähigkeit nach Art. 52 Absätze 2, 3 EPÜ ausgeschlossen ist und Computerprogrammen mit technischem Charakter, die ohne weiteres patentfähig sind, weil sie einen „technischen Effekt" erzeugen. Indes hält das EPA im Gegensatz zum BGH und dem BPatG keine abstrakte Definition des Begriffs „Technik" bereit. Bezogen auf den Untersuchungs-

---

[417] Den Richtlinien ist die Aussage zu entnehmen, dass „die Erfindung ... technischen Charakter haben (muss)"; letzter Satz der Richtlinie C-IV, 2.1.
[418] Abl. EPA 1999, 609 = GRUR Int. 1999, 1053, 1055 ff. – *Computerprogrammprodukt/IBM*; Abl. EPA 2000, 525 = GRUR Int. 2001, 167, 169 – *Datenstrukturprodukt/Philipps für die „Wiedergabe von Informationen"*; EPA CRi 2001, 18, 19 – *Steuerung eines Pensionssystems/PBS PARTNERSHIP*. Zur früheren Entwicklung *Kraßer*, in: Lehmann, Rechtsschutz und Verwertung, S. 279, 293 ff.
[419] EPA GRUR Int. 1994, 1038 – *Editierbare Dokumentenform/IBM*. Zuletzt EPA GRUR Int. 2003, 123 – *SIM-Card*.
[420] Europäisches Patentamt, Richtlinien für die Prüfung im Europäischen Patentamt vom 5. Oktober 2001, Teil C, Kap. IV, 2.3 Computerprogramme, Abl. EPA 2001, 464 f.
[421] Statt vieler *Singer/Stauder*, EPÜ, Art. 52, Rn. 15.
[422] Zuletzt EPA, GRUR Int. 2002, 87, 88 f. – *Steuerung eines Pensionssystems/PBS PARTNERSHIP;Benkard-Mellulis*, EPÜ, Art. 52, Rn. 50.

gegenstand kennzeichnet es den technischen Charakter in tautologischer Weise mit dem Verlangen nach einem über das notwendige Maß hinausgehenden Einsatz technischer Mittel bzw. Überlegungen und dem Verlangen nach über das übliche Maß hinausgehenden technischen Wirkungen.[423]

a) Beurteilungsmaßstab

Grundsätzlich zeigten sich die Beschwerdekammern des EPA bei der Beurteilung der Technizität von Computerprogrammen liberaler als die deutsche Rechtsprechung:[424] Statt der Kerntheorie wurde formal stets die Gesamtbetrachtungslehre[425] angewendet.[426] Diese Auffassung findet sich auch in den aktuellen Richtlinien des EPA, in denen mit Blick auf die Ausschlussbestimmung des Art. 52 Absatz 3 EPÜ eine Beurteilung des Gegenstandes als Ganzen empfohlen wird, um dessen erforderlichen technischen Charakter zu ermitteln.[427]

b) Technische Programme

Auch in der Spruchpraxis der Beschwerdekammern findet sich eine Vielzahl unterschiedlicher Aussagen[428], mit denen die Annahme oder Versagung der Patentfähigkeit begründet wird.

Im Ergebnis ist für die Beurteilung der Patentfähigkeit maßgeblich, ob die Innovation einen „technischen Beitrag zum Stand der Technik" leisten kann.[429] Allerdings reicht der bestimmungsgemäße Gebrauch eines Computers nicht aus, um ei-

---

[423] *Haase*, S. 325.
[424] Dies ist nicht zuletzt darauf zurückzuführen, dass die Spruchpraxis auf dem inkriminierten Gebiet später begann.
[425] EPA, GRUR Int. 1987, 173 – *Computerbezogene Erfindung/VICOM;* EPA, GRUR Int. 1988, 585 – *Röntgeneinrichtung/KOCH & STERZEL;* EPA, GRUR Int. 1994, 1038 – *Editierbare Dokumentenform/IBM.*
[426] Gleichwohl existieren Entscheidungen, in denen verlangt wird, dass der durch die Erfindung geleistete Beitrag zum Stand der Technik „technischer Natur" sein muss; diese Betrachtung kommt der Anwendung der Kerntheorie gleich. Vgl. EPA, GRUR Int. 1995, 465 – *Zusammenfassen und Wiederauffinden von Dokumenten/IBM;* EPA, GRUR Int. 1994, 236 – *Kartenleser/IBM.*
[427] Europäisches Patentamt, Richtlinien für die Prüfung im Europäischen Patentamt vom 5. Oktober 2001, Teil C, Kap. IV, 2. Erfindungen, Computerprogramme, Abl. EPA 2001, 464 f.
[428] Siehe EPA, GRUR Int. 1991, 118, 120 – *Textverarbeitung/IBM;* EPA, GRUR Int. 1990, 465 ff. – *Zusammenfassen und Wiederauffinden von Dokumenten;* EPA, GRUR Int. 1992, 279 – *Schriftzeichenform/SIEMENS,* EPA, GRUR Int. 1995, 974 ff. – *Warteschlangensystem/PETTERSON;* EPA, GRUR 1999, 1053 ff. – *Computerprogrammprodukt/IBM;* EPA, CRi 2001, 18 – *Steuerung eines Pensionssystems/PBS PARTNERSHIP;* vgl. auch *Kindermann,* CR 1992, 584 ff.; *Kraßer,* in: Lehmann, Rechtsschutz und Verwertung, S. 244 ff.
[429] Benkard-*Mellulis,* EPÜ, Art. 52 Rn. 69.

nen solchen Beitrag zu begründen.[430] Die physikalischen Wechselwirkungen zwischen Programm und Computer, die bei der Ausführung eines jeden Programms auftreten und für die Funktionsfähigkeit und die Steuerung des Computers selbst erforderlich sind, genügen nicht. Nur Innovationen, die einen „weiteren technischen Effekt"[431] erzielen können, sollen patentfähig sein. Damit sind das in älteren Entscheidungen noch verlangte Vorliegen „technischer Überlegungen"[432] oder das Zugrundeliegen einer „technischen Aufgabenstellung"[433] zur Erstellung eines Computerprogramms überholt.

Nach Auffassung der Beschwerdekammern des EPA kann der (weitere) technische Beitrag in dem der Innovation zugrunde liegenden Problem, in den zur Lösung des zugrundeliegenden Problems verwendeten Mitteln (technischen Merkmalen) oder den hierdurch erreichten technischen Wirkungen liegen, sofern das zu lösende Problem ein technisches ist.[434] Beispielhaft für das Vorliegen eines weiteren technischen Effekts nennt das EPA die „Steuerung der internen Funktion" eines Computers, die Steuerung der „Arbeitsweise eines Geräts" bzw. die „Steuerung eines gewerblichen Verfahrens".[435]

In der Spruchpraxis des EPA werden unter Berücksichtigung des gesamten beanspruchten Gegenstandes sowie dem erwähnten Kriterium des weiteren technischen Effektes solche Programme für patentfähig erachtet, die die Funktionsfähigkeit einer Datenverarbeitungsanlage betreffen. Also solche Programme, die einen neuen und erfinderischen Aufbau der Anlage lehren bzw. diese in neuer oder optimierter Betriebsweise nutzen. Dazu gehören insbesondere Betriebssysteme.[436]

Darüber hinaus wird die Patentfähigkeit von Computerprogrammen bejaht, die im Bereich der Steuerungs- und Regelungstechnik[437] oder der Erfassung, Be- und Verarbeitung von technischen Daten[438] eine Rolle spielten.

---

[430] So auch *Haase,* S. 254.
[431] Vgl. auch die Studie Report on Comparative Study Carried Out under Trilateral Project B3b; Trilateral Technical Meeting June 14 – 16, 2000, Tokyo, Appendix 6, www.european-patent-office.org/tws/b3b_start-page.htm.
[432] T 769/92, GRUR Int. 1995, 909 – *Universelles Verwaltungssystem/SOHEI.*
[433] EPA, GRUR Int. 1992, 279, 281 – *Schriftzeichenform/SIEMENS.*
[434] *Mellulis,* GRUR 1998, 848; *Betten,* GRUR 1995, 779 ff.
[435] Vgl. z.B. EPA, GRUR Int. 1992, 279, 280 -*Schriftzeichenform/SIEMENS*; EPA, GRUR Int. 1995, 465 – *Zusammenfassen und Wiederauffinden von Dokumenten/IBM.*
[436] EPA, GRUR Int. 1990, 465 ff. – *Datenprozessornetz/IBM;* EPA, GRUR Int. 1995, 704 ff. – *Elektronische Rechenbausteine/ROBERT BOSCH;* EPA, CR 1995, 205 ff. -*Elektronisches Dokumentenverteilungssystem/IBM.*
[437] EPA, CR 1987, 671 ff. - *Röntgeneinrichtung/KOCH & STERZEL.*
[438] EPA, GRUR Int. 1990, 463 ff. - *Computerbezogene Erfindung/VICOM.*

c) Nicht-technische Programme

Als „nicht-technisch" beurteilen die Beschwerdekammern des EPA dagegen unter anderem Programme der Textverarbeitung/Tabellenkalkulation, der Datenverschlüsselung und der Zeitreihenanalyse.[439] Diesen Programmen wird die Anerkennung des technischen Charakters versagt, weil sie allein eine Organisations- bzw. Darstellungsaufgabe enthalten und in keiner Weise in die Steuerung der Datenverarbeitungsanlage eingreifen.

d) Ergebnis

Das EPA unterscheidet in Anwendung der Gesamtbetrachtungslehre technische und nicht-technische Programme, die nicht patentfähig sind und daher nicht als dem Patentschutz zugängliche Erfindung im Sinne des EPÜ gelten.

Die fallgruppenorientierte Betrachtung zeigt, dass diejenigen Programme als patentfähig angesehen werden, die einen weiteren technischen Effekt erzielen. Die bloße Implementierung einer Geschäftsmethode reicht nicht aus. Darüber hinaus ist zu erkennen, dass das EPA den Bereich der Technik zwar nicht wie der BGH begrenzt, jedoch Innovationen in der Regel nur dann als patentfähig einordnet, wenn sie den klassisch-traditionellen Bereich der Technik, also die Natur- und Ingenieurwissenschaften betreffen. Das Gebiet der Betriebswirtschaft zählt dazu nicht.

2. Neue Beurteilungstendenzen

Die Beschwerdekammern des EPA hatten sich erst kürzlich mit der Frage der Patentierbarkeit von programmimplementierten Erfindungen und Geschäftsmethoden auseinander zu setzen. Es ist daher zu untersuchen, ob das EPA der Patentfähigkeit programmimplementierter Erfindungen aufgeschlossener gegenüber steht.

a) Computerprogrammprodukt/IBM

In der EPA-Leitentscheidung *Computerprogrammprodukt/IBM*[440] wurde das Erfordernis des „weiteren technischen Effektes" sehr weit gefasst. In der Entscheidung heißt es, dass ein „Computerprogrammprodukt nicht unter das Paten-

---

[439] EPA, GRUR Int. 1990, 465 ff. - *Zusammenfassen und Wiederauffinden von Dokumenten/IBM*; GRUR Int. 1991, 118 ff. - *Textverarbeitung/IBM*; EPA, CR 1995, 214 ff. - *Menübasiertes Eingabesystem/TEXAS*; EPA, CR 1994, 340 - *Editierbare Dokumentenform/IBM*.
[440] EPA, GRUR Int. 1999, 1053 – *Computerprogrammprodukt/IBM*.

tierungsverbot nach Art. 52 (2) und (3) EPÜ fällt, wenn es beim Ablauf auf einem Computer einen weiteren physikalischen Effekt bewirkt, der über die 'normale' physikalische Wechselwirkung zwischen dem Programm (Software*)* und dem Computer (Hardware) hinausgeht."[441] Damit ist ausdrücklich anerkannt, dass Datenverarbeitungsanlagen „als solche" technisch sein können. Aufgrund dieser Sichtweise, die für künftige Entscheidungen maßgeblich sein soll,[442] wird die Prüfung der Schutzfähigkeit von programmimplementierten Erfindungen von der Frage der Technizität auf die Frage nach der erfinderischen Tätigkeit verlagert. Es wird also gefragt, ob das Computerprogramm dem Fachmann durch den Stand der Technik nahegelegt ist.[443]

Der Schutz von Computerprogrammen wird zudem modifiziert, da es nunmehr möglich ist, ein Computerprogramm als Erzeugnis zu beanspruchen, d.h., auf einem Speichermedium oder unabhängig davon.[444] Gegenüber dem bislang als Vorrichtungs- und Verfahrensanspruch zu erlangenden Schutz, ist dies insofern eine Veränderung, als damit umfassendere Möglichkeiten der Rechtsdurchsetzung gegenüber Verletzern einhergehen.[445] Es ist daher davon auszugehen, dass nunmehr keine Zurückweisung eines auf einem Datenträger aufgezeichneten Computerprogramms mehr möglich ist.

b) Steuerung eines Pensionssystems/PBS PARTNERSHIP

In der weiteren Entscheidung *Steuerung eines Pensionssystems/PBS PARTNERSHIP*[446] hatte sich das EPA mit einer internetbasierten Geschäftsmethode auseinander zu setzen. Es ging um ein System für das Management von Pensionsfonds. Der Verfahrensanspruch bezog sich auf ein Verfahren, bei dem unter Einsatz von Datenverarbeitungsmitteln Pensionszahlungen aus einem Pensionskassensystem kontrolliert wurden. Zudem umfasste die Anmeldung einen auf ein Computerprogramm gerichteten Vorrichtungsanspruch, der zur Unterstützung dieses Kontrollsystems konfiguriert war. Es handelte sich um ein vollkommen automatisch ablaufendes System, so dass insofern ein weiterer technischer Effekt vorlag. Die Beschwerdekammer wies die Patentanmeldung indes zurück. Sie kam bei der Untersuchung des weiteren technischen Effektes zu dem Ergebnis, dass der

---

[441] EPA, GRUR Int. 1999, 1053 – *Computerprogrammprodukt/IBM*.
[442] Siehe Mitteilung des Herausgebers des Abl. EPA 1999, S. 609, hiernach sollen die Richtlinien des EPA angepasst werden.
[443] EPA, CR 2000, 97 ff. – *Computerprogrammprodukt II/IBM*. Diese Entscheidung ist inhaltsgleich mit *Computerprogrammprodukt I/IBM*.
[444] *Schulte*, PatG, § 1 Rn. 4.
[445] Vgl. Anm. von *Schiuma* zur Entscheidung *Computerprogrammprodukt/IBM*, GRUR Int. 1999, 1059.
[446] EPA, CRi 2001, 18 – *Steuerung eines Pensionssystems/PBS PARTNERSHIP*.

erfinderische Schritt nicht in der Lösung der Automatisierung lag, sondern in der Verwendung einer neuen betriebswirtschaftlichen und finanzwirtschaftlichen Formel. Eine technische Wirkung werde nicht erzielt. Der Verfahrensanspruch sei ausschließlich auf eine Geschäftsmethode gerichtet und habe keinen Zusammenhang mit dem weiteren technischen Effekt erkennen lassen, so dass letztendlich der weitere technische Effekt nicht zugleich die Grundlage für den angemeldeten erfinderischen Schritt legte.[447] Hinsichtlich des Vorrichtungsanspruchs wurde die technische Wirkung unter Hinweis auf den Computereinsatz hingegen bejaht.

In den Leitsätzen der Entscheidung grenzte die Beschwerdekammer weiter die Rolle nicht-technischer Merkmale ökonomisch-geschäftlicher Natur in Patentansprüchen ab: „(...) methods only involving economic concepts and practices of doing business are not inventions within the meaning of Article 52 (1) EPC. A feature of a method which concerns the use of technical means for a purely non-technical purpose and/or for processing purely non-technical information does not necessarily confer a technical character to such method. (...) An apparatus constituting a physical entity or concrete product, suitable for performing or supporting an economic activity, is an invention within the meaning of Article 52 (1) EPC. There is no basis in the EPC for distinguishing between "new features" of an invention and features of that invention which are known from the prior art when examining whether the invention concerned may be considered to be an invention within the meaning of Article 52 (1) EPC."[448]

Damit differenziert das EPA zwischen Verfahrens- und Vorrichtungsansprüchen. Ansprüche die auf eine Vorrichtung gerichtet, d.h., als auf einer Datenverarbeitungsanlage ablaufende Programme in Verbindung mit dieser als mechanischem Gegenstand beansprucht werden, gelten grundsätzlich als patentfähig.[449] Das EPA zieht damit die physikalische Entität, die Maschine, zur Charakterisierung des Computerprogramms heran. Es macht also die Patentierung des Verfahrens, das auf der Maschine laufen soll, von dem Vorhandensein der Maschine abhängig.

c) Ergebnis

Die Annahme einer grundsätzlichen Patentfähigkeit programmimplementierter Erfindungen, die auf den Einsatz eines Computers als Maschine zurückzuführen

---

[447] So auch der BGH, Mitt. 2001, 553 – *Suche fehlerhafter Zeichenketten*.
[448] EPA, CRi 2001, 18, 19 f. – *Steuerung eines Pensionssystems/PBS PARTNERSHIP*.
[449] Europäische Kommission, Vorschlag für eine Richtlinie des Europäischen Parlaments und des Rates über die Patentierbarkeit programmimplementierter Erfindungen; http://europa.eu.int/comm/-internal_market/en/indprop/com02-92de.pdf, S. 7 f., abgerufen am 12. November 2003.

sein könnte, kann aus dem Vorangegangen nicht gefolgert werden. Gleichwohl lässt sich aus den beschriebenen Entscheidungen eine allmählich offener werdende Sichtweise hinsichtlich der Patentfähigkeit programmimplementierter Erfindungen erkennen.

So bestehen kaum mehr Zweifel daran, dass Computerprogrammen aufgrund ihres Zusammenwirkens mit der Hardware eines Computers technischer Charakter zukommen kann. Die Annahme der Patentfähigkeit ist jedoch an bestimmte Vorraussetzungen geknüpft. So müssen über den bestimmungsgemäßen Gebrauch des Computers hinaus gehende technische Wirkungen erzielt und ein konkretes technisches Problem gelöst werden. Tendenziell wird davon ausgegangen, dass diese Erfordernisse erfüllt sind, wenn die Innovation als Vorrichtungsanspruch geltend gemacht wird.[450]

Darüber hinaus ist der Schutz von Computerprogrammen im europäischen Recht insofern erweitert, als es möglich ist, auch sogenannte Computerprogrammprodukte zu beanspruchen. Der Schutz ist also auf Ansprüche ausgedehnt, die auf einen Datenträger gerichtet sind.

3. Konsequenzen für programmimplementierte Geschäftsmethoden

Hinsichtlich der europäischen Rechtslage lässt sich festhalten, dass reine Geschäftsverfahren unter dem Europäischen Patentübereinkommen[451] nicht patentfähig sind. Die programmimplementierten Geschäftsmethoden werden behandelt wie softwarebezogene Patentanmeldungen.[452] Sie sind nur dann schutzfähig, wenn sie einen weiteren technischen Effekt erzeugen und der Lösung eines konkreten technischen Problems dienen können.

Für programmimplementierte Geschäftsmethoden heißt das, dass sie nur dann patentfähig sind, wenn sie in Form eines programmierten Rechners als technische Infrastruktur beansprucht, also mittels eines an sich technischen Computerprogramms umgesetzt werden.[453] Die reine Implementierung einer Geschäftsmethode reicht nicht aus, um die Patentfähigkeit zu begründen.[454] Durch sie wird keine über das übliche Zusammenspiel mit der Hardware hinausgehende Wirkung erzeugt.

---

[450] *Haase*, S. 223 m.w.N.
[451] Im Folgenden: EPÜ.
[452] *Sedlmaier/Glaser*, CRi 2001, 22.
[453] *Lutterbeck/Gering/Horns*, S. 33.
[454] Benkard-*Mellulis*, EPÜ, Art. 52, Rn. 184.

Im Übrigen scheint in der europäischen Erteilungspraxis hinsichtlich der Patentierung von programmimplementierten Geschäftsmethoden eine Umorientierung bevorzustehen, da die Patentfähigkeit nunmehr von den Schutzvoraussetzungen der Neuheit und erfinderischer Tätigkeit abhängen soll.[455] Die Patentfähigkeitsprüfung verlagerte sich in diesen Fällen auf jene Kriterien.[456] Die Entwicklung bleibt jedoch abzuwarten, wobei anzumerken ist, dass die Prüfung in beiden Fällen voraussichtlich zu gleichen Ergebnissen führen wird.

V. Auslegung der Patentierungsverbote durch das Schrifttum

Das Schrifttum hält verschiedenste Auslegungsansätze des Patentierungsverbotes für „Computerprogramme als solche" bereit. So wird beispielsweise angenommen, der Begriff sei weitgehend „inhaltsleer"[457] oder bezeichne die urheberrechtlich geschützte Ausdrucksform des Programms im Gegensatz zum patentrechtlich geschützten Inhalt.[458] Hauptstreitpunkt ist dabei – neben der Frage nach der grundsätzlichen Sinnhaftigkeit der Klausel[459] – ob überhaupt eine Unterscheidung von technischen und nicht-technischen Programmen erfolgen oder der Ausschluss eher von inhaltlichen Kriterien abhängen soll.[460] Nach der wohl überwiegenden Meinung ist davon auszugehen, dass der Ausschluss dazu dienen soll, nicht-technischen Programmen den Patentschutz zu versagen.[461] Das Patentierungsverbot wird mit dem Erfordernis der Technizität faktisch gleichgesetzt.[462]

Dies führt zur Verlagerung der Diskussion auf die Frage, wie das Schrifttum den Technikbegriff definiert. Hier werden verschiedene Erweiterungen des vom BGH in der Entscheidung *Rote Taube* entwickelten Technikbegriffs vorgeschlagen. Verlangt der BGH den Einsatz von Naturkräften im traditionellen Sinne, so sollen

---

[455] Im durch diese Entscheidung veranlassten Entwurf SACEPO/WPG 1/01 vom 16. Januar 2001 zur Änderung der Prüfungsrichtlinien heißt es denn auch: „In the practice of examining computer-implemented inventions, however, it may be more appropriate for the examiner to proceed directly to the questions of novelty and inventive step, without considering beforehand the question of technical character."
[456] Siehe dazu unter Kapitel 3 § 2.
[457] *Betten*, GRUR 1988, 248; *Gall*, Mitt. 1985, 181; *v. Hellfeld*, GRUR 1989, 461, 465ff.; *Kolle*, GRUR 1977, 58, 73; *ders.*, GRUR 1982, 443, 448; *Wiebe*, GRUR 1994, 233, 238.
[458] *Prasch*, CR 1987, 337, 343; *Tauchert*, GRUR 1997, 149, 155; *ders.*, Mitt. 1999, 248; *Milbradt*, K&R 2002, 522, 523; *Nack*, GRUR Int. 2000, 853, 858.
[459] *Engel*, GRUR 1993, 196, 198; *von Hellfeld*, Mitt. 1986, 191, 194; *Kolle*, GRUR 1977, 74; *Lutterbeck/Gering/Horns*, S. 34, 132; *Beyer*, GRUR 1990, 409, 411 f.
[460] siehe *Busche*, Mitt. 2000, 164; *Tauchert*, GRUR 1999, 829.
[461] *Ochmann*, S. 761; *Busche*, Mitt. 2000, 171; *Mellulis*, GRUR 1998, 843, 845; Benkard-Bruchhausen, PatG, § 1 Rn. 95; a.A. *Schar*, Mitt. 1998, 323 f.
[462] *Beyer*, GRUR 1990, 399; *Gall*, Mitt. 181, 185; *Kraßer*, in: Lehmann, Rechtsschutz und Verwertung, Rn. 104.

aufgrund der stetigen technischen Fortentwicklung auch Materie, Energie und Information[463] in den Kreis der Naturkräfte aufgenommen werden. Dies führt zur Annahme, dass Computerprogramme ohne weiteres technische Mittel darstellen.

In jüngster Zeit mehren sich die Auffassungen, dass alle Computerprogramme technisch seien, weil sie Schaltvorgänge in einer Datenverarbeitungsanlage steuerten.[464] Die Patentfähigkeit programmimplementierter Erfindungen ist dann abhängig von den weiteren Schutzvoraussetzungen, insbesondere von dem Kriterium der Neuheit und dem Erfordernis der erfinderischen Tätigkeit.[465] Allerdings wird in diesen Fällen die Annahme der Patentfähigkeit insofern eingeschränkt, als die Technizität nur dann angenommen werden soll, wenn die Programme ausschließlich auf die steuernden Schaltvorgänge gerichtet seien und diese den mit dem Programm in erster Linie angestrebten spezifischen Erfolg bilden.[466]

Bei einer fallgruppenorientierten Betrachtung ist schließlich festzustellen, dass in der Literatur Computerprogramme im Bereich der Steuerungs- und Regelungstechnik als die „technischen Programme" schlechthin angesehen werden und im Übrigen die Patentfähigkeit von Betriebssystemen allgemein anerkannt ist.[467] Einigkeit besteht weiterhin darüber, dass eine reine Geschäftsmethode nicht als Erfindung gelten kann. Ferner ist weitestgehend anerkannt, dass ein eine Geschäftsmethode beinhaltendes Computerprogramm patentfähig ist, solange sich dieses nicht in der bloßen Implementierung erschöpft und der Anspruch auf eine Vorrichtung gerichtet ist.[468]

E. Konklusion: Patentfähigkeit programmimplementierter Geschäftsmethoden im deutschen und europäischen Recht

Betrachtet man die zuvor gewonnenen Erkenntnisse, so zeigt sich ein weitgehend einheitliches Bild, da differenzierende Betrachtungsweisen in der jüngsten Entwicklung der Rechtsprechung zugunsten einer umfassenden Übereinstimmung aufgegeben worden sind.

---

[463] *Beyer*, FS 25. Jahre BPatG, S. 189 ff.; *Wiebe*, GRUR 1994, 233; *von Raden*, GRUR 1995, 451.
[464] *Anders*, GRUR 1990, 498; *Ernsthaler*, DB 1990, 209 *Engel*, GRUR 1993, 194; *Schmittchen*, Mitt. 1999, 281, 284; *Eichmann*, GRUR 2000, 751, 756.
[465] Siehe dazu unter Kap. 3 § 2.
[466] *Kraßer*, in: Lehmann, Rechtsschutz und Verwertung, S. 269 f.
[467] *Anders*, GRUR 1990, 498; *Beyer*, GRUR 1990, 399; *Kindermann*, CR 1992, 658; *Prasch*, CR 1987, 377, 343; *Kolle*, GRUR 1982, 443; *Inselin*, S.99; *Engel*, GRUR 1978, 201.
[468] Vgl. *Anders*, GRUR 2001, 555, 558; *Ohly*, CR 2001, 809, 811.

So wird konvergierend davon ausgegangen, dass nur technische Erfindungen patentierbar sind. Das Erfordernis der Technizität ist folglich das maßgebliche Beurteilungskriterium für die Beurteilung der Patentfähigkeit programmimplementierter Erfindungen. Ist im deutschen Recht das planmäßige Handeln unter Einsatz von Naturkräften entscheidend, verzichtet das EPA auf eine allgemeine Definition des Technikbegriffs und entscheidet im Einzelfall eher nach praktischen Gesichtspunkten, wobei z.B. die Einwirkung auf physikalische Erscheinungen als Kennzeichen für das Vorliegen einer technischen Lehre gewertet wird.

Computerprogramme, die als Verfahren beansprucht werden, sind im kontinentaleuropäischen Raum dann patentfähig, wenn sie „technisch" sind. Dies gilt nicht nur für mathematische Algorithmen, sondern für jede Art von Schrittfolgen zur Steuerung und Beeinflussung der Arbeitsweise einer Vorrichtung, die mittels eines Computers als sogenannte „programmbezogene Erfindung" ausgeführt werden. Die verlangte Technizität kann sich dabei aus der zu lösenden Aufgabe, den eingesetzten Mitteln als Problemlösung sowie im zu erzielenden Ergebnis ergeben.[469] Es reichen auch im Vorfeld der Innovation angestellte „technische Überlegungen" aus. Entscheidend ist, dass diese Ansprüche eine gewisse „Eigenheit" (Deutschland) aufweisen bzw. einen „weiteren technischen Effekt" (Europa) erzielen und der Lösung eines konkreten technischen Problems dienen. Rein als Verfahren beanspruchte Computerprogramme sind nicht patentfähig.

Wird das Computerprogramm als Vorrichtung beansprucht, so sind die Anforderungen an die Technizität geringer. Nach geltender Rechtsprechung werden in diesen Fällen „programmtechnisch eingerichtete Vorrichtungen" beansprucht, die tendenziell stets als patentfähig anzusehen sind – soweit sie die weiteren Schutzvoraussetzungen erfüllen.

Als grundsätzlich nicht-patentfähig wird ein Computerprogramm angesehen, das von einer Datenverarbeitungsanlage lediglich bestimmungsgemäßen Gebrauch macht. Die reine Implementierung eines wie auch immer gearteten Vorgangs in eine zur Technik gehörende Maschine vermag die Patentfähigkeit nicht zu begründen. Sie wird weder eine gewisse „Eigenheit" aufwerfen noch einen „weiteren technischen Effekt" erzielen.

Für programmimplementierte Geschäftsmethoden heißt dies im Ergebnis: Die reine Umsetzung mittels eines Computerprogramms reicht jedenfalls derzeit nicht aus, ihre Patentfähigkeit zu begründen. Auch sind sie nicht als reine Verfahren beanspruchbar. Die Technizität muss sich aus anderen Gründen ergeben. Derartige

---

[469] *Busche*, 2001, 55, 56; *Röttinger*, CR 2002, 616, 617 f.

Methoden sind lediglich dann patentfähig, wenn sie mittels eines an sich „technischen" Programms umgesetzt werden. Dieses Programm muss also einen „weiteren technischen Effekt" erzielen oder eine gewisse „Eigenheit" besitzen und der Lösung eines konkreten technischen Problems dienen.

Darüber hinaus hat die Analyse der Rechtsprechung gezeigt, dass nur sehr spezifische Technologien, namentlich die klassischen Felder zum Bereich der Technik gezählt werden. Waren zunächst Erfindungen aus dem Bereich des Maschinenbaus als patentfähig anerkannt worden, wurde dies später die Gebiete der Chemie, Biologie, Ingenieurwissenschaft und Elektrotechnik ausgedehnt. Die Bereiche der Betriebswirtschaft oder auch der Sprach- und Finanzwissenschaft zählen weder zum klassisch technischen Bereich noch sind sie geeignet, technische Felder zu substituieren.

Im Hinblick auf die Ausgangsfrage, ob der Untersuchungsgegenstand als „Computerprogramm als solches" einzuordnen ist und aus diesem Grund nicht als Erfindung im Sinne von § 1 Absatz 2 PatG bzw. Art. 52 Absatz 3 EPÜ gelten kann, ist damit festzuhalten: Als „Nichterfindung" im Sinne dieser Vorschriften gilt die programmimplementierte Geschäftemethode allein dann, wenn das Computerprogramm nicht in der Lage ist, einen „weiteren technischen Effekt" zu erzeugen oder keine „Eigenheit" besitzt, keine technische Lösung eines technischen Problems liefert und lediglich als reines Verfahren beansprucht wird. In allen anderen Fällen dürfte die Technizität gegeben und damit die Patentfähigkeit zu bejahen sein.[470]

Soweit dagegen unter den Vorzeichen einer den Technikbegriff erweiternden Betrachtung die Technizität nicht in Frage gestellt wird, sie also bereits bejaht wird, wenn in einen Patentanspruch zumindest auch Wirkungen auf physikalische Schaltvorgänge im Computer beschrieben wird, werden Überlegungen zur Technizität von programmimplementierten Geschäftsmethoden entbehrlich. Computerprogramme wären uneingeschränkt patentfähig. Besonders eindrucksvoll formulierte dies *Ohly*[471]: „Computer sind technische Geräte, Programme steuern technische Geräte, daher sind Programme ihrer Natur nach technisch." Die Diskussion um die Technizität würde sich jedoch auf die Ebene der Patentvoraussetzungen, insbesondere auf das Erfordernis der Neuheit verlagern. Damit ist das Problem aber weder gelöst noch sind im Zweifel andere Ergebnisse zu erwarten;[472] die Verlagerung auf die Patentvoraussetzungen hätte nämlich nicht

---

[470] Dieses Ergebnis steht auch im Einklang mit den Prüfungsrichtlinien des DPMA sowie mit denen des EPA, vgl. dazu *Haase, S.* 182 f., 232 ff.
[471] *Ohly*, CR 2001, 809, 812.
[472] So auch *Haase*, S. 288.

zur Folge, dass die bislang als nicht-technisch geltenden Programme patentierbar würden. Dies ist darauf zurückzuführen, dass sich – wie festzustellen sein wird – das Technizitätserfordernis wie ein roter Faden auch durch die weiteren Voraussetzungen der Patentierbarkeit zieht. Die programmimplementierte Geschäftsmethode muss daher stets technisch sein.

§ 2 Patentrechtliche Schutzvoraussetzungen

Die Regelungen, die im Folgenden zu betrachten sind, betreffen überwiegend die Benutzbarkeit einer Erfindung. Die Erfindung muss neu sein, auf erfinderischer Tätigkeit beruhen und im gewerblichen Gebiet anwendbar sein.

Nach dem oben Gesagten kann bereits an dieser Stelle festgestellt werden, dass die Patentierbarkeit einer programmimplementierten Geschäftsmethode umso mehr von diesen Kriterien abhängt, je eher davon ausgegangen wird, dass bereits der Einsatz eines Computers ausreicht, um die Technizität zu bejahen und infolgedessen die Patentfähigkeit ohne weiteres angenommen wird. Mit der Senkung der Anforderungen an den Nachweis der Technizität verlagert sich die Prüfung der Patentierbarkeit also zunehmend auf die im Folgenden dargestellten Patentierungsvoraussetzungen.

A. Das Neuheitskriterium nach deutschem und europäischem Patentrecht

Dieser erste Abschnitt ist der Frage gewidmet, wann eine programmimplementierte Geschäftsmethode neu ist. Zunächst soll daher in allgemeiner Form auf das Neuheitskriterium eingegangen werden, um dann konkret die auf den Untersuchungsgegenstand bezogenen Aspekte aufzugreifen.

Erfindungen müssen grundsätzlich neu sein. Dies folgt aus dem dem Patentrecht immanenten Grundsatz, dass die Gewährung eines Patents nur dann erfolgen soll, wenn dem bereits vorhandenen Wissen etwas hinzugefügt wird. All das, das bereits zur Verfügung gestanden hat, darf nicht der Verfügung einzelner unterworfen („monopolisiert") werden. Das Patentrecht will nicht subjektive Anstrengungen honorieren, sondern ein objektiv wertvolles Ergebnis belohnen.[473]

---

[473] Vgl. *Bernhardt/Kraßer*, S. 152.

I. Der Begriff der Neuheit

Der Begriff der Neuheit ist im Sinne einer absoluten Neuheit[474] zu verstehen[475] und stellt ein „künstliches" Begriffsgebilde dar, das gewisse Rahmenbedingungen für die Patentierbarkeit von Erfindungen festlegt.[476] Als Rahmenbedingung dient insbesondere der Stand der Technik, in dem durch eine Negativabgrenzung die patentrechtliche Neuheit fingiert wird.[477] Es bedarf daher keiner präzisen Definition des Begriffes Neuheit, sondern lediglich des Bereiches der Technik, der zum Stand der Technik im Sinne des § 3 PatG bzw. Art. 54 EPÜ gezählt wird.

Zweck des Kriteriums der Neuheit ist, alles was ohne Zutun der Erfindung bereits bestand oder aus verfügbarem Wissen im Laufe routinemäßiger Anwendung entstehen konnte, von Ausschlussfristen frei zu halten.[478] Es soll verhindert werden, dass der Allgemeinheit bereits öffentlich zugängliches Wissen genommen wird. Die Prüfung der Neuheit einer Erfindung erfolgt anhand einer Identitätsprüfung[479] in Form eines 1:1 Vergleichs. Sie erfordert einen Abgleich zwischen dem Stand der Technik einerseits und dem Gegenstand einer Erfindung andererseits.[480] Da die Innovation mit allen Merkmalen über den Stand der Technik hinausgehen muss, dürfen keine vorbekannten Lehren oder Dokumente kombiniert werden, um eine Erfindung entstehen zu lassen.

---

[474] Ebenso wie das deutsche hat das europäische Patentrecht die absolute Neuheit als Kriterium für die Abgrenzung zum Stand der Technik gewählt, zum einen aufgrund der bereits von einigen Mitgliedstaaten (beispielsweise Deutschland, Frankreich, Italien) angewandten absoluten Neuheit und zum anderen in der Bestrebung, ein möglichst starkes unangreifbares Bündelpatent zu schaffen; vgl. dazu *Singer/Stauder,* EPÜ, Art. 54, Rn. 1.
[475] *Bernhardt/Kraßer,* § 17 I Nr. 1, S. 151.
[476] *Bernhardt/Kraßer* § 17 I Nr. 1, S. 151.
[477] Das Kriterium der Neuheit ist in § 3 Abs. 1 PatG bzw. Art. 54 Absatz 1 EPÜ definiert. Danach „gilt" im Sinne einer gesetzlichen Fiktion eine Erfindung dann als neu, wenn sie nicht zum Stand der Technik gehört. (Als Gesetzesbegriff wurde der Ausdruck „Stand der Technik" – im Einklang mit dem EPÜ – erst durch das IntPatÜG in das deutsche Recht eingeführt).
[478] *Bernhardt/Kraßer,* § 16 I Nr. 2, S. 140.
[479] *Blum,* S. 67 m.w.N.
[480] In Fällen der Identität zwischen dem Gegenstand der Erfindung und dem Stand der Technik lässt sich die Frage nach der Neuheit der Erfindung relativ einfach beantworten. Lässt sich indessen der Gegenstand einer Erfindung zwar nicht in identischer Form im Stand der Technik nachweisen, ist aber im Stand der Technik der Kern der Erfindung in einer Art und Weise vorbeschrieben, dass der Gegenstand der Erfindung in den wesentlichen Merkmalen vollinhaltlich vorweggenommen ist, ist eine wertende Prüfung erforderlich. Soweit die Frage der Neuheit vor dem Hintergrund des Standes der Technik eine Wertung des Standes der Technik voraussetzt, kommt es auf die Sichtweise eines Durchschnittsfachmanns auf dem betreffenden Gebiet an, vgl. BPatG, GRUR 1998, 659, 669 – *Kinematische Umkehr;* BGH, GRUR 1964, 669 – *Abtastnadel.*

Nach § 3 Abs. 1 Satz 2 PatG bzw. Art. 54 Absatz 2 EPÜ umfasst der Stand der Technik alle Kenntnisse, die vor dem für den Zeitrang der Anmeldung maßgeblichen Tag der Öffentlichkeit zugänglich gemacht wurden.[481] Dabei ist das „Zugänglichsein" unabhängig vom wo und wie, d.h., es kann durch mündliche oder schriftliche Beschreibung, durch Verwendung oder in anderer Weise geschehen.[482] Zum Stand der Technik gehört darüber hinaus kraft unwiderleglicher Vermutung[483] auch der Inhalt älterer Patentanmeldungen, von denen die Öffentlichkeit erst nach dem maßgeblichen Datum Kenntnis nehmen konnte, § 3 Absatz 2 PatG bzw. Art. 54 Absatz 3 EPÜ. Damit soll vermieden werden, dass Erfindungen doppelten Schutz erhalten.[484]

Anzumerken ist weiter, dass der Verwendungs- und Anwendungsbereich des Gegenstandes der Erfindung für die Beurteilung der Neuheit eines Erzeugnisses unerheblich ist. Maßgeblich ist ausschließlich die Ausgestaltung des Gegenstandes im Schutzanspruch anhand von Elementen, die gegenüber dem Stand der Technik abzugrenzen sind.[485] Mittels des Hinweises auf das Einsatzfeld soll dem Fachmann lediglich die Lehre vermittelt werden. Die Zweck und Verwendungsangaben dienen daher zwar der Erleichterung bei der Rechtsdurchsetzung und der Rechtswahrung, materiell-rechtlich kommt ihnen jedoch keine Bedeutung zu.[486]

II. Die Neuheit programmimplementierter Geschäftsmethoden

Programmimplementierte Geschäftsmethoden können nach dem Gesagten nur dann neu sein, wenn sie aus Elementen bestehen, die der Öffentlichkeit noch nicht zugänglich gemacht wurden. Dabei zählt all das zum Stand der Technik, welches ein Fachmann dem bereits veröffentlichten Quellcode eines Computerprogramms entnehmen konnte.

Wird ein bekanntes Problem nunmehr mittels Software umgesetzt,[487] so muss entschieden werden, ob die Lösung des Problems mittels Software vorbekannt ist, sich also aus dem Stand der Technik ergibt. Die Neuheit wird in der Regel zu

---

[481] *Schulte,* § 3 Rn. 17.
[482] *Straus,* GRUR Int. 1994, 89, 92.
[483] Vgl. *Hubmann,* S. 93.
[484] Doppelpatentierungen sind aber dadurch nicht vollkommen ausgeschlossen, vgl. eingehend zu dieser Frage *Bernhardt/Kraßer,* S. 158 f.
[485] So bereits RG GRUR 1941, 465, 468; BGH, GRUR 1980, 283 – *Terephthalsäure;* BGH, GRUR 1984, 797 – *Zinkenkreisel.*
[486] Vgl. BGH, GRUR 1977, 212 – *Piperazioalkylpyrazole.* Dennoch wird durch die Verwendungs- und Zweckangabe weder der Schutzbereich eingeschränkt noch die Anwendungsmöglichkeit in den Gegenstand des Patents einbezogen, vgl. BGH, GRUR 1979, 149 – *Schießbolzen.*
[487] Beispiel nach BPatG, GRUR 1989, 42, 44 – *Rollladensteuerung.*

bejahen sein, wenn die Erfindung in einer neuartigen Programmierlösung besteht.[488]

Betrachtet man die Geschäftsmethode und das sie beinhaltende Computerprogramm differenziert, so kommen drei Konstellationen in Betracht, deren Neuheit es zu beurteilen gilt: unbekannte Methode/unbekanntes Programm, bekannte Methode/unbekanntes Programm und unbekannte Methode/bekanntes Programm. Von diesen drei Konstellationen erfüllt die Letztgenannte das Kriterium der Neuheit nicht, denn eine neue Geschäftsmethode wird lediglich altbekannt programmtechnisch umgesetzt. Das Kriterium der Neuheit wird hier nicht erfüllt, weil die die Neuheit begründenden Aspekte technischer Natur sein müssen. Sollen allein solche Erfindungen patentfähig sein, die sich den klassischen Bereichen der Technik zuordnen lassen, so muss sich konsequenter Weise auch die Neuheit auf diesen Bereich beziehen. Maßgeblich ist dabei der jeweilige oben genannte Technikbegriff.[489] Eine nicht vorbekannte Geschäftsmethode liefert indes nichts, was über den Stand der Technik hinaus gehen könnte. Sie wird zumeist den Bereich der Betriebswirtschaft oder der Sprach- und Finanzwissenschaft betreffen, Gebiete also, die von den bekannten klassischen Technikbereichen ausgeschlossen sind.

Darüber hinaus wird das Kriterium der Neuheit nicht erfüllt sein, wenn eine bereits bekannte Geschäftsmethode in ein bekanntes Computerprogramm übertragen wird. Auch in diesen Fällen geht die programmtechnische Umsetzung nicht über den Stand der Technik hinaus.

III. Ergebnis

Im Ergebnis heißt dies, dass eine programmimplementierte Geschäftsmethode allein dann neu sein kann, wenn ihre programmtechnische Umsetzung sich vom Stand der Technik abhebt, also Elemente enthält, die nicht vorbekannt sind. Allerdings ist anzumerken, dass insbesondere bei Patenten auf Geschäftsmethoden die Ermittlung des relevanten Standes der Technik häufig schwierig ist.[490] Dies ist darauf zurückzuführen, dass Geschäftsmethoden nicht wie andere Forschungsergebnisse oder Produktinnovationen in Publikationen veröffentlicht werden. Es fehlt diesbezüglich an einem kategorisierten druckschriftlichen Stand der Technik und darüber hinaus an Prüfern, die mit den entsprechenden Feldern vertraut sind.[491]

---

[488] Vgl. EPA T 931/95, CRI 2001, 18, 20; dazu *Sedlmaier/Glaser* CRI 2001, 20, 22.
[489] Kap. 3 § 1 D II 1. b); Kap. 3 § 1 D III 1. b); Kap. 3 § 1 D IV 1 b).
[490] *V. Raden,* GRUR 1995, 451, 454; *Horns,* GRUR 2001, 1, 13.
[491] *Bender,* CRi 2001, 65, 65.

B. Das Kriterium der erfinderischen Tätigkeit nach deutschem und europäischem Recht

Konnte die Frage nach der Neuheit programmimplementierter Erfindungen noch relativ einfach beantwortet werden, so ist die Frage nach der Erfüllung des Kriteriums der erfinderischen Tätigkeit weitaus schwieriger zu beantworten: Kann eine an sich nicht-technische Vorgehensweise (betriebswirtschaftliches Verfahren), die mit naheliegenden technischen Mitteln (hier einem Universalcomputer) implementiert wird, die erfinderische Tätigkeit begründen? Es soll daher zunächst in allgemeiner Form diese bedeutsame Hürde erläutert werden, die einer Erfindung auf dem Weg zu ihrer Patentierung entgegenstehen kann.

I. Der Begriff der erfinderischen Tätigkeit

Wurde festgestellt, dass das Neuheitserfordernis solche Innovationen vom Patentschutz ausschließt, die dem Stand der Technik identisch vorweggenommen sind, so engt das Erfordernis der erfinderischen Tätigkeit den Schutz weiter ein. Es setzt zur Gewährung des Patentschutzes voraus, dass sich die Erfindung in signifikanter Weise vom Stand der Technik abhebt.[492]

Der Grund dieser weiteren Hürde auf dem Weg zur Erlangung eines Patents liegt darin, dass die Technik kein statisches System ist, sondern dass sie sich kontinuierlich weiterentwickelt, wobei kleinere Abwandlungen und Verbesserungen zu dieser normalen Entwicklung gehören.[493] Um die freie Benutzbarkeit der aus der Alltagspraxis erwachsenden Abwandlungen des Standes der Technik nicht zu gefährden,[494] soll eine Zone normalen Fortschritts von Patenten freigehalten werden.[495]

Das Erfordernis der erfinderischen Tätigkeit findet sich in § 1 Ansatz 1 PatG bzw. Art. 52 Absatz 1 EPÜ, wobei § 4 PatG bzw. Art 56 EPÜ den Begriff näher definieren. Danach hängt die Beurteilung von drei Kriterien ab: dem Stand der Technik[496], dem Fachmann und dem Naheliegen, denn die Neuerung darf sich für

---

[492] Ebenso *Lutter*, § 1, S. 47; *Kumm*, GRUR 1964, 236, 244.
[493] *Bernhardt/Kraßer*, S. 163.
[494] *Bernhardt/Kraßer*, S. 163; *Ochmann*, GRUR 1985, 941, 942.
[495] *Bernhardt/Kraßer*, § 18 I 1; *Schulte*, § 4 Rn. 4a m.w.N.; *Singer/Stauder*, EPÜ, Art. 56 Rn. 1 und 2.
[496] § 4 PatG und Art. 56 EPÜ verwenden den Begriff „Stand der Technik", den § 3 Abs. 1 Satz 2 PatG und Art. 54 Abs. 2 EPÜ definieren. Für die Prüfung auf Neuheit und erfinderische Tätigkeit ist daher der gleiche Stand der Technik zugrunde zu legen, vgl. BGH, GRUR 1969, 271 – *Zugseilführung;* RG GRUR 1941, 465; EPA-RL C IV 9.2. Nur die älteren Anmeldungen, die nach § 3 Abs. 1 Satz 2 und Art. 54 Abs. 3 EPÜ bei der Neuheitsprüfung als Stand der Technik

den Fachmann nicht in naheliegender Weise aus dem Stand der Technik ergeben.[497]

Bei der Prüfung auf erfinderische Tätigkeit sind dabei an erster Stelle die Unterschiede zwischen der Erfindung und dem Stand der Technik zu überprüfen. Erst an zweiter Stelle kommt der Durchschnittsfachmann ins Spiel, mittels seiner Person soll der Maßstab für die Größe des Abstandes gewonnen werden. Dabei indizieren die Überwindung eines technischen Vorurteils, Befriedigung eines lange bestehenden Bedürfnisses, langdauernde vergebliche Bemühungen von Fachleuten, erheblicher technischer Fortschritt[498] und wirtschaftlicher Erfolg[499] den zu beweisenden Abstand.

Es zeigt sich, dass dem Fachmann bei der Beurteilung der erfinderischen Tätigkeit entscheidende Bedeutung zukommt. Er trifft nämlich die Entscheidung, wenn es darum geht, das Erfordernis der erfinderischen Tätigkeit als unbestimmten Rechtsbegriff auszufüllen.[500] Dabei ist das Erfordernis der erfinderischen Tätigkeit ein objektives Kriterium. Nicht berücksichtigt wird, was der Erfinder getan hat, weder das Maß seiner persönlichen Anstrengung noch der Nachweis eines „Geistesblitzes". Ob eine Tätigkeit eine erfinderische ist, wird allein nach dem Ergebnis und nicht nach ihrem Verlauf beurteilt.[501]

Die Heranziehung einer Person deren Wissen und Können sich nach dem technischen Gebiet der jeweiligen Erfindung (Fachmann) richtet, resultiert aus dem Prüfungsmaßstab. Maßstab ist der Unterschied zum vorveröffentlichen Stand der Technik, also die Messung des Abstandes einer Erfindung zum Stand der Technik. Alles was diesem Fachmann aufgrund seiner Kenntnisse und Fähigkeiten nahe liegt, kann nicht erfinderisch sein. Er dient also der Abgrenzung der schutzwürdigen Erfindung von der bloß technischen Weiterentwicklung.[502]

---

berücksichtigt werden, werden gemäß § 4 Satz 5 PatG und Art. 56 Satz 5 EPÜ bei der Prüfung auf erfinderische Tätigkeit nicht berücksichtigt.
[497] Die Beurteilung, ob die Erfindung auf erfinderischer Tätigkeit beruht, hängt also vom Durchschnittsfachmann ab, sie ist ein Akt wertender Entscheidung, BGH, GRUR 1995, 330 – *Steckverbindung*.
[498] Es ist kritisiert worden, dass dem durch die Erfindung bewirkten Fortschritt keine bedeutende Stellung zugewiesen wird; vgl. *Pagenberg*, 9 IIC 121, 132 (1978).
[499] Benkard-Bruchhausen, PatG, § 3, Rn. 14 ff., *Pagenberg*, MüGK, Art. 56 Rn. 77 ff.
[500] T 554/98 EPOR 2000, 475 (Nr. 6).
[501] *Bernhardt/Kraßer*, S. 165.
[502] vgl. dazu *Dreiss*, GRUR 1994, 781; *Pagenberg*, MüGK, 5. Lieferung, Art. 56 Rn. 22 – 28; *Ochmann*, GRUR 1985, 944; *Ritscher/Ritscher*, in: FS Patentgesetz, S. 263.

Die Bestimmung des relevanten Fachmanns ist nicht immer einfach, insbesondere dann nicht, wenn es sich um eine Erfindung auf einem Spezialgebiet handelt oder mehrere technische Bereich betroffen sind. Einigkeit herrscht jedoch insoweit, als grundsätzlich auf den Durchschnittsfachmann, nicht auf den herausragenden Spezialisten abzustellen ist.[503]

Die Figur des Durchschnittsfachmanns ist eine gedankliche Hilfsfigur, bei der nicht die Kenntnis des gesamten Standes der Technik im Sinne der Neuheitsfiktion als Wissen vorausgesetzt wird. Ausreichend ist, wenn der Fachmann über fundierte Kenntnisse und Fähigkeiten, über eine gute Ausbildung sowie ausreichende Erfahrung verfügt und so für den in Frage stehenden Fachbereich gut gerüstet ist.[504] Die Kriterien, nach denen das Fachgebiet zu bestimmen ist, bzw. das konkrete fachliche Wissen und Können des Fachmannes zu beurteilen ist, werden in Rechtsprechung und Literatur selten thematisiert. So werden in Entscheidungen Fachmänner benannt, die jedenfalls keinem gängigen Berufsbild entsprechen, wie beispielsweise ein „Glühlampentechniker" für die Beurteilung eines bestimmen Halterungssystems für Glühbirnen oder ein „Getränkefachmann" für ein Verfahren zum Pasteurisieren und sterilen Abfüllen von Bier. Auf der anderen Seite wird teilweise keine nähere Konkretisierung vorgenommen und allein vom „Fachmann" gesprochen.[505] Unstreitig ist der Kenntnisrahmen für den Durchschnittsfachmann nicht nur auf eine einzelne fiktive „Person" beschränkt, sondern kann sich auch auf eine Gruppe von Fachleuten beziehen. Der Einsatz eines solchen Teams ist dann erforderlich, wenn es einen technischen Komplex zu beurteilen gilt, bei dem verschiedene Fachgebiete durch eine gedankliche Brücke miteinander verbunden sind. Dies folgt aus der Definition des Fachmanns. Er soll sich auf seinem Gebiet gut auskennen, muss jedoch nicht über Wissen auf anderen Sachgebieten verfügen; andernfalls würde man sich eines „allwissenden Durchschnittfachmanns" bedienen.[506]

Im Ergebnis genügen also allein diejenigen Erfindungen dem Kriterium der erfinderischen Tätigkeit, die über eine normale technische Weiterentwicklung hinausgehen.

---

[503] *Bernhardt/Kraßer*, S. 165.
[504] Benkard-*Bruchhausen*, PatG, § 4 Rn. 10.
[505] Vgl. *Klett*, GRUR 2001, 549, 553 m.w.N.
[506] Vgl. *von Falck*, Mitt. 1969, 252; *Papke*, GRUR 1980, 147.

II. Die erfinderische Tätigkeit bei programmimplementierten Geschäftsmethoden

Problematisch bei der Beurteilung der erfinderischen Tätigkeit im Hinblick auf den Untersuchungsgegenstand erweist sich, dass bei programmimplementierten Geschäftsmethoden lediglich bestimmungsgemäßer Gebrauch von einem herkömmlichen Computer gemacht wird und die eigentliche schöpferische Leistung im Bereich des Geschäftskonzeptes liegt.[507] Es stellen sich daher zwei Fragen: Wann ist eine programmimplementierte Geschäftsmethode erfinderisch und welche Anforderungen sind an einen „Durchschnittsfachmann" zu stellen?

Soweit es um die Frage nach erfinderischer Tätigkeit geht, ist zu untersuchen, ob die bloße Umsetzung konventioneller vorbekannter Transaktionsprozesse im Internet als erfinderisch zu qualifizieren ist. Hilfreich ist hier die Entscheidung *Steuerung eines Pensionssystems/PBS PARTNERSHIP*.[508] Ihr ist die Aussage zu entnehmen, dass lediglich die Automatisierung eines bekannten Verfahrens mit Hilfe einer bekannten Technik dem Fachmann immer nahe liegt. Würden die technischen Merkmale der beanspruchten Erfindung durch eben die Schritte der Informationsverarbeitung funktionell definiert, die zum Wissensstand des Fachmanns gehören, und sei die Anwendung von Computersystemen im Bereich der Wirtschaft am Prioritätstag der Anmeldung bereits allgemein üblich, müsse dem beanspruchten Gegenstand eine erfinderische Tätigkeit abgesprochen werden.[509] Die Automatisierung bzw. die Implementierung zählt in diesen Fällen bereits zum Stand der Technik und kann infolgedessen nicht als über die normale Weiterentwicklung hinausgehend angesehen werden. Aus diesem Grund wird allein eine automatische Transformation oder Implementierung einer Geschäftsmethode ebenso wenig ausreichen, die erfinderische Tätigkeit zu begründen, wie die Umsetzung einer bislang unbekannten Geschäftsmethode mit bekannten Mitteln.

Gleichwohl wird in den Fällen, in denen die Umsetzung einer konventionellen Geschäftsmethode den Einsatz einer neuen technischen Konfiguration im Rechnerbereich verlangt, das Kriterium der erfinderischen Tätigkeit in der Regel erfüllt sein. Wird also eine bekannte Geschäftsmethode in einer bislang unbekannten technischen Art und Weise umgesetzt, die dem Stand der Technik vorwegge-

---

[507] *Anders,* GRUR 2001, 555, 559.
[508] EPA, GRUR 2001, 18, 20 – *Steuerung eines Pensionssystems/PBS PARTNERSHIP.*
[509] EPA, CRi 2001, 18, 20; siehe auch Report on Comparative Study carried out under Trilateral Project B3b, Trilateral technical Meeting June 14 –16, 2000, Consensus Sumary, http://www.european-patentoffice.org/tws/b3b_start-page.htm, abgerufen am 17. April 2002; *Nack,* GRUR Int. 2000, 853, 858.

nommen ist, so kann die programmimplementierte Geschäftsmethode auf erfinderischer Tätigkeit beruhen. Gleiches gilt für eine bislang unbekannte Geschäftmethode, die mit dem Stand der Technik vorweggenommenen Mitteln umgesetzt wird.

Soweit es um die Frage nach dem Durchschnittsfachmann geht, ist eine Entscheidung zwischen dem Techniker, also dem Programmierer, und einem Ökonom, respektive einem Sprachwissenschaftler, zu treffen. Hat der BGH in einigen exemplarisch anzuführenden Entscheidungen[510] statuiert, dass die durch gesamtheitliche Betrachtung ermittelte Leistung auf technischem Gebiet liegen müsse, so kann dieser Aussage im Umkehrschluss entnommen werden, dass auch die erfinderische Leistung das Gebiet der Technik betreffen muss. Wenn allein Leistungen auf dem Gebiet der Technik die erfinderische Tätigkeit begründen können, dann muss zwangsläufig der Fachmann aus besagtem Gebiet stammen. Der Fachmann muss aus diesem Grund ein Techniker sein, der bezogen auf den Bereich der programmimplementierten Erfindungen aus dem Bereich der Softwareentwicklung/-programmierung stammt. Dies wird durch die Auffassung des BGH gestützt, dass der wirtschaftliche Erfolg eines Produktes nur insoweit als Indiz für eine erfinderische Tätigkeit herangezogen werden könne, als er auf technischen Ursachen beruhe. Die Überwindung eines wirtschaftlichen Vorurteils (beispielsweise mittels einer Geschäftsmethode) vermöge die erfinderische Tätigkeit nicht zu begründen.[511]

Während der BGH das Vorliegen erfinderischer Tätigkeit damit von der Beurteilung eines technisch versierten Fachmannes abhängig macht, ging das Bundespatentgericht noch in seiner Entscheidung *automatische Absatzsteuerung*[512] davon aus, dass auch ein Ökonom bzw. Sprachwissenschaftler die Beurteilung auf erfinderische Tätigkeit vornehmen dürfe und Personen gleicher Profession Fachmänner im Sinne des Patentgesetzes sein könnten.[513] Das BPatG stellte also für die Frage,

---

[510] BGH, MDR 1987, 668 – *Mauerkasten;* BGH, GRUR 1990, 594 f. – *Computerträger;* BGH, MDR 1991, 432 = GRUR 1991, 120 f. – *Elastische Bandage*.
[511] BGH, GRUR 1994, 36 – *Messventil*.
[512] BPatG, GRUR 1999, 1078 ff. – *Automatische Absatzsteuerung*.
[513] In dieser Entscheidung ging es um ein Programm, das automatisch den Produktabsatz erfassen und in Abhängigkeit von diesen Daten einen angemessenen Preis ausrechnen konnte. In dem Urteil hieß es: „Das Verfahren war jedoch ... dem Fachmann nahegelegt." Es ergab sich aus dem Können eines Wirtschaftsingenieurs. Das... Verfahren automatisiert Maßnahmen, die der durchschnittliche tüchtige Kaufmann ergreift, um in seinem Geschäft zum Verkauf angebotene, verderbliche Waren innerhalb einer vorgesehenen Zeit abzusetzen. ... Bietet der Kaufmann in seinem Betrieb eine Menge verderblicher Waren, ..., zum Verkauf an, so gehört es aufgrund von Absatzschwankungen zu seinen Obliegenheiten, sich Gedanken darüber zu machen, innerhalb welcher Zeit er eine bestimmte Menge der Waren umsetzt. Hat er innerhalb einer festgesetzten Zeitspanne den erwarteten Umsatz nicht erreicht, so wird er, um nicht letztlich auf seiner Warenmenge sitzen zu

ob eine automatisierte Geschäftsmethode auf erfinderischer Tätigkeit beruht, auf die Fähigkeiten eines Wirtschaftingenieurs ab. Von dieser Auffassung rückte das Gericht jedoch in seiner Entscheidung *Cybercash*[514] ab. Dort führte es aus: „ Das Verfahren nach Patentanspruch (...) beruht jedoch nicht auf einer erfinderischen Tätigkeit. Das beanspruchte Verfahren ergab sich, soweit es unter Berücksichtigung der Gesamtheit der beanspruchten Merkmale technisch ist, am Anmeldetag für den Computerfachmann in nahe liegender Weise aus seinen allgemeinen Fachkenntnissen." Daher dürfte für die Beurteilung der erfinderischen Tätigkeit auch aus der Sicht des BPatG auf den Techniker abzustellen sein. Dies wird unterstrichen durch die Folgerung des BPatG in derselben Entscheidung, dass eine erfinderische Tätigkeit im Sinne von § 1 Absatz 1, 4 PatG nur auf einem technischen Beitrag zum Stand der Technik beruhen könne.[515] Wer sonst außer einem Techniker wäre zur Beurteilung dieses Umstandes in der Lage?

Auch das EPA vertritt die Auffassung, dass die erfinderische Tätigkeit nur in den Fällen zu bejahen ist, in denen eine technische Bereicherung des Standes der Technik erfolgt. So hat eine Beschwerdekammer in der Entscheidung *Steuerung eines Pensionssystems/PBS PARTNERSHIP*[516] zur dort beanspruchten Erfindung ausgeführt, die Erfindung, die mit der angemeldeten Lehre erzielt werden solle, sei im Wesentlichen wirtschaftlicher Art, betreffe also das Gebiet der Betriebswirtschaft und könne daher nichts zur erfinderischen Tätigkeit beitragen. Die erfinderische Tätigkeit müsse aus der Sicht eines Softwareentwicklers oder Anwendungsprogrammierers als einschlägigem Fachmann beurteilt werden, der das Konzept, die Struktur des verbesserten Pensionssystems und die zugrunde liegenden Pläne der Informationsverarbeitung kenne, wie sie in den Verfahrensansprüchen niedergelegt seien.

Im Ergebnis vertreten sowohl BGH, BPatG wie auch die Beschwerdekammern des EPA die Auffassung, dass der zur Beurteilung von programmimplementierten Geschäftsmethoden heranzuziehende Fachmann Techniker, bzw. Informatiker ist.[517]

---

bleiben, den Verkaufspreis dieser Waren ihrem Absatz entsprechend anpassen und mit diesem niedrigeren Verkaufspreis auszeichnen. Diese Art der Absatzförderung entspricht üblichem Geschäftsgebaren und ergibt sich aus der Lebenserfahrung"; Ziffer A I 3 der Urteilsbegründung.
[514] Siehe dazu oben unter Kapitel 3 § 1 D. III. 2 c).
[515] BPatG, CR 2002, 559, 561 – *Cybercash*.
[516] „The assessment of an inventive step has thus to be carried out from the point of views of a software developer or application programmer as the appropriate person skilled in the art, having the knowledge of concept and structure of the improved pension benefit system and of the underlying schemes of information processing."
[517] EPA, CRi, 2001, 18, 20 – *Steuerung eines Pensionssystems/PBS PARTNERSHIP*; BGH, CR 2000, 500 – *Sprachanalyseeinrichtung*; BPatG, CR 2002, 559 ff. - *Cyber-Cash-Verfahren*.

III. Ergebnis

Im Ergebnis stimmen die deutsche und die europäische Rechtsprechung also überein, dass die erfinderische Tätigkeit bzw. Leistung auf dem Gebiet der Technik liegen muss und aus diesem Grunde auch der die besagte Leistung Beurteilende ein Fachmann auf dem Gebiet der Technik sein muss. Mit anderen Worten: Nur durch den Techniker ermittelte technische Weiterentwicklungen des Standes der Technik können erfinderisch sein.

Dies steht im Übrigen im Einklang mit dem Sinn und Zweck des Patentrechts, Leistungen aus dem Gebiet der Technik zu schützen. Lässt man zu, dass die erfinderische Leistung auf einem anderen, als dem technischen Gebiet erbracht werden kann, dann wäre eine Patentierung auch in den Fällen möglich, in denen die zugrundeliegende nicht-technische Idee erfinderisch ist. Damit würde das Patentrecht aber einem grundlegenden Wandel unterzogen.[518] Es würde zum Schutzrecht für geistige Leistungen jeder Art, sofern sie in der technischen Hülle eines Computerprogramms angemeldet werden.

C. Das Kriterium der gewerblichen Anwendbarkeit aus deutscher und europäischer Sicht

Erfindungen, die neu und nicht naheliegend sind, müssen noch eine weitere Hürde nehmen, um in den Genuss des Patentschutzes zu gelangen: Sie müssen gewerblich anwendbar sein.

I. Der Begriff der gewerblichen Anwendbarkeit

Die Funktion und das Gewicht dieses dritten Schutzerfordernisses variieren im Laufe der Patentrechtsgeschichte. So musste das Merkmal der gewerblichen Anwendbarkeit jedenfalls im deutschen Recht einen beachtlichen Bedeutungsverlust hinnehmen, verglichen mit den Vorstellungen des Gesetzgebers von 1877. Dies wurde zum einen durch die tatsächliche Wirtschaftsentwicklung bedingt, die den Bereich des Gewerbes erheblich vergrößerte, zum anderen erfolgte durch die Herausbildung der ungeschriebenen Patentierungsvoraussetzung des „technischen Charakters" eine rechtsdogmatische Gewichtsverschiebung.[519]

---

[518] So auch *Busche*, Mitt. 2001, 49, 57.
[519] *Beier/Crespi/Straus*, S. 14.

Das Erfordernis der gewerblichen Anwendbarkeit, das sich bereits aus § 1 Absatz 1 PatG bzw. Art. 52 Absatz 1 EPÜ ergibt, ersetzt das im früheren deutschen Recht benutzte Kriterium der gewerblichen Verwertbarkeit.[520] Eine Legaldefinition liefern § 5 PatG bzw. Art. 57 EPÜ. Danach gilt eine Erfindung als gewerblich anwendbar, wenn sie auf irgendeinem Gebiet einschließlich dem Gebiet der Landwirtschaft hergestellt oder benutzt werden kann. Da in Rechtsprechung und Literatur Einigkeit darüber besteht, dass das Kriterium extensiv auszulegen ist,[521] sind auch viele nicht-technische Handlungsanweisungen, insbesondere Neuerungen auf kommerziellen Gebiet, als gewerblich anwendbar anzuerkennen.[522]

Besondere Aufmerksamkeit verdient in diesem Zusammenhang die Differenzierung nach Verfahrens- und Erzeugnispatenten. Da der patentrechtliche Gewerbebegriff jegliche Produktionstätigkeit umfasst und somit alle Arten von Erzeugnissen gewerblich herstellbar sind, gilt ein Erzeugnispatent als uneingeschränkt gewerblich anwendbar.[523] Für Verfahrenserfindungen gilt dies, wenn sie die Herstellung von Erzeugnissen zum Gegenstand haben: Das Verfahren ist gewerblich benutzbar, weil sein Erzeugnis in einem Gewerbebetrieb produziert werden kann.[524]

II. Die gewerbliche Anwendbarkeit programmimplementierter Geschäftsmethoden

Das Erfordernis der gewerblichen Anwendbarkeit hat auch für die Frage der Patentierbarkeit von programmimplementierten Geschäftsmethoden bzw. Computerprogrammen eine sehr geringe Bedeutung: Nach § 5 Absatz 1 bzw. Art. 57 EPÜ gilt eine Erfindung, wie festgestellt, dann als gewerblich anwendbar, wenn ihr Gegenstand auf irgendeinem gewerblichen Gebiet einschließlich der Landwirtschaft hergestellt oder benutzt werden kann. Es ist daher kaum eine Erfindung denkbar, die nicht „gewerblich anwendbar" im Sinne des Gesetzes ist.[525] Vor dem Hintergrund, dass jedenfalls die Computerprogramme technische Verwendung finden oder in einem technischen Gewerbebetrieb hergestellt wer-

---

[520] Inwieweit die überkommene deutsche Rechtsprechung auch zur Auslegung der Neufassung herangezogen werden kann, ist umstritten. Siehe dazu: *Pagenberg*, MüGK, Art. 57 Rn. 7, Fn. 14 m.w.N.
[521] Siehe statt aller: Benkard-*Bruchhausen*, PatG, § 5 Rn. 3 f.
[522] Die bedeutsamere Einschränkung des Kreises patentierbarer Leistungen liegt daher im Erfordernis des technischen Charakters.
[523] Benkard-*Bruchhausen*, PatG, § 5 Rn. 5.
[524] Benkard-*Bruchhausen*, PatG, § 5 Rn. 7.
[525] So auch *Kraßer*, in: Lehmann, Rechtsschutz und Verwertung, Rn. 7.

den[526], ist davon auszugehen, dass programmimplementierte Geschäftsmethoden stets gewerblich anwendbar sind.

D. Ergebnis

Eine programmimplementierte Geschäftsmethode gilt als patentierbar, wenn sie neu, gewerblich anwendbar und auf erfinderischer Tätigkeit beruhend ist. Dabei ist festzustellen, dass sich das Erfordernis der Technizität wie ein roter Faden durch die Prüfung der Patentierbarkeit zieht. Nicht nur, dass die Technizität bereits im Rahmen der grundsätzlichen Geeignetheit als Erfindung zu prüfen ist, sie muss sich ebenso in der Neuheit wie in der erfinderischen Tätigkeit niederschlagen.

Infolgedessen ist eine programmimplementierte Geschäftsmethode „neu", wenn sich ihre programmtechnische Umsetzung vom Stand der Technik abhebt, also Elemente enthält, die nicht vorbekannt sind. Sie beruht auf „erfinderischer Tätigkeit", wenn ein „Durchschnittstechniker" festgestellt hat, dass sie den Stand der Technik über das normale Maß hinaus weiterentwickelt. Darüber hinaus muss sie in irgendeiner Form ein gewerbliches Gebiet betreffen, ein Umstand, der in der Regel ohne weitere Prüfung als gegeben vorausgesetzt werden kann.

§ 3 Patentrechtlicher Schutzumfang

Nachdem herausgearbeitet wurde, unter welchen Voraussetzungen eine programmimplementierte Geschäftsmethode patentierbar ist, soll im Folgenden der Schutzumfang des Patentrechts geschildert werden. Es gilt herauszufinden, wie weit der Schutz des Patents reicht. Dabei soll die Darstellung insbesondere helfen, das Bedürfnis nach einem neben dem Urheberrechtschutz stehenden Patentschutz für derartige Methoden zu ermitteln.[527]

Der Schutzumfang des Patentrechts ist gegenständlich, räumlich und zeitlich zu bestimmen. Der gegenständliche Schutzbereich ist durch die Erteilung des Patents vorgegeben, denn das Patent entsteht anders als das Urheberrecht nicht bereits mit der Schöpfung des Werkes, sondern durch einen nationalen oder europäischen Er-

---

[526] BGH, GRUR 1986, 142 – *Glatzenoperation;* für Computerprogramme: *Kraßer,* in: Lehmann, Rechtsschutz und Verwertung, S. 107.
[527] Siehe dazu unter Kap. 6, § 2, B.

teilungsakt.[528] So erlangt derjenige, der eine patentfähige Erfindung macht, lediglich durch diesen Akt ein Recht an ihr, das Erfinderrecht.[529] Dieses Recht umfasst zugleich subjektive Rechte unterschiedlicher Art wie das Erfinderpersönlichkeitsrecht,[530] das Recht auf das Patent,[531] das Recht aus dem Patent[532] und die weiteren aus der Patentanmeldung fließenden Rechte.

Das Recht auf das Patent im Sinne des Anspruchs auf Erteilung des Patents hat indes öffentlich-rechtlichen Charakter. Dieser öffentlich-rechtliche Anspruch auf Patenterteilung, den die Anmeldung begründet, entsteht für den ersten Anmelder, ohne dass das Patentamt seine Berechtigung prüfen würde; das Patent selbst erlangt jedoch nur derjenige, dem das Amt es erteilt.

Die Wirkung des Patents besteht darin,[533] dass allein der Patentinhaber befugt ist, die patentierte Erfindung zu benutzen.[534] Dritten ist die Benutzung verboten: Dabei wird danach differenziert, ob es sich bei dem beanspruchten Gegenstand um ein Verfahren oder ein Erzeugnis handelt. Erzeugnispatente sind auf Sachen, Vorrichtungen, Stoffe oder Mittel gerichtet,[535] während sich Verfahrenspatente auf Herstellungs-, Arbeits- und Verwendungsverfahren beziehen.[536]
Ist ein Erzeugnis Gegenstand eines Patents, darf niemand ohne Zustimmung des Patentinhabers ein Erzeugnis mit dem patentgemäßen, d.h., in einem Patentanspruch festgelegten Merkmalen herstellen, anbieten, in Verkehr bringen, gebrauchen oder zu den genannten Zwecken einführen oder besitzen (§ 9 Satz 2 Nr. 1 PatG). Ist Gegenstand des Patents ein Verfahren, so darf ohne Zustimmung des Patentinhabers niemand das patentgemäße Verfahren anwenden oder anbieten (§ 9 Satz 2 Nr. 2 PatG). Das Anbieten ist allerdings nur verboten, wenn der Anbietende weiß oder es aufgrund der Umstände offensichtlich ist, dass die Anwendung des Verfahrens ohne Zustimmung des Patentinhabers verboten ist. Ist ein Verfahren zur Herstellung von Erzeugnissen patentiert, unterliegen die unmittelbaren Erzeugnisse eines patentierten Verfahrens den gleichen Verbotsbefugnissen wie Erzeugnisse, die gemäß einer durch Erzeugnispatent (Sachpatent)

---

[528] RG 155, 321, 325; BGH, GRUR 1974, 146 – *Schraubennahtrohr;* BPatGE 1, 1, 4.
[529] Näheres bei *Bernhardt/Kraßer,* § 19 I.
[530] *Schulte,* PatG, § 6 Rn.11.
[531] Vgl. *Jaestedt,* FS für Traub, S. 141, 143.
[532] Vgl. *Walz,* S. 120; *Ulrich,* GRUR Int. 1995, 623, 633.
[533] Für Deutschland: § 9 PatG
[534] Einzelheiten siehe *Kraßer,* in Lehmann, Rechtsschutz und Verwertung, Kap. IV Rn. 10 ff; *Ilzhöfer,* Rn. 55 ff.
[535] Für Deutschland: § 9 Satz 2 Nr. 1 PatG.
[536] Für Deutschland: § 9 Satz 2 Nr. 2 PatG.

geschützten Erfindung ausgebildet werden.[537] Darüber hinaus kann der Patentrechtsinhaber sogenannte mittelbare Verletzungen seines Patents untersagen.[538] Eine solche Verletzung ist gegeben, wenn lediglich solche Teile unbefugt angeboten oder gebraucht werden, die sich auf ein wesentliches Element der Erfindung beziehen und subjektiv oder objektiv geeignet sind, die im Patentanspruch beschriebene Erfindung zu verwirklichen.[539]

Wird das Patent – unmittelbar oder mittelbar - verletzt, so stehen dem Patentrechtsinhaber der Unterlassungsanspruch[540] sowie der Schadensersatzanspruch[541] zu. Weiter kann sich ein Anspruch auf Herausgabe der aus der Verletzungshandlung erwachsenen Bereicherung[542] ergeben.[543]

Das Recht auf das Patent[544], das Recht aus dem Patent und der Anspruch auf Erteilung können vererbt und/oder beschränkt bzw. unbeschränkt übertragen werden.[545] Nicht übertrag- und vererbbar ist hingegen das Erfinderpersönlichkeitsrecht, dieses Recht verbleibt dem Erfinder auch nach Übertragung der Erfindung[546] und nach Ablauf der Patentdauer. Die Patentdauer beträgt 20 Jahre, wobei die genannten gesetzlichen Wirkungen des Patents mit der Veröffentlichung der Erteilung des Patents für die Zukunft eintreten (§ 58 Absatz 1 PatG). Der Patentinhaber kann also vom in der Anmeldung genannten Zeitpunkt an bis zum Erlöschen des Patents, das spätestens 20 Jahre nach dem Anmeldedatum eintritt, die Rechte aus dem Patent geltend machen.

---

[537] Das Verbietungsrecht des Patentinhabers erstreckt sich gemäß § 11 PatG nicht auf Handlungen im privaten Bereich zu nichtgewerblichen Zwecken, Handlungen zu Versuchszwecken, bei denen die patentierte Erfindung Untersuchungsobjekt (nicht Untersuchungswerkzeug) ist, sowie unter bestimmten Voraussetzungen auf Einrichtungen an Fahrzeugen, die nur vorübergehend ins Inland gelangen. Im Rahmen des § 10 PatG kann der Patentinhaber auch dagegen vorgehen, dass jemand einem nicht berechtigten Patentbenutzer Mittel anbietet oder liefert, die sich auf ein wesentliches Element der Erfindung beziehen (und keine allgemein im Handel erhältlichen Erzeugnisse sind).
[538] Für Deutschland: § 10 PatG.
[539] *Lutterbeck/Gering/Horns*, S. 96, 98.
[540] Für Deutschland: § 139 Absatz 1 PatG.
[541] Für Deutschland: § 139 Absatz 2 PatG.
[542] *Hubmann*, Gewerblicher Rechtsschutz, S. 178 f.; Benkard-*Rogge*, PatG, § 139 Rn. 82.
[543] Um dem Verletzten die Prüfung zu ermöglichen, ob und in welcher Höhe ihm ein Schadensersatz- oder Bereicherungsanspruch zusteht, gewährt ihm die Rechtsprechung einen Anspruch auf Auskunftserteilung und Rechnungslegung; vgl. dazu: RGZ 127, 243, 244f.; BGHZ 10, 385, 386 ff.
[544] Für Deutschland: § 15 Absatz 1 PatG.
[545] Rechte an künftigen Erfindungen sind ebenfalls übertragbar, sofern sie ausreichend bestimmbar sind; die Übertragung kann in einer schuldrechtlichen Verpflichtung oder einer dinglichen Vorausverfügung bestehen, BGHZ 55, 220 – *Kopiergerät*.
[546] BGH, GRUR 78, 583 – *Motorkettensäge*.

Für den räumlichen Schutzbereich schließlich ist das Territorialitätsprinzip maßgeblich, d.h., das Patent entfaltet ganz allgemein seine Wirkung nur im Gebiet desjenigen Staates, für das es erteilt wird, wobei den europäischen Patenten gemäß Art. 3 EPÜ eine territoriale Wirkung für die benannten Vertragsstaaten zukommt.[547]

Verfahrensrechtlich wird grundsätzlich davon ausgegangen,[548] dass nicht der Anmelder als solcher, sondern der Erfinder oder sein Rechtsnachfolger das Recht auf das Patent hat. Die Erteilung eines Patents durch das deutsche wie auch das europäische Patentamt einen entsprechenden Antrag voraus, in dem die Erfindung, die patentiert werden soll, durch eine Beschreibung und erforderlichenfalls durch Zeichnungen so deutlich und vollständig offenbart wird, dass ein Fachmann sie ausführen kann.[549] Erteilungsantrag und Offenbarung sind Bestandteile der Patentanmeldung,[550] die außerdem insbesondere die für die Bestimmung des Schutzbereiches bedeutsamen Patentansprüche umfasst.

Übertragen auf den Untersuchungsgegenstand der programmimplementierten Geschäftsmethode bietet das Patentrecht dem Erfinder absoluten Schutz für das von ihm erfundene Funktionsprinzip, bzw. die von ihm entwickelten Ideen und Grundsätze, vorausgesetzt sie sind patentfähig, also insbesondere als „technisch"[551] anzusehen und patentierbar. Der Inhaber eines Patents für eine patentierbare programmimplementierte Geschäftsmethode kann jedem diese unberechtigt nutzenden Dritten untersagen, die Geschäftsmethode in gewerblicher Weise zu gebrauchen und zu besitzen. Dabei kann insbesondere jede Nachahmung der in der Methode verkörperten Funktionalität durch andere Programme, selbst wenn sie sich durch den Quellcode voneinander unterscheiden, eine Patentverletzung darstellen. Zur Ahndung dieser unberechtigten Benutzungshandlungen stehen dem Inhaber des Patents dann Unterlassungs- bzw. Ersatzansprüche zur Verfügung.

---

[547] Art II § 8 IntPatÜG, der von Art. 139 Absatz 3 EPÜ Gebrauch macht, enthält das Verbot des Doppelschutzes: Eine Erfindung soll nicht gleichzeitig durch ein europäisches und ein deutsches Patent geschützt sein. In diesem Fall geht das europäische Patent vor und das deutsche Patent verliert seine Wirkung, soweit der Schutz des europäischen Patents reicht. Dieser Verlust tritt kraft Gesetzes ein, wenn die Vorraussetzungen des Art. II § 8 IntPatÜG vorliegen. Er ist endgültig, denn das deutsche Patent lebt nicht wieder auf, wenn das europäische Patent später wegfällt (Art. II § 8 Absatz 2 IntPatÜG).
[548] Das Verfahren vor den Patentämtern ist für Deutschland in den §§ 35 ff. PatG geregelt.
[549] Für Deutschland: § 35 Absatz 2 PatG.
[550] Für Deutschland: § 35 Absatz 1 PatG.
[551] Vgl. dazu Kap. 3 § 1.

Kapitel 4 - Die Patentierbarkeit programmimplementierter Geschäftsmethoden nach U.S.-amerikanischem Recht

Nachdem die Schutzfähigkeit programmimplementierter Geschäftsmethoden im kontinentaleuropäischen Rechtskreis insbesondere unter dem Aspekt der Technizität derartiger Methoden erläutert wurde, soll im Folgenden die Möglichkeit der Patentierung von programmimplementierten Geschäftsmethoden nach U.S.-amerikanischen Recht behandelt werden. Dazu wird zunächst der Schutzgegenstand ermittelt. Es gilt, den Untersuchungsgegenstand unter die gesetzlichen Vorraussetzungen zu subsumieren. Dabei werden die Kategorien patentfähiger Gegenstände erläutert und sodann eine Untersuchung anhand richterrechtlich entwickelter Patentierungsverbote vorgenommen. Im Mittelpunkt der Betrachtung werden das fehlende Erfordernis der Technizität und die daraus resultierenden Fragen und Folgen für die Patentierbarkeit programmimplementierter Geschäftsmethoden stehen.

§ 1 Schutzgegenstand

Das Patentgesetz der Vereinigten Staaten von Amerika wurde nach den Regelungen in den einzelnen Kolonien (Massachusetts 1641, Conneticut 1672, South Carolina 1691) auf Grund des Art I Section 8 der Verfassung vom 17. August 1787 im Jahre 1790 nach englischem Vorbild erlassen.[552] Es beruht daher wie der C.A. auf der Intellectual Property Clause (Satz 8), des Art. I Abs. 8 der amerikanischen Verfassung, die den Kongress ermächtigt, „den Fortschritt der Wissenschaft und Technik zu fördern, indem er Autoren und Erfindern das ausschließliche Recht an ihren Erfindungen für eine begrenzte Zeit gewährt". Damit steht auch im Bereich des Patentrechts die Förderung des Allgemeinwohls mit Mittelpunkt. Dem Erfinder wird als Anreiz und Belohnung für seinen Beitrag zur Wissenschaft ein Patent in Form eines Ausschließlichkeitsrechts gewährt.[553]

---

[552] In Großbritannien wurde 1623 das Statute of Monopolies erlassen, das häufig als erstes modernes Patentgesetz bezeichnet wird. Diesem Gesetz zufolge sollten Patente nur dem ersten und wahren Erfinder und nur für neue Gewerbeerzeugnisse erteilt werden. Gleichzeitig wurde die Schutzdauer auf 14 Jahre beschränkt. Ausgeschlossen waren gesetzwidrige oder dem Gemeinwohl schädliche Erfindungen, namentlich solche, die die Lebensmittelpreise erhöhten.
[553] *Hyde*, 59 CTBJ 298 ff. (1985).

Die Kriterien für die Patentfähigkeit von Erfindungen in den USA finden sich in Teil II, Kapitel 10 des „Patent Act" (Titel 35 U.S.C. §§ 101 – 105). Der Schutzgegenstand des Patent Act ist in 35 U.S.C. § 101 normiert. Danach kann derjenige ein Patent erlangen, der „irgend ein neues und nützliches Verfahren, Maschine, Erzeugnis oder Stoffgemisch erfindet oder entdeckt, oder irgendeine neue und nützliche Verbesserung davon".[554] Materiellrechtliche Voraussetzung für das Entstehen eines Patents ist also das Vorliegen eines nützliches, neuen, nicht offensichtlichen Verfahrens, einer Maschine, eines Erzeugnisses oder einer Zusammensetzung oder Verbesserung hierzu (35 U.S.C. §§ 101 – 103).

Zunächst soll ein Blick auf den gesetzlich normierten Kreis schutzfähiger Gegenstände, die Patentkategorien, geworfen werden, um festzustellen, ob die programmimplementierte Geschäftsmethode grundsätzlich zu diesem Kreis zählen kann.

A. Kategorien schutzfähiger Gegenstände

In 35 U.S.C. § 101 werden vier verschiedene Kategorien von patentfähigen Gegenständen genannt: Verfahren, Maschinen, Erzeugnisse und Stoffgemische. Sie finden sich seit dem Patent Act von 1793[555] in der gesetzlichen Regelung und haben die Aufgabe, den Kreis patentfähiger Gegenstände zu beschränken.

Die Positivliste patentfähiger Gegenstände erwähnt weder Geschäftsmethoden noch Computerprogramme. Es findet sich jedoch auch kein gesetzlich normierter Ausschlusstatbestand für sie. Dennoch existieren solche Ausschlusstatbestände. Diese sind in den USA richterrechtlich entwickelt.[556] Es soll daher zunächst versucht werden, programmimplementierte Geschäftsmethoden den Kategorien patentfähiger Gegenstände (Verfahren, Maschine, Erzeugnis) zuzuordnen.

I. „process"/Verfahren

Der Begriff „process", also Verfahren, wurde 1952 ins Patentgesetz der Vereinigten Staaten aufgenommen und ergänzte den Begriff „art". Alle Verfahren, ob mechanischer oder chemischer Natur mussten bis zu diesem Zeitpunkt der

---

[554] Im Folgenden wird auf die Kategorie "Stoffgemisch" nicht weiter eingegangen, da sie in den hier zu beurteilenden Fällen keine Bedeutung besitzt.
[555] „An Act to promote the progress of useful Arts". Der erste Patent Act von 1790 nannte die Kategorie der Stoffgemische nicht.
[556] Siehe dazu unten unter Kapitel 4 B. II.

149

weiten Auslegung des Begriffes „art" genügen, der schon 1793 im ersten U.S.-amerikanischen Patentgesetz zu finden war.[557] Die übrigen Tatbestände waren nur auf Vorrichtungen wie Maschinen, Motoren und Verbesserungen derselben ausgerichtet.

Zur Begründung dieser Ergänzung wurde angeführt,[558] dass der Begriff „process" gegenüber dem Begriff „art" eine präzisere technische Auslegungsmöglichkeit zulasse. Gerade mit Blick auf die damaligen neuen Verfahren war dies von großer Bedeutung, da „art" auch Felder erfasste, die über den Bereich eines Verfahrens hinausgehen. In der Urteilsbegründung zu *Corning v. Burden*[559] (1853) ließ das Gericht diesbezüglich wissen: „An art may require one or more processes or machines in order to produce a certain result or manufacture."[560]

Nahm der Supreme Court in der Entscheidung *Cochrane v. Deener*[561] noch eine Definition in die Entscheidungsgründe auf, die sowohl den Begriff „art" wie auch den Begriff „process" umfasste, so lieferte er die grundlegende Definition des Begriffs „process" in der Entscheidung *Tilghman v. Proctor*.[562] Dort heißt es: „Ein Verfahren ist eine Handlung oder eine Handlungsweise. Die eine ist für das Auge sichtbar, ein Objekt fortlaufender Beobachtung. Die andere ist ein geistiges Konzept, das nur durch seine Wirkungen sichtbar ist, wenn es aus- oder durchgeführt wird."[563]

Diese Definition des Verfahrens als eine auf ein bestimmtes Ergebnis - unabhängig von den Anwendungsgebieten – gerichtete Handlungsweise mittels vorgegebener Stoffe, wurde in späteren Entscheidungen weiterer Gerichte übernommen und bestätigt.[564]

Seit 1994 ist der Begriff des Verfahrens nunmehr ausdrücklich im Patentgesetz – nämlich in 35 U.S.C. § 100 lit. b. – definiert. Nach dieser Definition bedeutet der Begriff „process" ein Verfahren, eine Technik oder eine Methode und schließt eine neue Verwendung eines bereits bekannten Verfahrens, einer Maschine, eines

---

[557] Act of April 10, 1790, § 7, 1. Stat. 109.
[558] *Corning v. Burden*, 15 Howard, 267, 1853.
[559] *Corning v. Burden*, 15 Howard, 267, 1853.
[560] Vgl. a.a.O. S. 690 linke Spalte.
[561] *Cochrane v. Deener*, 94 U.S. 780 (1876).
[562] *Tilghman v. Proctor*, 102 U.S. 707 (1881); Übersetzung: *Blind/Edler/Nack/Straus*, S. 171.
[563] *Tilghman v. Proctor*, 102 U.S. 707, 728 (1881); Übersetzung: *Blind/Edler/Nack/Straus*, S. 171.
[564] Vgl. *Westinghouse v. Boyden Power-Brake Co.*, Md. 1898, 43 L. Ed. 1136; *Cameron Septic Tank Co. v. Saragota Spring*, C.C.N.Y. 1907, 151 F. 242; *Kelley v. Coe*, App. D.C. 138, 99 F. 2d. 435.

Erzeugnisses, einer Zusammensetzung oder eines Stoffes ein.[565] Diese Definition ist insofern nicht umfassend, als sie die von der Rechtsprechung zur Feststellung der Patentfähigkeit entwickelten weiteren Kriterien vernachlässigt. Die richterrechtlichen Kriterien sind daher in die Beurteilung der beanspruchten Innovation einzubeziehen.

II. „machine"/Maschine

Unter Maschine wird seit der Supreme Court Entscheidung *Burr v. Duryee*[566] „ein Instrument, sozusagen eine physikalische Einheit (verstanden), die aus Teilen, Komponenten oder Elementen besteht, die so angeordnet und organisiert sind, dass sie zusammenarbeiten, sobald sie in Bewegung versetzt werden, um ein festgelegtes und vorbestimmtes und einheitliches Ergebnis zu produzieren."[567] Die Zwischenschaltung menschlicher Kräfte im Rahmen der Funktion einer Maschine ist dabei unschädlich; das Vorliegen einer Maschine wird auch angenommen, wenn sie nicht automatisch arbeitet.[568] Der Begriff der „Maschine" wird extensiv ausgelegt und kann synonym mit Apparat oder Vorrichtung verstanden werden.

III. Erzeugnisse

Die Kategorie „Erzeugnisse" wird als Auffangtatbestand verstanden. Sie soll jeden von Menschen erdachten Gegenstand umfassen. Ausgenommen sollen lediglich Maschinen auf der einen und Stoffgemische auf der anderen Seite sein.[569]

Im Ergebnis scheint es, als seien programmimplementierte Geschäftsmethoden jedenfalls von den Kategorien patentfähiger Gegenstände umfasst. So dürften sowohl Geschäftsmethoden als auch Computerprogramme, wenn sie als Folge von Befehlen an einen Computer verstanden werden, in die Kategorie „process" fallen. Ein mit einer speziellen Software eingerichteter Computer dürfte wohl zudem in die Kategorie „machine" fallen.[570] Schließlich scheint es möglich, ein auf einer Diskette abgespeichertes Programm als Erzeugnis zu beanspruchen.

---

[565] Vgl. 35 U.S.C. § 100 (b): "The term of process means process, art, or method, and includes a new use of a known process, machine, manufacture, composition of matter, or material."
[566] *Burr v. Duryee*, 68 U.S. 531 (1863).
[567] *Burr v. Duryee*, 68 U.S. 531, 570 f. (1863).
[568] *Weatherhead v. Coupe*, 16 F. 673, 675 (CC RI 1883).
[569] *Robinson*, Law of Patents, § 183; ähnlich *Chisum*, Chisum on Patents, § 1.02 (3); *Lipscomb*, Walker on Patents, § 2:8.
[570] Dies hat auch der CAFC in der Entscheidung *State Street Bank v. Signature Financial Group* anerkannt; *State Street Bank Trust & Co. V. Signature Financial Group Inc.*, 149 F.3d 1368 (Fed. Cir. 1998) = GRUR Int. 1999, 633 mit Anm. *Nack*.

IV. Technischer Charakter der Schutzgegenstände?

Fraglich ist, ob den Kategorien patentfähiger Gegenstände wie im deutschen/-europäischen Recht ein technischer Charakter immanent sein muss, damit ihnen Patentschutz zugebilligt werden kann.

Einen ersten Hinweis, dass auch in den USA ein ungeschriebenes Technizitätskriterium erfüllt sein muss, findet sich in der CCPA - Entscheidung *In re Musbgrave*.[571] Das Gericht vertrat die Auffassung, dass aus einer Folge von Verfahrensschritten bereits dann ein Verfahren im Sinne von 35 U.S.C. § 101 wird, wenn „sie technisch sind und damit in Einklang mit dem verfassungsmäßigen Zweck stehen, den Fortschritt der ´nützlichen Techniken` zu fördern."[572] Das Gericht entschied, dass die Patentfähigkeit nicht allein deshalb verneint werden könne, weil einige oder alle Schritte eines Verfahrens auch mit Hilfe des menschlichen Geistes ausgeführt werden können. Voraussetzung für die Patentfähigkeit sei nur, dass sich das Verfahren im Bereich der Technik (technological art) befinde.[573] Nimmt man nun jedoch an, dies führe zu einer der kontinentaleuropäischen Situation vergleichbaren Lage, so irrt man. „Within the technological art" verlangt nicht, dass eine Verbindung zum natur- oder ingenieurwissenschaftlichen Bereich vorliegen muss.[574] Gemeint dürfte vielmehr sein, dass eine Erfindung dann zum Kreis der patentfähigen Gegenstände zählt, wenn sie „praktisch" anwendbar ist.[575] Nach 1970 findet sich denn auch keine Entscheidung in der dieser Ansatz weiter verfolgt, geschweige denn, konkretisiert wird. Im Übrigen widmete sich auch das Schrifttum diesem Ansatz kaum.[576]

Es bleibt also an dieser Stelle festzuhalten, dass dem nach kontinentaleuropäischer Rechtslage maßgeblichen Kriterium der Technizität im U.S.-amerikanischem Recht keinerlei Bedeutung beigemessen wird.[577]

---

[571] *In re Musgrave*, 167 USPQ 280, 289 f. (CCPA 1970), = GRUR Int. 1971, 447.
[572] „All that is necessary, in our view, to make a sequence of operational steps a statutory ´process` within 35 U.S.C. 10 is that it be in technological arts so as to be in consonance with the Constitutional purpose to promote the progress of ´useful arts`. Const. Art. 1, sec. 8."
[573] *In re Musgrave*, 167 U.S.P.Q. 280, 289 f. (CCPA 1970), = GRUR Int. 1971, 447.
[574] A.A. *Nack*, S. 41 ff.
[575] Vgl. auch *Maier/Mattson*, GRUR Int. 1992, 677, 679.
[576] Siehe *Coulter*, 34 J. Pat. & Trademarks Off. Soc´y 417, 496 (1952) (Part II): "It seems clear, that ´useful arts` (as a unitary technical term) embraced in so-called industrial, mechanical and manual arts of the 18th century."
[577] So auch *Jänich*, GRUR 2003, 483, 484.

V. Nützlicher Charakter der Schutzgegenstände

Nach dem gerade Gesagten muss die Erfindung nach U.S.-amerikanischem Recht also nicht technisch im Sinne des kontinentaleuropäischen Verständnis sein, wohl aber muss sie nützlich sein. Dieses Erfordernis lässt sich bereits aus der U.S.-Verfassung ableiten, da Art. I Sec. 8 Constitution es als den Inhalt des Patentrechts bezeichnet, den Fortschritt der nützlichen Künste zu fördern.[578] Es verwundert daher nicht, dass seit 1790 alle U.S.-Patentgesetze die Nützlichkeit einer Erfindung als Voraussetzung ihrer Patentfähigkeit ansahen.[579] So beginnt auch 35 U.S.C. § 101 des heutigen Patentgesetzes mit folgenden Worten: „Whoever invents or discovers any new or useful process, machine, manufacture, or composition of matter, or any new and useful improvement thereof...".

Während das Kriterium der Nützlichkeit zunächst als leicht erfüllbar galt, kann es heutzutage unter Umständen für bestimmte Erfindungen eine wesentliche Hürde sein: Im Zentrum der Patentrechtsprechung des 19. Jahrhunderts standen naturgemäß mechanische Erfindungen, bei denen die Frage der Nützlichkeit relativ problemlos beurteilt und angenommen werden konnte.[580] Es brauchte weder die Überlegenheit der Innovation dargetan zu werden noch war das Ausmaß ihrer Nützlichkeit entscheiden. Geringere Nützlichkeit bewirkte nur, dass der Wert der Erfindung für den Anmelder selbst sank. Die Erfindung musste lediglich zu irgendeinem Nutzen für die Gesellschaft geeignet sein. Das Nützlichkeitskriterium war daher lange Zeit zu einem bloßen Filter gegenüber schädlichen und sittenwidrigen Erfindungen reduziert.

Jedoch begannen sich die Anforderungen an die Nützlichkeit mit der Zeit zu ändern. Unter Berufung auf die Motive des Patentgesetzgebers, der die Gewährung eines Patentrechts als eine Art Tauschleistung angesehen habe, erachtete der Supreme Court das Vorliegen und den Nachweis einer konkreten Nützlichkeit für unerlässlich.[581] Andernfalls stünde der Erzeugung von Monopolen auf Wissen kein entsprechender Vorteil der Allgemeinheit gegenüber. Diesen Vorteil könne nur das Vorliegen einer substantiellen Nützlichkeit der Erfindung gewährleisten.

---

[578] Siehe dazu auch supra Kap. 4 § 1.
[579] Vgl. dazu *Grimaldi*, Comment/Utility and the New Legislation, 52 JPOS 683 ff. (1970); *Lipscomb's Walker*, Vol. I, S. 479 ff.
[580] *Grimaldi*, 52 JPOS 683, 688 (1970).
[581] 148 USPQ 689, 695.

Das insgesamt komplexe Kriterium der Nützlichkeit, verlangt also insbesondere, dass ein Gegenstand nicht nur irgendeine, sondern eine spezifische und substantielle Nützlichkeit aufweisen muss.[582]

VI. Ergebnis

Das U.S.-amerikanische Patentrecht zählt den Kreis der schutzfähigen Kategorien patentschutzfähiger Gegenstände ausdrücklich auf. Zum Kreis der genannten Gegenstände zählen Verfahren, Maschinen, also Vorrichtungen und Erzeugnisse. Um in eine der Kategorien zu fallen, müssen Erfindungen „nützlich", d.h. praktisch anwendbar sein.

B. Patentierungsverbote

Vor dem Hintergrund, dass sich aufgrund des fehlenden Technizitätserfordernisses[583] keinerlei Beschränkungen des Kreises patentfähiger Gegenstände ergeben, scheint es zunächst, als ob programmimplementierte Geschäftsmethoden uneingeschränkt patentierbar seien. Dies wird durch die Aussage des Supreme Court in der Entscheidung *Diamond v. Chakrabarty* bestätigt; in der es heißt: „Indem solche weiten Begriffe wie 'Erzeugnis' und 'Stoffgemisch' gewählt wurden, ergänzt durch das 'irgendein', hat der Kongress eindeutig bedacht, dass dem Patentrecht ein weiter Anwendungsbereich zukommen wird. (...) Die das Gesetz von 1952 begleitenden Berichte des Komitees informieren uns, dass der Kongress beabsichtigte, dass die vier Kategorien patentfähiger Gegenstände, alles umfassen, was unter der Sonne von Menschen geschaffen wurde'."[584] Im Zusammenhang mit der mehrfachen Verwendung des Wortes „any" in U.S.C. § 101 gesehen, hat der U.S.-amerikanische Gesetzgeber zu erkennen gegeben, dass grundsätzliche Einschränkungen nicht gewollt sind.[585]

Damit scheint in den Vereinigten Staaten auf den ersten Blick wirklich „alles unter der Sonne"[586] patentierbar zu sein. Tatsächlich ist dem jedoch nicht so: Auch im U.S.-amerikanischen Recht existieren Patentierungsverbote, deren Diskussion im nächsten Abschnitt erfolgen soll.

---

[582] Vgl. *Nack,* S. 22.
[583] So auch *Jänich,* GRUR 2003, 483, 484.
[584] *Diamond v. Chakrabarty,* 477 U.S. 303, 308ff. (1980); = GRUR Int. 1980, 627.
[585] *State Street Bank & Trust Co. v. Signature Financial Group, Inc.,* 149 F.3d 1368 (Fed. Cir. 1998) = GRUR Int. 1999, 633 mit Anm. *Nack.*
[586] *Diamond v. Chakrabarty,* 477 U.S. 303, 308 ff. (U.S. Supreme Court 1980).

I. Die gesetzliche Regelung

Der U.S.-Patent Act kennt keine Patentierungsverbote; ein ausdrücklicher Negativkatalog mit einer Aufzählung dem Patentschutz nicht zugänglicher Gegenstände ist in ihm nicht enthalten. Dennoch sind auch in den USA Erfindungen nicht uneingeschränkt patentierbar. Innovationen sind an den im Laufe der Zeit richterrechtlich entwickelten Patentierungsverboten zu messen. Diese gilt es im Folgenden zu betrachten, um dann eine Einordnung programmimplementierter Geschäftsmethoden unter die Patentierungsverbote vorzunehmen.

II. Richterrechtliche Patentierungsverbote

Maßgeblich für die Auslegung des Patent Act und damit für die Beurteilung der Patentfähigkeit auch programmimplementierter Erfindungen ist der Court of Appeals for the Federal Circuit[587] (CCPA) in Washington, D.C. Dieser wurde als Nachfolger des Court of Customs and Patent Appeals (CCPA) zur ausschließlichen Rechtsmittelinstanz für alle Patentrechtsstreitigkeiten. Trifft das Board of Appeals des U.S. Patent Office (USPTO, entspricht den Beschwerdekammern des EPA) eine Entscheidung, wird diese nach Einlegung eines revisionsähnlichen Rechtsmittels (35 U.S.C. § 706[588]) durch den CAFC überprüft. Da der Supreme Court als dafür wiederum zuständige Überprüfungsinstanz Revisionen nur in äußerst seltensten Fällen zulässt, ist der CAFC in Patentsachen praktisch die oberste Instanz.[589]

Die richterrechtliche Entwicklung der Patentierungsverbote nahm ihren Ausgang in der Erkenntnis, dass abstrakte Regeln und fundamentale Wahrheiten[590] ebenso wenig patentiert werden können wie Ideen als solche (mental steps), geistige Schritte, wissenschaftliche und mathematische Wahrheiten, Naturgesetze und Naturerscheinungen. Der Ausschluss dieser Gegenstände hat zur Folge, dass auch abstrakten Algorithmen[591] der Patentschutz zu versagen ist. Sie seien wissenschaftliche Regeln oder der Ausdruck von Naturgesetzen,[592] jedenfalls seien sie aber Naturgesetzen und fundamentalen Wahrheiten[593] ähnlich. Begründet werden die Patentierungsverbote damit, dass andernfalls der Fortschritt im Sinne

---

[587] Siehe dazu *Schneider*, GRUR Int. 2000, 863.
[588] Dazu *Dickinson v. Zurko*, 527 U.S. 150 (1999).
[589] *Archer*, GRUR Int. 1996, 1122.
[590] *Haliburton Oil Well Cementing Co. v. Walker*, 146 Fd. 817, 821 (CA, 9th Cir. 1944)
[591] Erstmals findet sich das Patentierungsverbot in *MacKay Radio Telegraph Co. v. Radio Corporation of America*, 306 U.S. 86 (1939).
[592] Note, Detroit College of L. Rev. (1982), 127, 131; Note, Wisconsin L. Rev. 1 (1979), 860, 867.
[593] *Parker v. Flook*, 437 U.S. 584, 589 (1978), *Scott*, § 4.13.

der Intellectual Property Clause behindert würde.[594] Der U.S. Supreme Court führte an, solche Ideen seien „basic tools of scientific and technological work" (Grundwerkzeuge der wissenschaftlichen und technischen Arbeit) und müssten deshalb für jedermann frei verfügbar sein. Sie dürften der Allgemeinheit nicht durch Einräumung eines Monopols vorenthalten werden.[595] Mittlerweile wurde der beschriebene Kanon der Patentierungsverbote reduziert; die Anzahl der Patentierungsverbote wurde verringert. Der Supreme Court führte in der Entscheidung *Diamond v. Chakrabarty* aus: „Das (sc. die Patentierbarkeit von Allem unter der Sonne) bedeutet nicht, dass § 101 keine Grenzen hat oder jede Entdeckung einschließt. Die Naturgesetze, physikalische Phänomene und abstrakte Ideen wurden nicht für patentfähig gehalten. Daher ist ein neues in der Erde entdecktes Mineral oder eine neue in der Wildnis gefundene Pflanze nicht patentfähig. Gleichfalls konnte Einstein seine gefeierte Formel $E=mc^2$ oder Newton das Gesetz der Schwerkraft nicht patentieren."[596]

Damit hat der Supreme Court drei zentrale Patentversagungsgründe bzw. Patentierungsverbote aufgestellt:[597] Naturgesetze, physikalische Phänomene und abstrakte Ideen.

Im Folgenden ist daher zu prüfen, welche Auswirkungen die richterrechtlichen Patentierungsverbote auf die Patentierbarkeit programmimplementierter Erfindungen haben. Es ist also dazustellen, ob und gegebenenfalls wie die Gerichte programmimplementierte Geschäftsmethoden unter diese Verbotskategorien subsumieren.

C. Das Patentierungsverbot für Geschäftsmethoden

Patentierungsverbot für Geschäftsmethoden wurde aus dem Patentierungsverbot für Algorithmen und abstrakte Ideen gefolgert. Es schien fester Bestandteil der Interpretation von 35 U.S.C. § 101 zu sein.[598]

---

[594] *Hannemann*, S. 29.
[595] *Gottschalk v. Benson*, § 409 US 63, 67 (1972).
[596] *Diamond v. Chakrabarty*, 447 U.S. 303, 308 ff. (1980).
[597] In *Diamond v. Diehr*, 450 U.S. 175, 185 (1981) = GRUR Int. 1981, 646, hat der Supreme Court erneut diese drei Patentierungsvoraussetzungen bestätigt.
[598] Siehe nur *Lipscomb*, Walker on Patents, § 2: 17 bzw. die damalige Kommentierung bei *Chisum*, Chisum on Patents, § 1.03 (5). Vgl. zur Kritik an der Doktrin vor *State Street Bank*: *Tew*, 16. J. Pat. & Trademarks Off. Soc'y 607 (1934); *Yoches*, 3 Fed. Cir. B.J. 73 (1993); *Del Gallo*, 38 IDEA 403 (1998).

Erstmalige Erwähnung fand das Verbot für Geschäftsmethoden in der Entscheidung *Hotel Security Checking Co. v. Lorraine Co.*[599] aus dem Jahre 1908. Beansprucht war ein System zur Verhinderung der Unterschlagung durch Kellner. Der Inhaber eines Restaurants hatte eine Methode entwickelt, sich vor einem möglichen unlauteren Verhalten seiner Angestellten zu schützen. Die Erfindung beruhte auf der Idee, dass die Kellner ihre Bestellung registrieren lassen müssen, bevor sie an die Küche o.ä. weitergegeben wird. Hatte der Restaurantbesitzer zunächst ein Patent auf diese Methode erhalten, so wurde es auf Antrag eines Konkurrenten für unwirksam erklärt. Besagtes System könne nicht unter den Begriff der „Kunst"[600] subsumiert werden.[601] Aus dieser und ähnlichen Entscheidungen wie *Lowe's Drive-In Theatres Inc v. Park-In Theatres*[602], *In re Howard und Brobeck*[603] und *In re Wait*[604], entwickelte sich die Doktrin, dass Geschäftsmethoden nicht patentierbar seien. So hatte beispielsweise auch das USPTO seine Prüfer in früheren Auflagen des „Handbuch für das Patenterteilungsverfahren" ausdrücklich angewiesen, Geschäftsideen betreffende Patentanträge wegen Fehlens einer gesetzlichen Grundlage zurückzuweisen, da diese kein tauglicher Antragsgegenstand im Sinne von 35 U.S.C. § 101 seien.[605]

Tatsächlich wurde jedoch der Einwand, die Patentfähigkeit eines Gegenstandes müsse versagt werden, da es sich um eine Geschäftsmethode handle, nie geltend gemacht. Die Versagung des Patents wurde stets auf die Verneinung der erfinderischen Tätigkeit[606] sowie der Neuheit[607] und/oder eine Kombination beider Versagungsgründe[608] gestützt.

Es existieren zudem keine Entscheidungen, in denen mit dem Patentierungsverbot für Geschäftsmethoden argumentiert wird.[609] Vielmehr wurde die Annahme dieser spezielle Ausnahmen stets auf das Patentierungsverbot für abstrakte Ideen durch

---

[599] *Hotel Security Checking Co. v. Lorraine Co.*, 160 F. 467 (2d Cir. 1908).
[600] Der Begriff „art" beinhaltete zum damaligen Zeitpunkt all das, was heute mit dem Begriff „process" beschrieben wird. Siehe dazu oben unter Kap. 4 § 1 A I.
[601] *Hotel Security Checking Co. v. Lorraine Co.*, 160 F. 467 (2d Cir. 1908).
[602] *Lowe's Drive-in Theatres, Inc. v. Park-in Theatres, Inc.*, 174 F.2d 547, 552 f. (CA, 1st Cir. 1949).
[603] *In re Howard and Brobeck*, 157 USPQ 615, 617 (CCPA 1968).
[604] *In re Wait*, 73 F.2d 982, 983 (CCPA 1934).
[605] Manual of Examining Procedures 706.03 (a) (1994).
[606] *Lowe's Drive-in Theatres, Inc. v. Park-in Theatres, Inc.*, 174 F.2d 547, 552 f. (CA, 1st Cir. 1949).
[607] *In re Howard and Brobeck*, 157 U.S.P.Q. 615, 617 (CCPA 1968).
[608] *In re Wait*, 73 F.2d 982, 983 (CCPA 1934).
[609] *Del Gallo*, 38 IDEA 403, 435 (1998).

Auffinden eines mathematischen Algorithmus gestützt.[610] Es wurde daher auch vielfach angenommen, das Patentverbot sei ein „dogmatisches Phänomen".[611]

Im Hinblick auf die geringe Praxisrelevanz verwundert es daher nicht, dass der CAFC die Entscheidung *State Street Bank Trust & Co. v. Signature Financial Group. Inc.*[612] nutzte, den Ausschluss von Geschäftsmethoden aus dem Kreis der patentfähigen Gegenstände „zu Grabe zu tragen".[613] Neben der Vernachlässigung besagten Patentierungsverbotes in der Rechtsprechung, wertete der CAFC die Streichung der entsprechenden Passage aus dem Prüfungshandbuch des Patent Office als Beleg für die Nichtexistenz des Verbots.[614] Aus jenem geht hervor, dass Ansprüche nicht als Geschäftsmethoden klassifiziert werden sollen, sondern anhand der gleichen gesetzlichen Erfordernisse wie andere Verfahren und Methoden gemessen werden müssen.[615]

Betrachtet man die hier entwickelten Grundsätze zu den Patentierungsverboten im Zusammenhang mit dem zuvor bereits festgestellten fehlenden Erfordernis der Technizität, wird deutlich, dass das U.S.-Patentrecht große Möglichkeiten bietet, Geschäftsmethoden, die keinerlei Technikbezug aufweisen, zu schützen. Zur Illustration sei auf das Patent Nr. 5,851,117 verwiesen, das eine Methode ist, bei der Gebäudereinigungskräfte durch das Zeigen von Schautafeln für eine optimale Reinigung des Gebäudes ausgebildet werden können.

Zusammenfassend ist daher festzustellen, dass im U.S.-Recht zwar zunächst ein (scheinbares) Patentierungsverbot für Geschäftsmethoden bestand, das jedoch nie

---

[610] So auch *Maier/Mattson*, GRUR Int. 2001, 678, 689.
[611] *In re Schrader*, 30 U.S.P.Q. 2d 1455, 1461 (Fed. Cir. 1994) (Judge Newman dissenting).
[612] *State Street Bank & Trust Co. v. Signature Financial Group, Inc.*, 149 F.3d 1368 (Fed. Cir. 1998) = GRUR Int. 1999, 633, 636 mit Anm. *Nack*.
[613] *State Street Bank & Trust Co. v. Signature Financial Group, Inc.*, 149 F.3d 1368 (Fed. Cir. 1998) = GRUR Int. 1999, 633, 636 mit Anm. *Nack*.
[614] *State Street Bank & Trust Co. v. Signature Financial Group, Inc.*, 149 F.3d 1368, 1377 (Fed. Cir. 1998) = GRUR Int. 1999, 633, 637 mit Hinweis auf die Ausgabe des Handbuchs von 1996, in welchem § 706.03 (a) gestrichen worden war. Diese gestrichene Vorschrift besagte, dass „Geschäftsmethoden" als nicht patentierbar zurückgewiesen werden können, obwohl sie scheinbar in die Kategorie der Verfahrenspatente fallen.
[615] Dieses vertrat der Richter *Newman* bereits in seinem abweichenden Votum in der Entscheidung *In re Schrader*, 22F.3d 290, 298, 30 USPQ 2d 1455, 1462 (Fed. Cir. 1994): „(Die Ausnahme für Geschäftsmethoden) ist ... eine ungerechtfertigte Einschränkung der Definition patentfähiger Gegenstände in § 101, die als fehlerhaft, überflüssig und obsolet verworfen werden (sollte). Sie verdient die Pensionierung im Glossar zu § 101 ... All die ´Geschäftsmethodenfälle` hätten unter Anwendung der durchschaubareren Konzeption vom Titel 35 entschieden werden können. Die Patentierung hängt nicht davon ab, ob die beanspruchte Methode `Geschäft` im Sinne von irgendetwas anderem betrifft, sondern ob die Methode als Ganzes betrachtet die in §§ 102, 103 und 112 des Patentgesetzes aufgestellten Erfordernisse erfüllt."

ausdrücklich zur Anwendung kam. Waren Geschäftsmethoden Gegenstand der Erfindung, wurde die Patentfähigkeit jedenfalls nicht mit dem Ausschluss aus dem Kreis der nach 35 U.S.C. § 101 patentierbaren Gegenstände begründet. Mit der Entscheidung *State Street Bank Trust & Co. v. Signature Financial Group. Inc.*[616] ist nunmehr klargestellt, dass Geschäftsmethoden (auch ohne Technikbezug) grundsätzlich patentfähig sind – vorausgesetzt sie erfüllen die weiteren gesetzlichen Vorgaben.[617]

D. Das Patentierungsverbot für Computerprogramme

Dem Patentierungsverbot für Geschäftsmethoden konnte die Versagung des Patentschutzes für den Untersuchungsgegenstand nicht entnommen werden. Es ist daher zu fragen, ob die programmimplementierte Geschäftsmethode vom Patentierungsverbot für Computerprogramme erfasst wird.

Explizite Aussagen über die grundsätzliche Versagung von Patentschutz für Computerprogramme finden sich weder in Entscheidungen des Supreme Court noch des CAFC. Es ergeben sich aus den Entscheidungen *Ex parte King*[618] und *In re Waldbaum*[619] jedoch Anhaltspunkte dafür, dass bei Computerprogrammen von einer grundsätzlichen Patentfähigkeit ausgegangen werden könnte. Dass dem allerdings tatsächlich nicht so ist, wird die folgende Diskussion erkennen lassen.

Die Darstellung wird zeigen, dass sich die Frage nach der Patentfähigkeit nicht wie im deutschen und europäischen Recht auf das Erfordernis der Technizität konzentriert, weil es ein solches Kriterium, wie bereits erwähnt, in den Vereinigten Staaten gar nicht gibt. Da es ferner im U.S.-amerikanischen Patentrecht keinen gesetzlichen Ausschluss von Computerprogrammen, geschweige denn eine gesetzliche Definition dessen gibt, was ein Computerprogramm ist, messen die Gerichte die Patentfähigkeit von Computerprogrammen an den bekannten richterrechtlich entwickelten Patentierungsverboten und subsumieren Computerprogramme unter diese Verbote.

---

[616] *State Street Bank & Trust Co. v. Signature Financial Group, Inc.*, 149 F.3d 1368 (Fed. Cir. 1998) = GRUR Int. 1999, 633, 636 mit Anm. *Nack.*
[617] *Jänich*, GRUR 2003, 483, 484.
[618] *Ex parte King* 146 U.S.P.Q. 590 (Board of Appeals 1964).
[619] *In re Waldbaum I*, 173 U.S.P.Q. 430 (CCPA 1972) = GRUR Int. 1972, 251.

I. Herleitung aus dem Patentierungsverbot für Algorithmen und Naturgesetze

Bis in die siebziger Jahre hinein wurde Computerprogrammen der Patentschutz mit dem Argument versagt, es handle sich bei ihnen um eine neue Art von Erfindungen, deren Patentfähigkeit eine ausdrückliche Ausweitung des 35 U.S.C. §§ 101 ff. erfordere. Gleichwohl wandelte sich diese restriktive Haltung mit der Zeit.[620] In den Folgejahren wurde der Kreis schutzfähiger Erfindungen mehr und mehr erweitert. Dies ist auf eine großzügigere Interpretation des richterrechtlichen Patentierungsverbots für Algorithmen bzw. Naturgesetze und Ideen zurückzuführen, die das Patentierungsverbot für Computerprogramme maßgeblich beeinflusste.[621] Diese Entwicklung soll kurz skizziert werden:

Anfang der siebziger Jahre wurde die Patentfähigkeit verneint, weil Computerprogramme Algorithmen enthielten, die im Interesse der Allgemeinheit vom Patentschutz ausgenommen seien. Dies wurde unabhängig davon angenommen, ob die Algorithmen nützlich waren oder nicht.[622] Allerdings wurde durch Einschränkung der richterrechtlichen Patentierungsverbote sukzessive großzügigerer Schutz gewährt.

Die Rechtsprechung schloss später Computerprogramme nicht mehr von vornherein wegen eines Verstoßes gegen das Patentierungsverbot für Algorithmen aus, sondern unterschied zwischen patentfähigen und nicht patentfähigen Algorithmen.[623] Es sollen daher im Folgenden die Beurteilungsmaßstäbe der Rechtsprechung aufgezeigt werden, um auf Basis der zu erlangenden Erkenntnisse Konsequenzen für die Patentfähigkeit programmimplementierter Geschäftsmethoden zu ziehen.

1. Beurteilungsmaßstab

a) Die „mental-steps"-Doktrin

Ursprung des rechtlichen Rahmens, in dem die Patentfähigkeit von programmbezogenen Ansprüchen beurteilt wird, war die Entscheidung *Gottschalk v. Benson*[624], die als Auslöser der zunächst eher restriktiven Entscheidungspraxis in Sachen programmimplementierter Erfindungen anzusehen ist. Darin entschied

---

[620] *Maier/Mattson*, GRUR Int. 2001, 677, 678.
[621] *Kraßer*, in: Lehmann, Rechtsschutz und Verwertung, S. 285; *Wiebe*, S. 123 ff.
[622] *Parker/Flook*, 195 U.S.P.Q. 9 (CCPA 1977).
[623] *Krefft*, S. 57.
[624] 409 U.S. 63, 175 U.S.P.Q. 548 (1972) = GRUR Int. 1973, 75 – *BCD-Umwandlung II*.

das Gericht, dass Ansprüche, die sich auf ein Verfahren zur Umwandlung binär verschlüsselter Dezimalzahlen (die Zahl 53 entspräche etwa 0101 0011) in echte Binärzahlen (die Zahl 53 entspräche etwa 110101)[625] richteten, nicht im Sinne des 35 U.S.C. § 101 patentfähig seien.[626] Das beanspruchte Verfahren enthielt einen mathematischen Algorithmus, dessen praktischer Nutzen in der Umrechnung von Dezimal- in Binärzahlen bestand. Da für einen Computer nur Binär- und keine Dezimalzahlen existieren, das menschliche Hirn aber in Dezimalzahlen denkt, muss eine Übersetzung von Dezimal- in Binärzahlen erfolgen. Bei der Übersetzung wird eine Dezimalzahl durch einen aus Binärzahlen bestehenden Code ersetzt, wobei die Umrechnung von Dezimal- in Binärzahlen mittels eines Algorithmus vorgenommen wird. Einen solchen Algorithmus hatte Benson, der Antragsteller im Patenterteilungsverfahren, erfunden.

Das Gericht begründete die Versagung des Patentschutzes damit, dass eine Erteilung darauf hinauslaufe, ein Patent für eine Idee zu gewähren.[627] Der Supreme Court führte an, dass hier lediglich ein Verfahren, dass auch mit „Kopf und Hand" durchführbar sei, in ein durch eine Maschine ausgeführtes Verfahren übertragen werde. Physische und geistige Schritte innerhalb eines Verfahrens müssten jedoch getrennt werden. Geistige Schritte seien ebenso vom Patentschutz ausgeschlossen wie natürliche Phänomene. Allein die Übertragung auf eine Maschine könne nichts daran ändern, dass hier ein geistiger Vorgang patentiert werden solle. Gleichwohl hielt das Gericht fest, dass eine spezifische, einen Algorithmus enthaltende Anwendung, patentschutzfähig sein könne.[628]

Es ist daher zu schlussfolgern, dass die Beanspruchung eines Algorithmus solange der Patentfähigkeit nicht entgegensteht, wie für diesen lediglich zweckgebundener Schutz begehrt wird;[629] ein konkreter Algorithmus könnte somit beansprucht werden.

b) Die „physical steps"-Doktrin

Eine Modifikation seiner „mental steps"-Doktrin nahm der Supreme Court im Jahre 1984 in der Entscheidung *Diamond v. Diehr*[630] vor. Beansprucht war ein Verfahren in Form eines Prozesssteuerungsprogramms zum Formgießen von

---

[625] Beispiel nach *Krefft*, S. 58.
[626] *Haase*, S. 296.
[627] *Haase*, S. 296.
[628] *Arriola*, GRUR 1996, 9, 10 m.w.N.; *Blumenthal/Riter*, GRUR Int. 1980, 81, 83.
[629] So wohl auch die h.M. *Bohan*, 29 Suffolk U.L. Rev. 809, 816 (1995); *Chartove*, 39 Am. U.L. Rev. 1075, 1077 (1990); *Peterson*, 64 Geo. Wash. L. Rev. 90, 99 (1995).
[630] *Diamond v. Diehr*, 450 U.S. 175 f. (1981).

Gummi. Mittels eines Computerprogramms wurde der Zeitpunkt berechnet, in dem die Formen, in denen das Gummi vulkanisiert wurde, geöffnet werden mussten. Die Leistung bestand darin, den Algorithmus in ein Prozesssteuerungsprogramm zu implementieren.

Der Supreme Court stellte fest, dass ein Anspruch, der einen mathematischen Algorithmus enthält, nicht zwangsläufig unter das Patentierungsverbot für Algorithmen falle. Mit dieser Entscheidung wurde eine Ära eingeleitet, die Ausnahmen vom Patentierungsverbot für Algorithmen zulässt. Das Gericht bejahte die Patentfähigkeit der Erfindung, mit der Begründung, dass keine mathematische Formel patentiert, sondern Patentschutz für ein Gummiformungsverfahren gewährt würde.[631] Der Supreme Court kam zu diesem Ergebnis, indem er danach differenzierte, ob der Algorithmus in irgendeiner Weise auf physische Elemente wie eine spezifische Maschine (Computer) einwirkt, beispielsweise diese steuert. Waren in einem Verfahren physische Schritte (physical entities) enthalten, galt es als patentfähig.[632] Enthielt das Programm lediglich Anweisungen, die auch mittels Kopf und Hand ausgeführt werden konnten, war die Patentfähigkeit zu verneinen.[633] Die Untersuchung des beanspruchten Gegenstandes wurde dabei mittels einer Gesamtbetrachtung vorgenommen.[634]

In Fortsetzung dieser Auffassung wurde in den Entscheidungen *In re Walter*,[635] *In re Freeman*[636] und *In re Abele*[637], der sogenannte Freeman-Walter-Abele-Test entwickelt, der lange Zeit der Unterscheidung zwischen patentfähigen und nicht patentfähigen Algorithmen diente. Die Untersuchung wurde dabei zweistufig vorgenommen. Auf der ersten Stufe wurde gefragt, ob die Innovation mittelbar oder unmittelbar einen Algorithmus enthielt. Wurde diese Frage bejaht, so untersuchte man den beanspruchten Gegenstand darauf hin, ob der Algorithmus „in irgendeiner Weise auf physische Elemente oder Verfahrensschritte angewandt

---

[631] „In Benson, we held unpatentable claims for an algorithm used to convert binary code decimal numbers to equivalent pure binary numbers. The sole practical application of an algorithm was in connection with the programming of a general purpose digital computer. (...) In contrast the respondents here ... seek patent protection for process of curing synthetic rubber.", *Diamond v. Diehr*, 450 U.S. 175, 183 f. (1981).
[632] *Haase*, S. 327.
[633] So auch *Krefft*, S. 59.
[634] CCPA 1980; 618 F.2d, 758; 205 USPG, 397; GRUR 1980, 764 – *In re Walter; Diamond v. Diehr*, 450 U.S. 175, 183 f. (1981).
[635] CCPA 1980; 618 F.2d, 758; 205 USPG, 397; GRUR 1980, 764 – *In re Walter*.
[636] CCPA 1978, 197 USPQ, 464; 573 F.2d, 1237 – *In re Freeman*.
[637] CCPA 1982, 684 F.2d, 902; 214 USPQ, 682 – *In re Abele*.

wird." Kam man zu einem positiven Ergebnis, galt der Gegenstand als unter 35 U.S.C. § 101 patentfähig.[638]

Im Ergebnis wurden die auf ein Computerprogramm bezogenen Erfindungen dann als nicht-patentfähig angesehen, wenn der begehrte Patentanspruch einen mathematischen Algorithmus erwähnte und sich im Ergebnis insgesamt in diesem Algorithmus erschöpfte. Die Gerichte vertraten die Auffassung, dass die Annahme der Schutzfähigkeit dem Schutz einer abstrakten Idee gleichkäme. Eine solche solle jedoch vom Patentschutz stets ausgenommen bleiben.[639] Patentschutz komme allein dann in Betracht, wenn das Programm an einen physischen Bestandteil oder Prozessabschnitt gekoppelt sei.[640]

2. Patentfähige Computerprogramme

Aufgrund der Anwendung der „physical step"-Doktrin gelangte die U.S.-amerikanische Rechtsprechung zu einer offeneren Sichtweise hinsichtlich der Patentierung von Computerprogrammen. Zu den patentrechtlich schutzfähigen Gegenständen wurden im Laufe der Zeit Programme aus dem Bereich der Steuerungs- und Regelungstechnik[641], Hardware steuernde computerbasierte Algorithmen[642] und Betriebssysteme[643] gezählt. Hinzu kommen programmbezogene Verfahren und Vorrichtungen, deren Ansprüche über die bloße Anwendung eines Algorithmus hinausgingen,[644] wie beispielsweise Programme aus dem Bereich der digitalen Signalverarbeitung.[645]

---

[638] CAFC 1994; 958 F.2d, 1053, 1063 – *Arrythemia Research Technology, Inc. v. Corazonix Corporation*.
[639] Vgl. hierzu schon *Rubber-Tip Pencil Co. v. Howard*, 20 Wall. 498 (1874).
[640] CAFC 1994; 958 F.2d, 1053, 1064 – *Arrythemia Research Technology, Inc. v. Corazonix Corporation*.
[641] *In re Warmerdam*, 31 U.S.P.Q.2d 1754 (Fed. Cir. 1994); *Parker v. Flook*, 437 U.S. 584 (1978) = GRUR Int. 1978, 465; *Diamond v. Diehr*, 450 U.S. 175 (1981) = GRUR Int. 1981, 646; vgl. auch *Körner*, GRUR 1997, 115.
[642] *In the Matter of the Application of Noll*, 545 F.2d 141 (CCPA 1976); *In re Freeman*, 197 U.S.P.Q. 464 (CCPA 1978); *In re Meyer*, 215 U.S.P.Q. 193 ff. (CCPA 1982); *In re Grams*, 12 U.S.P.Q. 1824 ff. (Fed. Cir. 1988); *In re Alappat*, 31 U.S.P.Q.2d 1545 ff. (Fed. Cir. 1994); *In re Lowry*, 32 U.S.P.Q.2d 1031 ff. (Fed. Cir. 1994).
[643] *In re Mahony*, 164 U.S.P.Q. 572 (CCPA 1970); *In re McIlroy*, 170 U.S.P.Q. 31 (1971); *In the Matter of the Application of Chatfield*, 545 F.2d 152 (CCPA 1976); *In re Bradley and Franklin*, 202 U.S.P.Q. 480 (CCPA 1979); *In re Pardo and Landau*, 214 U.S.P.Q. 673 (CCPA 19829).
[644] *Arrhythemia Research Technologies, Inc. v. Corazonic Corp.*, 958 F.2d 1053 (Fed. Cir. 1992); *In re Iwashi*, 12 U.S.P.Q.2d 1908 (Fed. Cir. 1989).
[645] *In re Naquin*, 58 U.S.P.Q. 317 (CCPA 1968); *In re Musgrave*, 167 U.S.P.Q. 280 (CCPA 1970) = GRUR Int. 1971, 447; *In re Foster*, 169 U.S.P.Q. 99 (CCPA 1971); *In re Abele and Marshall*, 214 U.S.P.Q. 682 (CCPA 1982).

3. Nicht-patentfähige Computerprogramme

Zu den nicht-patentfähigen Computerprogrammen zählen diejenigen, die sich in der Verwendung eines Algorithmus erschöpfen bzw. bei denen der Algorithmus nicht auf physikalische Elemente oder Verfahrensschritte angewendet wird. Generelle Aussagen hinsichtlich der nicht patentfähigen Computerprogramme lassen sich gleichwohl kaum treffen. Eine Systematik der Entscheidungen ist nur ansatzweise zu erkennen. So wurde beispielsweise einem Computerprogramm zur Überwachung von klinischen Versuchen, das feststellen konnte, ob innerhalb des Versuches Abnormalitäten vorlagen und auf welchen Umstand diese zurückzuführen waren, der Patentschutz versagt.[646] Darüber hinaus wurde die Patentfähigkeit eines Computerprogramms zur Berechnung der Porosität von Schichten in der Erdkruste anhand verschiedener Messwerte[647] ebenso verneint wie die eines Programms, dass die Fließparameter eines Kanals (Flusses) unter Berücksichtigung von Hindernissen (Brückenpfeilern) berechnen konnte.[648]

4. Ergebnis

Zusammenfassend ist festzuhalten, dass die Annahme der Patentfähigkeit programmimplementierter Geschäftsmethoden nach U.S.-amerikanischem Recht von der Verwendung physikalischer Elemente, Mittel oder Verfahrensschritten abhängt, mit der Folge, dass insbesondere programmbezogene Vorrichtungsansprüche als generell patentfähig erachtet werden.[649] Charakteristischerweise wird daher insbesondere die Patentfähigkeit von Betriebssystemen und systemnahen Programmen sowie von Programmen aus dem Bereich der Steuerungs- und Regelungstechnik und der digitalen Signalbearbeitung bejaht. Es scheint, als ob die Patentfähigkeit vor allem in den Fällen angenommen wird, in denen sich die Innovationen auf den Bereich der traditionellen Gebiete der Natur- und Ingenieurwissenschaften beziehen.[650]

Es zeichnet sich jedoch ab, dass der Kreis der patentfähigen Gegenstände auf Bereiche ausgedehnt wird, die mit den klassischen Feldern nichts mehr gemein haben. Dieser Frage ist im Folgenden nachzugehen.

---

[646] *In re Grams*, 12 U.S.P.Q.2d 1824 (Fed. Cir. 1989).
[647] *In re Christensen*, 178 U.S.P.Q. 35 (CCPA 1973).
[648] *In re Sakar*, 588 F.2d 1330 (CCPA 1978).
[649] Vgl. *In re Warmerdam*, 31 U.S.P.Q.2d 1754 ff. (Fed. Cir. 1994); *In re Iwashi*, 12 U.S.P.Q.2d 1908 ff. (Fed. Cir. 1989); *In re Alappat*, 31 U.S.P.Q.2d 1545 ff. (Fed. Cir. 1994)
[650] Siehe dazu auch *Nack*, S. 101.

II. Neue Beurteilungstendenzen

Neue Beurteilungstendenzen zeichnen sich vor allem nach den Entscheidungen *State Street Bank & Trust Co. v. Signature Financial Group Inc.*[651] sowie *AT & T Corp. v. Excel Communications Inc.*[652] ab.

1. State Street Bank & Trust Co. v. Signature Financial Group, Inc.[653]

In dieser Entscheidung aus dem Jahr 1998 musste der CAFC über eine Nichtigkeitsklage in Bezug auf ein der Signature Financial Group erteiltes Patent entscheiden. Das Patent war als „Datenverarbeitungssystem für eine Hub and Spoke (Naben- und Speichen) Finanzdienstleistungsanordnung" (Data Processing System for Hub and Spoke Financial Services Configuration) beschrieben. Mit Hilfe dieses Datenverarbeitungssystems konnte eine bestimmte Investmentfondskonstruktion verwaltet werden. Bei dieser Konstruktion legten mehrere Tochterfonds (spokes) ihre Vermögenswerte in einem gemeinsamen Vermögensportfolio (Hub) mit dem Ziel an, durch die höheren Anlagesummen Transaktions- und Verwaltungskosten zu sparen und steuerrechtliche Vorteile zu erhalten.[654] Das beanspruchte System setzte sich aus gängiger Hard- und Software sowie Methoden zusammen, die dem Fondsabgleich dienten und die erforderlichen Berechnungen und Wertbestimmungen u.ä. ermöglichten.[655]

Der CAFC setze sich in dieser Grundsatz-Entscheidung[656] mit den oben aufgeführten Patentierungsverboten auseinander und hielt insbesondere fest, dass mathematische Algorithmen als Unterfall der abstrakten Idee dann patentierbar seien, wenn sie in einer nützlichen Weise angewendet werden und dabei ein „nützliches, konkretes und greifbares Ergebnis" hervorbringen.[657] Maßgeblich sei allein die nützliche Anwendung, so dass die Einordnung in die Kategorien der patentfähigen Gegenstände nebensächlich sei. Einem abstrakten und damit nicht

---

[651] *State Street Bank & Trust Co. v. Signature Financial Group, Inc.*, 149 F.3d 1368 (Fed. Cir. 1998) = GRUR Int. 1999, 633, 636.
[652] *In re AT & T Corp. v. Excel Communications Inc.*, CRi 2000, 19 f.
[653] *State Street Bank & Trust Co. v. Signature Financial Group, Inc.*, 149 F.3d 1368 (Fed. Cir. 1998) = GRUR Int. 1999, 633, 636.
[654] Dies geht aus der Patenschrift hervor, abzurufen unter www.uspto.gov. Vgl. dazu auch *Esslinger/Hössle*, Mitt. 1999, 327.
[655] Vgl. dazu auch *Krefft*, S. 59.
[656] Der U.S. Supreme Court hat die Entscheidung nicht zur Revision angenommen, so dass sie als höchstrichterlich bestätigt angesehen werden kann, vgl. *Hufnagel*, MMR 2002, 280, 283.
[657] „This is not a disembodies mathematical concept which may be characterized as an 'abstract idea', but rather a specific machine to produce a useful, concrete and tangible result."; siehe auch *Jander*, Mitt. 2000, 346.

patentfähigen Algorithmus entspräche ein mathematischer Algorithmus folglich nur, wenn er nicht mehr als ein unausgegorenes Konzept oder eine nutzlose Wahrheit enthalte und nicht praktisch anwendbar sei.[658] Dies kam nach Auffassung des Gerichts hier nicht in Betracht, da die fragliche Software vielschichtige anfallende Umsätze auf die verschiedenen Beteiligungsanteile umrechnete. Dass das Ergebnis dieses Vorgangs letztendlich nur in Zahlen, wie Preisen, Profiten, Prozenten, Gewinnen oder Verlusten ausgedrückt wurde, änderte an der Auffassung des Gerichts nichts.

Damit wurde unter Aufhebung des Freeman-Walter-Abele-Tests[659] eine neue Prüfmethode etabliert: Die Unterscheidung zwischen patentfähigen und nichtpatentfähigen Algorithmen und Ideen erfolgt nunmehr anhand der Überprüfung ihrer praktischen Anwendungsmöglichkeiten. Nicht patentfähig ist eine Innovation allein dann, wenn sie lediglich abstrakte Ideen und keine nützlichen Anwendungen beinhaltet.[660]

Mit dieser Entscheidung bestätigte das Gericht nicht nur seine bislang bestehende Auffassung, programmbezogene Vorrichtungen seien in der Regel patentfähig. Es eröffnete darüber hinaus auch auf Datenträgern gespeicherten Computerprogrammen den Zugang zum Patentschutz.[661] Schließlich deutet sich die Anerkennung der Patentfähigkeit für als Verfahren beanspruchte Computerprogramme insoweit an, als das Gericht die Einordnung in die Kategorien patentfähiger Gegenstände nach 35 U.S.C. § 101 als nebensächlich einstuft.

2. AT & T Corp. vs. Excel Communications, Inc.

Der CAFC bestätigte und modifizierte seine Auffassung in der Entscheidung *AT & T Corp. v. Excel Communications, Inc.*[662] Der beanspruchte Gegenstand stellte eine Abwandlung des in den USA üblichen Telefonabrechnungssystems dar. In den Vereinigten Staaten wählen die einzelnen Telefonteilnehmern zwei Telefongesellschaften aus; eine für lokale Gespräche, sogenannte local exchange carrier, und eine für Ferngespräche, sogenannte long distance service (interexchance) carrier (IXP) oder PIC. Dem Festnetzbetreiber des Anrufers werden Ferngespräche über das Netz der örtlichen Telefongesellschaft zugeleitet, wobei

---

[658] „Unpatentierbare mathematische Algorithmen sind identifizierbar, indem man aufzeigt, dass sie bloße abstrakte Ideen sind, die unverkörperte Konzepte oder Wahrheiten darstellen, die nicht `nützlich` sind."; *State Street Bank & Trust Co. v. Signature Financial Group, Inc.*, 149 F.3d 1368, 1773 (Fed. Cir. 1998) = GRUR Int. 1999, 633.
[659] Vgl. *Kunin*, 1999 J. Pat. & Trademarks Off. Soc'y 671, 675; *Merges*, S. 114.
[660] So auch *Krefft*, S. 61 m.w.N.
[661] *Haase*, S. 310.
[662] *In re AT & T Corp. v. Excel Communications Inc.*, CRi 2000, 19 f.

der Festnetzbetreiber dann die Weiterleitung des Gesprächs zu dem Angerufenen vornimmt, also die Verbindung herstellt. Über dieses Gespräch wird ein Datensatz erstellt, der alle Daten wie Telefonnummer der Teilnehmer und Gesprächsdauer enthält. AT & T fügte dem Datensatz einen im Detail unterschiedlichen sogenannten PIC-Indikator hinzu, mit dem erkennbar gemacht werden kann, ob Anrufer und Angerufener dieselbe Gesellschaft für Ferngespräche gewählt haben. Stellte sich heraus, dass sowohl Anrufer als auch Angerufener die gleiche Gesellschaft auswählt hatten, so ermöglichte dies der Gesellschaft, den Gesprächsteilnehmern bessere Konditionen anzubieten. Das Gericht bejahte die Patentfähigkeit. Konsequenter Weise wurde dabei das Patentierungsverbot für geschäftliche Methoden nicht geprüft, da die Existenz dieses Versagungsgrundes bereits in der *State Street* Entscheidung verneint worden war. Geprüft wurde allein der Ausschlussgrund des abstrakten mathematischen Algorithmus. Dessen Vorliegen wurde mit der Begründung verneint, das Verfahren liefere ein konkretes Ergebnis. Dieses Erfordernis allein sei maßgeblich, da das richterrechtliche Patentierungsverbot für Algorithmen sehr eng auszulegen und nur auf abstrakte Ideen zu beschränken sei.[663] Unerheblich sei darüber hinaus, ob der Gegenstand als Vorrichtung, Verfahren oder Erzeugnis beansprucht werde.[664]

Eine Weiterentwicklung der *State Street Bank & Trust Co.* Entscheidung nahm das Gericht insofern vor, als nunmehr auch Verfahrensansprüche ohne weiteres als patentfähig angesehen wurden. Es wird also nicht mehr vorausgesetzt, dass ein Verfahren eine wie auch immer geartete körperliche Umformung eines Gegenstandes bewirken muss. Entscheidend ist allein die Nützlichkeit, also die praktische Lösung eines Problems.[665] Verfahren und Vorrichtungen sind damit nunmehr patentrechtlich gleichgestellt.

3. Ergebnis

Zusammenfassend ist anzumerken, dass das U.S.-amerikanische Patentrecht einen weitgehenden Wandel durchlaufen hat. Das richterrechtliche Patentierungsverbot für Algorithmen wurde erheblich eingeschränkt. Für auf Algorithmen beruhende

---

[663] *State Street Bank & Trust Co. v. Signature Financial Group, Inc.*, 149 F.3d 1368 (Fed. Cir. 1998) = GRUR Int. 1999, 633, 634.
[664] „Die Frage, ob ein Anspruch auf einen patentfähigen Gegenstand gerichtet ist, sollte sich nicht darauf konzentrieren, auf welche der vier Kategorien patentfähiger Gegenstände sich ein Anspruch bezieht – Verfahren, Maschine, Erzeugnis oder Stoff – sondern vielmehr auf die Eigenschaften der Gegenstände, insbesondere ihre praktische Anwendbarkeit.", *State Street Bank & Trust Co. v. Signature Financial Group, Inc.*, 149 F.3d 1368, 1773; 1775 (Fed. Cir. 1998) = GRUR Int. 1999, 633.
[665] Vgl. dazu auch die Anm. von *Nack*, GRUR Int. 2000, 197 f.; sowie die Anm. von *Lejeune*, CRi 2000, 120, der die Patentierung von Algorithmen als solchen befürchtet.

Verfahren und Vorrichtungen bestehen nunmehr weitreichende Patentierungsmöglichkeiten. Die Annahme der Patentfähigkeit hängt nicht mehr davon ab, ob physikalische Schritte oder körperliche Elemente verwendet werden. Entscheidend ist, ob die Innovation ein „nützliches, konkretes und greifbares" Ergebnis erzielen kann. Damit ist auch die Gewährung von Patentschutz für Computerprogramme grundsätzlich anerkannt, wobei dies insbesondere und auch für als Verfahren beanspruchte Programme gilt.

III. Konsequenzen für die Patentfähigkeit programmimplementierter Geschäftsmethoden

Konsequenz der bis hierhin gewonnenen Erkenntnisse ist die uneingeschränkte Patentfähigkeit programmimplementierter Geschäftsmethoden nach U.S.-amerikanischem Recht:

Patente auf Algorithmen sind in den USA nunmehr möglich.[666] Computerprogramme können daher grundsätzlich und unabhängig von einer neuen Konfiguration oder Verwendung der Hardwarekomponenten des Computers als Vorrichtung und Verfahren durch Patente schützbar sein, solange nicht eine abstrakte Idee an sich, sondern eine praktische Anwendung dieser Idee mit konkretem Ergebnis beansprucht wird. Unabhängig davon, dass ein wie auch immer gearteter Technikbezug nicht verlangt wird und damit Geschäftsmethoden ohne Technikbezug patentfähig sein können, sind jedenfalls programmimplementierte Geschäftsmethoden in den Kreis patentfähiger Gegenstände nach U.S.-Recht aufgenommen worden.

E. Die Beurteilung des richterrechtlichen Patentierungsverbots für Computerprogramme durch das Schrifttum

Trotz der Popularität des Themas findet sich lediglich eine geringe Anzahl von Aussagen über die (Nicht-)Patentierbarkeit von Computerprogrammen in der patentrechtlichen Literatur. Tatsächlich hat eine vom Einzelfall losgelöste Diskussion über die Frage der Beurteilung des richterrechtlichen Patentierungsverbotes für Computerprogramme kaum stattgefunden[667] - sieht man einmal von

---

[666] *Schulzki-Haddouti*, c´t 14/2000, S. 23.
[667] *Chiapetta*, 17. J. Marshall J. Computer & Info. L. 89, 1989; *Chisum*, 47 U. Pitt. L. Rev. 959 (1986); *Hulse*, 35 U.S. Davis L. Rev. 491 (2000); *Minsk*, 8 Santa Clara Computer & High Tech. L.J. 251 (1992); *Peterson*, 64 Geo. Wash. L. Rev. 90 (1995); *Simenauer*, 54 Geo. Wash. L. Rev. 871 (1986).

den schlichten Bekundungen, dass keine solchen Einwände bestünden, ab.[668] Indes darf der Befund des Nichtvorhandenseins einer dogmatisch-abstrakten Diskussion nicht verwundern, ist deren Fehlen doch auf das U.S.-amerikanische Case-Law-System zurückzuführen. Die Literatur im dortigen System verfolgt das Ziel die wesentliche Aussage der jeweiligen Entscheidung herauszuarbeiten, um sie anderen Entscheidungen gegenüberzustellen. Wirft die Rechtsprechung wie hier die abstrakte Frage, ob ein Computerprogramm prinzipiell patentierbar sein soll, nicht auf, folgt daraus, dass sich auch das Schrifttum der Frage häufig nicht annimmt. Die literarische Diskussion richtet sich oftmals nach den von der Rechtsprechung vorgegebenen Argumentationslinien und beschränkt sich auf eine Wiedergabe und Prüfung der logisch-inhaltlichen Konsistenz des Fallrechts. Dies gilt auch in Bezug auf den Gegenstand dieser Untersuchung.

F. Konklusion: Patentfähigkeit programmimplementierter Geschäftsmethoden im U.S.-amerikanischen Recht

In Bezug auf den Kreis der patentfähigen Gegenstände heißt es im U.S.-amerikanischen Recht, „alles unter der Sonne (sei) patentierbar"[669]. Es konnte jedoch festgestellt werden, dass dies nicht ganz der Realität entspricht. Von der Patentfähigkeit ausgenommen, sind jedenfalls Naturgesetze, physikalische Phänomene und abstrakte Ideen. Wurden zunächst auch noch Geschäftsmethoden aus dem Kreis schutzfähiger Gegenstände ausgeschlossen, so machte die Entscheidung *State Street Bank & Trust Co. v. Signature Financial Group, Inc.*[670] des Supreme Court diesen Ausschluss obsolet. Die Patentfähigkeit von Geschäftsmethoden beurteilt sich nunmehr an den gesetzlichen Erfordernissen, die auch den Maßstab für die Beurteilung der Patentfähigkeit aller sonstigen Gegenstände bilden.

Für die Patentfähigkeit von Computerprogrammen zeichnet sich folgendes Bild ab: Obwohl im U.S.-amerikanischen Recht kein Technizitätserfordernis besteht, wurde die Patentfähigkeit bis zur Entscheidung *State Street* nur ausnahmsweise bejaht; die Frage der Patentierbarkeit wurde also eher restriktiv gehandhabt. Die zunächst bestehenden Bedenken beruhten darauf, dass die in Computerpro-

---

[668] *Toedt*, 77. J. Pat. & Trademarks Off. Soc'y 275, 289 (1995); *Whitmeyer*, 85 Nw. U. L. Rev. 1102, 1124 (1991); *Samuelson, Davis, Kapor, Reichmann*, 94 Colum. L. Rev. 2308, 2324 (1994). Kritisch beurteilt wird die Patentierung von Software hingegen teilweise aus ökonomischer Sicht: *Cohen*, 5 Mich. Telecomm. Tech.L.Rev. 1 (1999).
[669] *Diamond v. Chakrabarty*, 477 U.S. 303, 308 ff. (U.S. Supreme Court 1980).
[670] *State Street Bank & Trust Co. v. Signature Financial Group, Inc.*, 149 F.3d 1368 (Fed. Cir. 1998) = GRUR Int. 1999, 633, 636.

grammen enthaltenen Algorithmen mit abstrakten Ideen gleichgesetzt wurden. Jene sollten nicht patentschutzfähig sein, da es zu vermeiden galt, Allgemeininteressen zu verletzen. Wurde das Patentierungsverbot im Laufe der Zeit zunehmend eingeschränkt, so ist es seit *State Street Bank & Trust Co. v. Signature Financial Group, Inc.*[671] und *AT & T*[672] nahezu aufgehoben. Ausreichend ist, dass durch die Erfindung ein „nützliches, greifbares und konkretes" Ergebnis erzielt wird. Daher gibt es wohl auch keine ernsthaften patentrechtlichen Hürden für Computerprogramme mehr. Denn es scheint kein Computerprogramm denkbar, dass nicht geeignet wäre, ein „nützliches, konkretes und greifbares Ergebnis" zu produzieren. Ein Computerprogramm hat immer einen „konkreten" Zweck, nämlich den Zweck, zu dem es geschaffen wurde. Es ist auch stets zumindest insoweit „nützlich", als es diesen Zweck erfüllt.

Aufgrund der engen Auslegung des Patentierungsverbotes für Algorithmen und der Vernachlässigung der Anspruchskategorie in der U.S.-amerikanischen Rechtsprechung[673] sind Computerprogramme sowohl als Vorrichtung als auch als Verfahren patentrechtlich schützbar. Gleiches gilt für programmimplementierte Geschäftsmethoden. Im Ergebnis ist deren Patentfähigkeit nunmehr generell anerkannt.[674]

Auf dieser Linie liegen auch die Richtlinien des U.S. Patent- und Markenamtes[675] zur Prüfung computerbezogener Erfindungen.[676] Am USPTO wird daher bei der Prüfung einer Anmeldung, die ein Computerprogramm zum Gegenstand hat, 35 U.S.C. § 101 nicht länger thematisiert. Der Gegenstand wird nicht mehr in einen der Kategorien eingeordnet; das Amt geht vielmehr davon aus, dass Computerprogramme grundsätzlich patentfähig sind. Es prüft daher neben den Kriterien der Neuheit und der erfinderischen Tätigkeit nur, ob ein „nützliches, greifbares und konkretes" Ergebnis erzielt wird.

---

[671] *State Street Bank & Trust Co. v. Signature Financial Group, Inc.*, 149 F.3d 1368 (Fed. Cir. 1998) = GRUR Int. 1999, 633 f.
[672] *In re AT & T Corp. v. Excel Communications Inc.*, CRi 2000, 19 f.
[673] Siehe dazu oben unter Kap. 4 D II 1.
[674] Siehe dazu die Entscheidungen *State Street Bank & Trust Co. v. Signature Financial Group, Inc.*, 149 F.3d 1368 (Fed. Cir. 1998) = GRUR Int. 1999, 633 f. und *In re AT & T Corp. v. Excel Communications Inc.*, CRi 2000, 19 f.
[675] Im Folgenden: USPTO.
[676] In den Richtlinien heißt es: „The utility of an invention must be within the „technological" arts. A computer-related invention is within the technological arts."; Patent and Trademark Office, Examination Guidelines for Computer-Related Inventions, Fassung 1996, II A.

§ 2 Patentrechtliche Schutzvoraussetzungen

Nachdem festgestellt wurde, dass programmimplementierte Geschäftsmethoden patentfähig sind, soll im Folgenden auf die Kriterien geblickt werden, die sie patentierbar sein lassen. Grundsätzlich muss eine Erfindung neu, nichtoffensichtlich und nützlich sein, 35 U.S.C. § 101 ff.

Im Rahmen dieser Untersuchung kann das Erfordernis „utility", soweit es mit dem Erfordernis der gewerblichen Anwendbarkeit nach kontinentaleuropäischem Recht gleichgesetzt wird, vernachlässigt werden. Das Erfordernis der „utility" ist ein äußerst komplexes Rechtinstitut, das eine Vielzahl von Aussagen enthält, die teilweise bei der Frage nach der Patentfähigkeit und teilweise bei der Frage nach den Schutzvoraussetzungen erörtert werden.[677] Soweit eine Gleichsetzung dieses Kriteriums bzw. seinen Ausprägungen mit dem Kriterium der gewerblichen Anwendbarkeit erfolgt, wird indes verkannt, dass die Kriterien trotz sprachlicher Nähe unterschiedliche Sachfragen betreffen[678] und das Kriterium als Reaktion auf die Problematik des absoluten hier nicht weiter zu berücksichtigende Stoffschutzes verstanden wird.[679] Da sich aus diesem Grunde zum einen die Kriterien funktional nicht miteinander vergleichen lassen[680] und es sich größtenteils um die gleichen Fragestellungen handelt, die es schon im Rahmen des Erfindungsbegriffs zu beantworten galt,[681] sei an dieser Stelle nach oben verwiesen.[682] Es ist daher an dieser Stelle lediglich auf die Schutzvoraussetzungen der Neuheit und der erfinderischen Tätigkeit einzugehen.

A. Neuheit – Novelty, 35 U.S.C. §§ 101, 102

I. Der Begriff der Neuheit

Das Kriterium der Neuheit („novelty") ist die älteste Patentvoraussetzung des U.S.-amerikanischen Rechts und lässt sich bereits in den Patentgesetzen des 18. Jahrhunderts nachweisen.[683] Grundsätzliche Voraussetzung des U.S.-amerikanischen Patentrechts ist damit, dass der patentfähige Gegenstand einer Anmeldung

---

[677] *Adelman/Rader/Thomas/Wegner*, Patent Law, S. 181.
[678] Davon geht offenbar auch das Standing Committee on the Law of Patents der WIPO aus, siehe Dokument SCP/4/2, S. 8.
[679] *Nack*, S. 22.
[680] *Nack*, S. 22 ff.
[681] *Krefft*, S. 74 ff., 217 f.
[682] Kap. 4 § 1 A V.
[683] *Kayton*, in: Patent Practice, S. 4-1.

dem Stand der Technik gegenüber Neuheit aufweisen muss. Während 35 U.S.C. § 101 bestimmt, dass nur „neue" Verfahren, Verfahren und Erzeugnisse patentfähig sind, umschreibt 35 U.S.C. § 102 den Begriff der Neuheit näher. Dabei handelt es sich um eine komplexe, mehrstufig aufgebaute Vorschrift, deren Komplexität darauf zurückzuführen ist, dass in den USA das Patent nicht dem ersten Anmelder, sondern dem ersten Erfinder einer technischen Lehre gebührt (First-to-Invent-Grundsatz). Dies muss notwendigerweise Auswirkungen auf den Neuheitsbegriff haben.[684] So gehören zu den Punkten, die bei der Beurteilung der Neuheit in Betracht zu ziehen sind auch Tatsachen, wie das Erfindungsdatum und die Frage, was passiert, wenn der Anmelder nicht der erste Erfinder ist.[685]

Da das Neuheitserfordernis keine Besonderheiten für die Frage der Patentierbarkeit von programmimplementierten Geschäftsmethoden birgt, sollen an dieser Stelle lediglich die Eckpunkte der U.S.-amerikanischen Neuheitsprüfung markiert werden. So normiert insbesondere 35 U.S.C. § 102, dass jemand der nicht der erste Erfinder einer Technologie ist, kein Patent darauf erhalten kann, gleich, ob und wann eine andere Anmeldung getätigt wurde. Die Vorschrift etabliert damit das sogenannte „first-to-invent"-System, das nur in den USA existiert. Es soll verhindern, dass der kleine Erfinder beim „Rennen zum Patentamt" auf der Strecke bleibt.[686] Es gibt folglich zwei unterschiedliche patentrechtlich relevante Zeitpunkte: den der Erfindung und den der Anmeldung. Verstehen das USPTO und die Gerichte unter dem Erfindungsdatum zumeist den Anmeldungstag, so kann dem Erfindungsdatum entscheidende Bedeutung zukommen. Der Erfinder hat die Möglichkeit ein früheres Erfindungsdatum nachzuweisen und kann so eine neuheitsschädliche Wirkung verhindern.

Darüber hinaus ist das Neuheitskriterium nach U.S.-amerikanischem Recht so ausgestaltet, dass es Doppel- und Mehrfachpatentierungen[687] derselben Erfindung durch einen oder mehrere Anmelder verhindert.[688] Damit sollen mögliche indirekte Verlängerungen der Patentdauer im öffentlichen Interesse unterbunden werden.[689]

---

[684] *Avery*, US-Patent, S. 101.
[685] Zur Ermittlung des Erfindungsdatums wird das sogenannte Interference-Verfahren durchgeführt, vgl. dazu *Avery*, US-Patent, IV, S. 113 f.
[686] *Krefft*, S. 118.
[687] Siehe dazu auch *Avery*, US-Patent, VI., S. 155.
[688] Dieses Verbot wird rechtsdogmatisch aus dem Wortlaut des 35 U.S.C. § 101 begründet, wonach für eine Erfindung (nur) ein Patent gewährt wird. Der Versuch, für identische Erfindungen mehrere Patente zu erlangen, ist daher auch in den USA zum Scheitern verurteilt, vgl. *Linck*, 67 JPOS 489, 500 Fn. 81 (1985).
[689] Ibidem.

Abgesehen von den Besonderheiten des First-to-Invent-Systems und den daraus resultierenden Folgen stimmt der in den USA verlangte Neuheitsstandard mit dem europäischen nahezu überein. Verlangt wird eine identische Vorwegnahme der beanspruchten Erfindung in einer einzigen Lehre. Eine Erfindung gilt als neu, es sei denn, sie war vor dem Erfindungsdatum Dritten schon bekannt, wurde von Dritten schon benutzt, war schon patentiert oder auf irgendeine andere Art bekannt.[690]

Eine Erfindung, die nicht vorweggenommen ist, gilt nicht als neu. Dabei wird ein strenger Identitätsvergleich vorgenommen. Kommt dieser zu dem Ergebnis, dass die Innovation nicht mit allen Merkmalen vorweggenommen ist,[691] wird sie dem Erfordernis der Neuheit nicht gerecht.

II. Die Neuheit programmimplementierter Geschäftsmethoden

Als „neu" im Sinne des U.S.C. gelten insofern Geschäftsmethoden, die der Öffentlichkeit noch nicht bekannt und dem Stand der Technik vorweggenommen sind.

Da das amerikanische Patentgesetz keinen technischen Bezug im kontinentaleuro-päischen Sinne erfordert, kann die Neuheit sowohl in der Geschäftsmethode als auch in dem Computerprogramm selbst liegen.

Darüber hinaus kann möglicherweise die Implementierung der Geschäftsmethode durch das Computerprogramm die Neuheit begründen. Wird eine bekannte Geschäftsmethode mit Hilfe von Software umgesetzt, so kann sich die Neuheit aus der Implementierung ergeben, wenn eine solche Umsetzung noch nicht bekannt war. Da der die Neuheit begründende Umstand nicht auf die klassisch-technischen Felder bezogen sein muss, vermögen auch Leistungen auf dem Gebiet der Betriebswirtschaft oder Sprachwissenschaft die Neuheit zu begründen.

III. Ergebnis

Programmimplementierte Geschäftsmethoden sind neu, wenn sie dem jeweiligen Stand der Technik vorweggenommen sind, wobei der Stand der Technik nicht

---

[690] Daneben stellt 35 U.S. § 102 noch weitere Patentierungserfordernisse auf: Identität von Erfinder und Patentanmelder, Nichtvorliegen eines Verzichts auf die Erfindung.
[691] "Invalidity for anticipation" requires that all of the elements and limitations of the claim are found within a single prior art reference."; *Scripps Clinic & Research Foundation v. Gentech, Inc.*, 927 F.2d 1565, 1576 (Fed. Cir. 1992).

ausschließlich die klassischen Technikfelder wie Physik, Chemie und Biologie umfasst.

B. Nicht-Offensichtlichkeit – Nonobviousness, 35. U.S.C. §§ 101, 103

Im amerikanischen Patentrecht wird für die Patentierung einer Erfindung weiter gefordert, dass sie nicht naheliegend (nonobvious) ist. Seine Grundlage findet das Erfordernis der Nonobviousness in 35 U.S.C. § 101 i.V.m. § 103.[692]

I. Der Begriff „Nonobviousness"

Das Erfordernis des Nichtnaheliegens („Nonobviousness") wurde vor der Reform des Patentgesetzes im Jahre 1952 nach allgemeiner Auffassung als ungeschriebenes Merkmal im Erfindungsbegriff selbst verankert.[693] Ein wichtiges Anliegen des Gesetzgebers bei der Neuschaffung des U.S.C. § 103 im Zuge der Reform war, ein selbständiges und unabhängiges Patentierungskriterium festzuschreiben, um größere Rechtssicherheit zu erzielen.

Hatten die Gerichte das Vorliegen der erfinderischen Tätigkeit zunächst anhand subjektiver Kriterien beurteilt[694] und beispielsweise verlangt, dass die Erfindung auf einem Geistesblitz („flash of creative genius")[695] beruhen müsse, wurde zunehmend auf objektive Kriterien abgestellt.

Gemäß 35 U.S.C. § 103 kann deshalb kein Patent erlangt werden, „wenn die Unterschiede zwischen dem zu patentierenden Erfindungsgegenstand und dem Stand der Technik derart sind, dass der Erfindungsgegenstand als Ganzes zu der Zeit, als die Erfindung gemacht wurde, für einen auf dem Gebiet des Erfindungsgegenstandes Sachverständigen naheliegend gewesen wäre". Eine neue

---

[692] 35 U.S.C. § 103: „A patent may not be obtained though the invention is not identically disclosed or described as set forth in sec 102 of this title, if the differences between the subject matter as a whole would have been obvious at the time the invention was made to a person having ordinary skill in the art which the subject matter pertains...".
[693] *Rich*, in: Witherspoon (Hrsg.), Nonobviousness, S. 1:207; *Frederico*, in: Witherspoon, Nonobviousness, S. 1:303.
[694] Vgl. *Schwenk*, S. 125 ff.; *Miller/Davis*, S. 72; *Rich* in: Witherspoon (Hrsg.), Nonobviousness, S. 1:206; *Beier*, GRUR 1985, 606, 609.
[695] *Cuno Engineering Corp. v. Automatic Devices Corp*, 314 U.S. 84 (1941); *Great Atlantic and Pacific Tea Co. v. Supermarket Equipment Corp*, 340 U.S. 147 (1950) = 87 USPQ 303. Zu den historischen Wurzeln der „Geistesblitz"-Theorie vgl. *Schwenk*, S. 118, 121.

Erfindung ist folglich nicht schutzfähig, wenn der Gegenstand der Erfindung aufgrund der prior art für den durchschnittlichen Fachmann offensichtlich war (ordinary skills), d.h. ohne Schwierigkeiten aus dem vorhandenen Wissen hätte abgeleitet werden können. Ob eine Erfindung dieses Kriterium erfüllt oder nicht, richtet sich nach dem Stand der Technik (prior art) und den diesbezüglichen Kenntnissen eines Durchschnittsfachmanns.

Der Supreme Court gliedert die Beurteilung der erfinderischen Tätigkeit nach der noch heute tragenden Entscheidung *Graham v. John Deere Co.*[696] in vier Schritte. Erstens ist der Stand der Technik herauszufinden, zweitens der Gegenstand der Erfindung mit der so festgestellten prior art zu vergleichen, um dann in einem dritten Schritt das Niveau des Wissens eines durchschnittlichen Fachmanns in dem betreffenden Fachgebiet zu ermitteln. Schließlich sind sekundäre Faktoren (secondary considerations)[697] wie der wirtschaftliche Erfolg, ein lange währendes Bedürfnis oder das Scheitern anderer zu berücksichtigen. Waren diese Merkmale zunächst nur in Zweifelsfällen heranzuziehen, ist mittlerweile durch das case law etabliert, dass diese Faktoren stets in die Beurteilung der „Nonobviousness" einfließen sollen.[698] Um auszuschließen, dass beispielsweise überlegenes Marketing für den Erfolg eines neuen Produkts verantwortlich ist,[699] wird ein Zusammenhang (nexus) zwischen der erfinderischen Leistung und den objektiven Kriterien wie beispielsweise dem Erfolg verlangt.[700]

Ist auf der ersten Stufe der Untersuchung die prior art herauszufinden, so handelt es sich dabei um alle in 35 U.S.C. § 102 genannten neuheitsschädlichen Tatbestände.[701]

Die objektive Identitätsprüfung des beanspruchten Gegenstandes auf „Nonobviousness" nimmt der Durchschnittsfachmann auf der zweiten und dritten Stufe der Untersuchung vor. Dazu wird nach der Rechtsprechung ein Fachmann eines tatsächlich existierenden Fachbereichs gesucht, dem die Erfindung zuzuordnen ist.[702] Dabei geht sie davon als, dass der Fachbereich alles das umfasse, was von einem Fachmann üblicherweise als überprüfenswert angesehen wird, wenn er

---

[696] 383 U.S. 1, 1996.
[697] *Avery*, US-Patent, S. 143.
[698] Siehe statt vieler: *Ducor*, 13 Computer & High Tech. L.J. 1, 14.
[699] *Stratoflex, Inc. v. Aeroquip v. Corp.*, 713 F.2d 1530, 1539 (Fed. Cir. 1983); *Solder Removal Co. v. USITC*, 582 F.2d 628, 637 (CCPA 1978) m.w.N.
[700] *McClung/Bliss*, 26 IDEA 95, 103 (1985); *Dauss*, GRUR Int. 1989, 362, 264, 366; *Whelan*, 28 B.C. L.Rev. 357, 381.
[701] *Avery*, US-Patent, S. 135.
[702] *Erie Technological Prod. V. Die Craft Prod.*, 173 U.S.P.Q. 644 (7th Cir. 1972).

ein bestimmtes Problem zu lösen hat.[703] Hinzukommend kann eine patentierbare Erfindung durchaus auch im Erkennen einer Aufgabe oder im Erkennen der Ursache eines Problems liegen, selbst wenn die Lösung trivial ist, nachdem die Aufgabe erkannt wurde. Sie braucht weiter auch nicht technisch nicht-offensichtlich zu sein, muss also den im europäischen Sinne „technischen" Stand der Technik nicht weiterentwickeln: Grundsätzlich ist technischer Fortschritt nach amerikanischem Recht keine Voraussetzung für die Patentierbarkeit einer Erfindung.[704]

II. Die „Nicht-Offensichtlichkeit" programmimplementierter Geschäftsmethoden

Übertragen auf den Untersuchungsgegenstand kommt man zu dem Schluss, dass sowohl die Geschäftsmethode als auch ein sie beinhaltendes oder transformierendes Computerprogramm erfinderisch sein können, wenn es sich um eine Weiterentwicklung des Standes der Technik handelt.

Hinsichtlich der „Nonobviousness" von programmimplementierten Geschäftsmethoden ist zum einen zu beachten, dass bereits die Anspruchskategorien sehr weit gefasst sind und infolgedessen alle wie auch immer gearteten Bereiche zur „Technik" im Sinne des Gesetzes zählen, und zum anderen kein technischer Fortschritt verlangt wird. Dies hat insbesondere zwei Folgen: Zum einen braucht der Fachmann nicht notwendigerweise ein Techniker im Sinne eines Informatikers sein, sondern es reicht aus, wenn er eine sich auf den weiten Kreis der schutzfähigen Gegenstände beziehende Tätigkeit ausübt. Zum anderen wird die „Nonobviousness" bereits dann anzunehmen sein, wenn beispielsweise eine bekannte Geschäftsmethode erstmalig programmimplementiert ausgeführt wird. In diesen Fällen ist eine Aufgabe erkannt worden, was für das Nicht-Naheliegen ausreicht, mag die Lösung auch noch so trivial sein. Wäre die Implementierung einer bekannten Geschäftsmethode in ein Computerprogramm zum Zeitpunkt der Umsetzung durch den „ersten Erfinder" bereits üblich, so müsste dem beanspruchten Gegenstand allerdings das Beruhen auf erfinderischer Tätigkeit abgesprochen werden. Die Automatisierung zählte dann bereits zum Stand der Technik.

Betrifft der beanspruchte Gegenstand andererseits ein Computerprogramm, das bekanntermaßen eine Geschäftsmethode enthält, ist die „Nonobviousness" zu bejahen, wenn eine Reihe von Elementen derart kombiniert werden, dass sie dem

---

[703] *In re Shapleigh*, 115 U.S.P.Q. 129 (CCPA 1957); *Mueller Brass Co. v. Reading Ind.*, 176 U.S.P.Q. 361, 369 (E.D. Pa. 1972).
[704] *In re Ratti*, 270 F.2d 810, 123, U.S.P.Q. 349 (CCPA 1959).

Stand der Technik vorweggenommen und für den - in diesem Fall wohl - Informatiker nicht-naheliegend sind.

III. Ergebnis

Im Ergebnis ist eine programmimplementierte Geschäftsmethode dann „nonobvious", wenn sie sich vom Stand der Technik abhebt und diesen weiterentwickelt. Das zum einen darüber hinaus auch das Erkennen eines Problems bzw. einer Aufgabe ausreicht, um die Nonobviousness zu begründen und zum anderen kein technischer Fortschritt im europäischen Sinne verlangt wird, hat zwei Folgen: Der Durchschnittsfachmann braucht nicht notwendigerweise ein Informatiker zu sein. Zudem können auch triviale Lösungen nicht-naheliegend sein.

C. Ergebnis

Aus dem Vorangegangenen folgt, dass eine programmimplementierte Geschäftsmethode patentierbar ist, vorausgesetzt, sie ist neu und nicht-offensichtlich. Sie gilt als neu, wenn sie sich vom Stand der Technik abhebt, also Elemente enthält, die nicht vorbekannt sind. Nicht-offensichtlich ist sie dann, wenn ein „Durchschnittsfachmann" festgestellt hat, dass sie dem Stand der Technik nicht entnommen werden konnte.

§ 3 Patentrechtlicher Schutzumfang

Nachdem die Patentierbarkeit programmimplementierter Geschäftsmethoden nach U.S.-amerikanischem Recht untersucht worden ist, gilt es nun, das Augenmerk auf den Schutzumfang eines U.S.-Patents zu richten.

Die USA sind gegenwärtig das einzige Land weltweit, in dem nicht der erste Anmelder (Anmeldeprinzip), sondern der erste Erfinder (Erfinderprinzip) das Recht auf das Patent hat.[705] Inhaber des Patents wird daher der „wahre und erste Erfinder", nicht der erste Anmelder wie im kontinentaleuropäischen Patentrecht. Dies hat unter anderem zur Folge, dass der erste Erfinder dem Anmelder die sogenannte „Einrede des ersten Erfinders" entgegenhalten kann, so dass dieser

---

[705] 35 U.S.C. § 102 a-b. Allerdings ist das Erfinderprinzip in den USA durch eine Vielzahl von Vorschriften abgeschwächt, so dass es im Ergebnis dem Anmeldeprinzip nahe kommt.

unter Umständen sein angemeldetes Patent verliert. Gem. 35 U.S.C. § 273 kann ein Patent dann für nichtig erklärt werden, wenn der angemeldete Gegenstand mindestens ein Jahr vor der Anmeldung praktisch angewandt und gewerblich („commercially") genutzt wurde.[706]

Das dem Patentinhaber zustehende Recht ist definiert in 35 U.S.C. § 154 als das Recht, „andere in den USA davon auszuschließen, die Erfindung zu machen, zu benutzen oder zu verkaufen" und somit als Ausschließlichkeitsrecht ausgestaltet. Es gewährt dem Inhaber das Recht, die Verwertung unabhängig entstandener, zufällig aber identischer Doppelschöpfungen zu verhindern.[707] 35 U.S.C. § 281 bestimmt, dass der Patentinhaber im Fall der Verletzung seines Patents zivilrechtliche Ansprüche hat, die in den 35 U.S.C. §§ 283 ff. normiert sind. Möglich sind Unterlassungs- (35 U.S.C. § 283), Schadensersatz- (35 U.S.C. § 284) und weitere Ersatzansprüche. Hinzu kommend kann sich der

Die Schutzdauer eines Patents beträgt 20 Jahre und beginnt nicht wie im deutschen Patentrecht mit dem Tag der Anmeldung, sondern erst mit dem Tag der Erteilung des Patents (35 U.S.C. § 154). Darüber hinaus gilt auch im U.S.-amerikanischen Recht das Territorialitätsprinzip.

Aus verfahrensrechtlicher Sicht ist zur Erlangung von Patentschutz ein schriftlicher Antrag beim PTO zu stellen sowie eine Gebühr zu entrichten.[708] Dem Antrag auf Patenterteilung ist eine genaue Beschreibung bzw. Spezifikation der Erfindung, ihrer Herstellung und Benutzung[709] ebenso beizufügen wie eine Zeichnung, falls diese zum Verständnis der Erfindung erforderlich ist.[710] Weiter muss der Antragsteller beeiden, dass er glaubt, der erste Erfinder des beanspruchten Gegenstandes zu sein.[711] Ein Prüfer des USPTO prüft dann, ob die Anmeldung die verfahrens- und materiellrechtlichen Voraussetzungen des Patentgesetzes erfüllt, 35 U.S.C. § 131.

---

[706] In 35 U.S.C. 273 (b) (1) In General. – It shall be a defense to an action for infringement under section 271 of this title with respect to any subject matter that would otherwise infringe one or more claims for a method in the patent being asserted against a person, if such person had, acting in good faith, actually reduced the subject matter to practise at least one year before the effective filing date of such patent, and commercially used the subject matter before the effective filing date of such patent.
[707] CONTU, Final Report = Computer / L.J. 3 (1981), 53, 68.
[708] 35 U.S.C. § 154 i.V.m. § 41 (a) (2).
[709] 35 U.S.C. §§ 111, 112.
[710] 35 U.S.C. §§ 111, 113.
[711] 35 U.S.C. §§ 111, 115.

Kapitel 5 - Rechtsvergleich

Nachdem in den vorangegangenen Kapiteln die nicht-patentrechtlichen Schutzmöglichkeiten programmimplementierter Geschäftsmethoden und die Voraussetzungen der Patentierbarkeit dieser Methoden aus deutscher bzw. europäischer und U.S.-amerikanischer Sicht aufgezeigt wurden, soll nun eine Gegenüberstellung der betreffenden Regelungen erfolgen. Im Mittelpunkt des Vergleichs wird die patentrechtliche Betrachtung stehen. Zunächst aber sollen die nicht-patentrechtlichen Schutzmöglichkeiten kurz vergleichend diskutiert werden.

§ 1 Nicht-patentrechtliche Schutzmöglichkeiten

Bei den nicht-patentrechtlichen Schutzmöglichkeiten bestehen Übereinstimmungen in Bezug auf die zur Verfügung stehenden Schutzrechte, als auch auf deren Inhalt. Zur Verfügung stehen hier wie dort, insbesondere das Urheber-, Wettbewerbs- und Markenrecht, ergänzt durch das Trade-Secret-Law bzw. den Geheimnisschutz. Diese Möglichkeiten bieten grundsätzlich einen umfassenden Schutz der programmimplementierten Geschäftsmethode, erfassen allerdings einen wesentlichen Bestandteil dieser Methoden nicht: Sie bieten keinen Schutz für die in dem Programm enthaltene (technische) Idee, erfassen also nicht deren Funktionalität. Gerade diese Funktionalität macht jedoch den wesentlichen Bestandteil eines Programms aus, so dass das diese Funktionalität schützende Patentrecht im Zentrum des Interesses steht.

§ 2 Patentrecht

Es folgt nun eine Gegenüberstellung des kontinentaleuropäischen und U.S.-amerikanischen Patentrechts. Dazu werden zunächst die allgemeinen gesetzlichen Regelungen und anschließend die Patentierungsverbote verglichen.

A. Vergleich der gesetzlichen Regelungen

Zunächst ist festzuhalten, dass die Schutzrichtung des kontinentaleuropäischen Patentrechts mit der des U.S.-amerikanischen Patentrechts übereinstimmt. Das Patentrecht wird diesseits und jenseits des Atlantiks als technisches Schutzrecht verstanden, das den Inhalt schützen soll bzw. die Funktionalität des beanspruchten Gegenstandes. Damit unterscheidet sich das Patentrecht vor allem darin von den nicht-patentrechtlichen Schutzmöglichkeiten, als es auch die Idee umfasst. Wie dieser Schutz in Europa und den USA im Detail ausgestaltet ist, soll im Folgenden anhand einer Gegenüberstellung der patentrechtlichen Regelungen wie auch der Patentierungsverbote dargestellt werden. Ziel dieser Gegenüberstellung ist, Gemeinsamkeiten und verbleibende Unterschiede der Erteilungspraxis aufzuzeigen.

Betrachtet man die U.S.-amerikanische und die europäische gesetzliche Regelung, so könnte man zu dem Schluss kommen, beide Regelungen seien kaum vergleichbar.[712] Auf den ersten Blick scheinen sie wesentliche strukturelle Unterschiede aufzuweisen. Während der Kreis der patentfähigen Gegenstände in Europa anhand einer Negativliste bestimmt wird, wird er in den U.S.-amerikanischen Vorschriften anhand einer Positivliste benannt. Wird diesseits des Atlantiks eine Beschränkung durch den Ausschluss von bestimmten Gegenständen „als solchen" vorgenommen, erfolgt die Bestimmung des Kreises patentfähiger Gegenstände jenseits des Atlantiks mit einer Aufzählung, ohne dass es einen Ausschlusstatbestand gäbe.

Dennoch ist trotz dieser Gegensätze ein Vergleich des europäischen und des U.S.-amerikanischen Patentrechts möglich. Beide Rechte haben den selben Schutzinhalt: Sie umfassen jeweils die einem Gegenstand innewohnende Funktionalität, schützen mithin die dem Gegenstand zugrundeliegende Idee.

I. Erfindung / Kategorien patentierbarer Gegenstände

Ob eine Erfindung im Sinne des Patentgesetzes vorliegt, wird im kontinentaleuropäischen Rechtskreis kaum thematisiert. Dieses ist nicht zuletzt darauf zurückzuführen, dass der Begriff hauptsächlich der Abgrenzung zur Entdeckung dienen soll.[713] Entscheidend für die Frage nach der Patentfähigkeit eines beanspruchten Gegenstandes ist dessen Technizität (dazu sogleich).

Auch in den USA wird kaum diskutiert, in welche der vier Kategorien (Verfahren, Maschine, Erzeugnis, Stoffgemisch) ein beanspruchter Gegenstand einzuordnen ist. Maßgeblich ist dessen Nützlichkeit (dazu sogleich). Im Ergebnis ist beiden Regelungen gemein, dass die gesetzlich festgelegten Begriffe „Erfindung" bzw. „Maschine, Erzeugnis, Verfahren, Stoffe" im Grunde keine oder nur eine marginale Funktion haben. Sie sind so gefasst, dass sie einem weiten Spektrum von Gegenständen/Verfahren den Zugang zum Patentschutz ermöglichen.

---

[712] So auch *Nack*, S. 295.
[713] *Nack*, S. 294.

II. Technizität / Utility

Entscheidendes Kriterium für die Beurteilung der Patentierbarkeit eines Gegenstandes ist im kontinentaleuropäischen Recht das Erfordernis der Technizität. Dabei werden trotz teilweise verschiedener Auffassungen des Technikbegriffs und unterschiedlicher Prüfungsreihenfolgen bei der Beurteilung der Patentierbarkeit, nur diejenigen Gegenstände als technisch angesehen, die eine Verbindung zum klassisch-technischen Bereich der Natur- und Ingenieurwissenschaften aufweisen.

Während also dem Erfordernis der Technizität im deutschen/europäischen Rechtskreis eine überragende Bedeutung zukommt, ist die Bedeutung der Zugehörigkeit des beanspruchten Gegenstandes zum Bereich der „technological arts" im U.S.-amerikanischen Recht verschwindend gering; besagtes Erfordernis hat nahezu keine Relevanz. Allerdings wird auch dort der Kreis der patentierbaren Gegenstände beschränkt. Seit der *State Street Bank & Trust Co. v. Signature Financial Group, Inc.*, Entscheidung des CAFC ist das Kriterium der „Utility" für die Beurteilung der Patentfähigkeit maßgeblich.[714] Die Patentfähigkeit hängt davon ab, ob ein „nützliches, konkretes und greifbares" Ergebnis erzielt wird. Wegen des fehlenden Technizitätserfordernisses[715] erfolgt auch keine Beschränkung der Patentierbarkeit auf die klassischen Bereiche der Technik.

III. Neuheit / Novelty

Sowohl im kontinentaleuropäischen wie auch im U.S.-amerikanischen Rechts müssen zur Annahme der Patentierbarkeit weitere Voraussetzungen erfüllt sein. Dazu gehört unter anderem, dass die Erfindung neu bzw. novel sein muss. Dieses Kriterium ist in beiden Rechtskreisen als erfüllt anzusehen, wenn sich die Erfindung nicht aus dem Stand der Technik ergibt, ihm also vorweggenommen ist. Unterschiede bestehen insofern, als in den USA das „first-to-invent"-System besteht, bei dem nicht der Anmelder, sondern der erste Erfinder derjenige ist, dem das Ausschließlichkeitsrecht zusteht.

IV. Auf erfinderischer Tätigkeit beruhend/ Nonobviousness

Hinsichtlich der Untersuchung der erfinderischen Tätigkeit und der Nonobviousness werden diesseits wie auch jenseits des Atlantiks nahezu dieselben Voraussetzungen geprüft. Dasjenige, was sich vom Stand der Technik abhebt, also neu ist, muss den Stand der Technik weiterentwickeln. Dabei wird zunächst

---

[714] So auch *Krefft*, S. 57.
[715] *Jänich*, GRUR 2003, 483, 485.

hier wie dort das dem Stand der Technik Vorweggenommene herausgefiltert, um dann durch einen Durchschnittsfachmann überprüfen zu lassen, ob es ihm nahe gelegen hätte.

Unterschiede bestehen allein hinsichtlich der Bedeutung der Termini „Stand der Technik" bzw. „Durchschnittsfachmann". Hier zeigt sich, dass in Kontinentaleuropa maßgeblich auf den klassisch-technischen Bereich abgestellt wird, also eine „technische" durch einen Techniker festgestellte Bereicherung des Standes der Technik vorliegen muss. Im U.S.-amerikanischen Recht hingegen ist nicht notwendiger Weise ein Zusammenhang mit Wissenschaft und Technologie im traditionellen Sinne erforderlich. Der Stand der Technik wird in einem viel weiteren Sinn betrachtet und umfasst sämtliche Mittel, die zu einem Resultat führen, unabhängig von ihrem Anwendungsgebiet und von der Natur des Resultats. Infolgedessen muss der Fachmann auch kein Techniker im herkömmlichen Sinne sein. Zudem ist das Erkennen eines Problems oder einer Aufgabe bereits ausreichend, um die Nonobviousness anzunehmen, unabhängig von der Lösung. Dies führt dazu, dass in den USA auch sogenannte Trivialpatente erteilt werden können, die den Stand der Technik nicht bereichern, weil die Leistung lediglich im Erkennen einer Aufgabe liegt.[716]

V. Gewerbliche Anwendbarkeit

Soweit Fragmente des U.S.-amerikanischen „Utility"-Erfordernisses dem europäischen Kriterium der gewerblichen Anwendbarkeit gegenüber gestellt werden, herrscht Einigkeit darüber, dass die Anforderungen einander entsprechen. Es wird im europäischen wie auch im U.S.-amerikanischen Recht extensiv ausgelegt und ist damit nahezu immer erfüllt: Der patentfähige Gegenstand muss lediglich in irgendeiner Art und Weise gewerblich verwertbar sein.

VI. Ergebnis

Einer der augenfälligsten Unterschiede zwischen dem europäischem und U.S.-amerikanischen Patentrecht liegt sicherlich darin, dass das amerikanische Patentgesetz keine gesetzlich geregelten Patentierungsverbote kennt und die U.S.-amerikanischen Gerichte daher einen wesentlich größeren Spielraum bei der Rechtsfindung besitzen als die europäischen Gerichte. Daraus folgt, dass ein Erfinder in den USA in einem weiteren Rahmen Schutz für seine Erfindungen erhalten kann als in Europa.

---

[716] Siehe dazu Kap. 4 § 2 B I.

Darüber hinaus sind auch die Anforderungen an die Erfindung in den USA vergleichsweise gering. Ausgangspunkt ist dort eine eher praktische Betrachtungsweise. Der beanspruchte Gegenstand muss technologisch nützlich sein, wobei der Bereich der Technologie nahezu uneingeschränkt weit ausgelegt wird. Mit dem in Kontinentaleuropa verlangten Kriterium der Technizität wird eine wesentlich höhere Schwelle zur Erlangung von Patentschutz gesetzt, was unter anderem auf die Entstehungsgeschichte der Patentgesetze zurückzuführen ist.[717]

Parallelen bestehen jedoch hinsichtlich der weiteren Patentierungsvoraussetzungen. Diese stimmen weitgehend überein. Vorausgesetzt werden insbesondere die Neuheit und das Nichtnaheliegen, für deren Beurteilung der Stand der Technik sowie die Figur des sogenannten Durchschnittsfachmanns wesentlich sind. Allerdings bestehen Unterschiede in der fachlichen Qualität des Durchschnittsfachmanns. Diese muss sich in Europa auf die klassischen Technikgebiete der Natur- und Ingenieurwissenschaften beziehen, während in den USA das Gebiet der Technik über die traditionellen Felder hinausgeht.

B. Vergleich der Patentierungsverbote

Vergleicht man die gesetzlichen kontinentaleuropäischen und die richterrechtlichen U.S.-amerikanischen Patentierungsverbote, so sind jedenfalls im Hinblick auf ihre Bedeutung entscheidende Unterschiede festzustellen. Die im europäischen Recht niedergeschriebenen Verbote haben im Laufe der Zeit kaum eigenständige Bedeutung erlangt, sondern liefern vielmehr Beispiele für das mangelnde Vorhandensein von Technizität und dienen insgesamt lediglich der Konkretisierung des Technizitätskriteriums.

Die U.S.-amerikanischen Verbote hingegen nehmen eine zentrale Position bei der Bestimmung der Patentierbarkeit ein. Sie begrenzen den Kreis der patentfähigen Gegenstände. Jüngst wurde die Zahl der Patentierungsverbote durch die Rechtsprechung der U.S.-Gerichte verringert und deren Reichweite eingegrenzt.

Im Folgenden soll untersucht werden, ob die jeweiligen Verbote in Bezug auf ihre inhaltliche Ausrichtung vergleichbar sind. Mit Blick auf den Untersuchungsgegenstand erfolgt dabei zugleich eine Beurteilung der Patentierungsverbote für Geschäftsmethoden und Computerprogramme.

---

[717] Siehe dazu oben unter Kap. 3 § 1 A.

I. Geschäftsmethoden / Business Methods

Das im kontinentaleuropäischen Rechtskreis existierende Patentierungsverbot von Geschäftsmethoden findet sich schon in den ersten Patentgesetzen, hat aber tatsächlich nie eine wichtige Bedeutung in der Praxis erlangt. Es gibt daher keine Entscheidungen, in denen einem beanspruchten Gegenstand die Patentfähigkeit unter ausdrücklichen Rückgriff auf dieses Verbot versagt wird. Dies ändert jedoch nichts daran, dass reine Geschäftsmethoden als solche vom Patentschutz gesetzlich ausgeschlossen sind.

Auch in USA bestand zunächst jedenfalls scheinbar ein Patentierungsverbot für Geschäftsmethoden. Dieses blieb in der Rechtsprechung jedoch gänzlich unbeachtet. Die Versagung des Patentschutzes für derartige Methoden wurde vielmehr mit einem Mangel an Neuheit oder erfinderischer Tätigkeit begründet. In der Entscheidung *State Street Bank v. Signature Financial Group*[718] analysierte das erkennende Gericht schließlich die Entwicklung des Patentierungsverbotes für Geschäftsmethoden neu und kam zu dem Schluss, dass es lediglich deklaratorische Bedeutung besitze und daher „zu Grabe zu tragen"[719] sei. Das U.S.-amerikanische Patentrecht kennt also seit dem *State Street* Urteil kein Patentierungsverbot für Geschäftsmethoden mehr.

Für programmimplementierte Geschäftsmethoden bedeutet dies, dass die Geschäftsmethode für sich genommen im kontinentaleuropäischen Rechtskreis vom Patentschutz ausgeschlossen ist, während sie im U.S.-amerikanischen in den Kreis patentschutzfähiger Gegenstände aufgenommen wurde. Geschäftsmethoden sind dort unter den gleichen Vorraussetzungen wie jeder andere Prozess oder jede andere Methode dem Patentschutz zugänglich[720] (dazu sogleich).

Dies ist zum einen darauf zurückzuführen, dass das U.S.-amerikanische Recht bei der Patentierung keinen technischen Fortschritt verlangt und daher auch ein betriebswirtschaftlicher oder sprachwissenschaftlicher Fortschritt das Kriterium der Nonobviousness erfüllen kann. Zum anderen kann die Innovation bereits im Erkennen einer Aufgabe bzw. eines Problems liegen, mag die Lösung auch trivial sein.

---

[718] *State Street Bank & Trust Co. v. Signature Financial Group Inc.*, 149 F.3d 1368 (Fed. Cir. 1998) veröffentlicht in GRUR Int. 1999, 633 mit Anm. *Nack*.
[719] *State Street Bank & Trust Co. v. Signature Financial Group Inc.*, 149 F.3d 1368 (Fed. Cir. 1998) veröffentlicht in GRUR Int. 1999, 633, 636 mit Anm. *Nack*.
[720] *Jänich*, GRUR 2003, 483, 484.

II. Computerprogramm / computer program

Computerprogramme sind nach kontinentaleuropäischem Recht vom Patentschutz ausgeschlossen, wenn sie „als solche" beansprucht werden. Praktische Anwendung erfährt dieses Patentierungsverbot nicht. Es ist vielmehr mit der Frage nach der Technizität von Computerprogrammen gleichzusetzen.

In Kontinentaleuropa ist die Technizität unabdingbare Voraussetzung einer zu patentierenden Lehre. Es soll dem nicht gewünschten Schutz für Ideen und Algorithmen entgegenwirken. Das Wort „technisch" ist dabei im klassischen Sinne zu verstehen. Es ist allein im Zusammenhang mit Wissenschaft und Technologie zu sehen und wird nicht extensiv ausgelegt. Der Begriff „technisch" umfasst daher nicht sämtliche Mittel, die zu einem Resultat unabhängig von ihrem Anwendungsgebiet und von der Natur des Resultats führen, d.h., er ist nicht als Synonym für „nützlich" zu verstehen.

Wurde die Patentierbarkeit programmimplementierter Erfindungen früher häufig aufgrund fehlender Technizität verneint, begann man in den siebziger Jahren den Technikbegriff schrittweise großzügiger auszulegen.[721] Dabei bediente man sich im Laufe der Zeit zum einen der Gesamtbetrachtungslehre und ermöglichte so die Patentierung auch vom Patentschutz ausgeschlossener Gegenstände als Teil der im Ganzen schutzfähigen Erfindung. Zum anderen nahm die Rechtsprechung Modifikationen des Technikbegriffs vor und begegnete so der Patentfähigkeit programmimplementierter Erfindungen offener. Infolge dieser offeneren Sichtweise ist heute tendenziell jedes auf einem Datenträger zum Ablauf auf einem (technischen) Rechner gespeicherte Programm als technisch und damit als dem Programmschutz zugänglich anzusehen, sofern es neu und erfinderisch ist.[722] In der Praxis betrifft dies jedenfalls alle Ansprüche, die auf eine „programmierte Datenverarbeitungsanlage" als Vorrichtung gerichtet sind. Verfahrensschutz für programmimplementierte Geschäftsmethoden kann hingegen bislang noch nicht beansprucht werden. Im europäischen Recht wird daher eine Differenzierung nach auf Verfahren bzw. auf Vorrichtungen gerichtete Ansprüche vorgenommen.

Für die programmimplementierte Geschäftsmethode bedeutet dies: Die bloße Implementierung einer Geschäftsmethode in ein Computerprogramm wird vom Patentschutz nicht umfasst.

---

[721] *Schmittchen*, Mitt. 1999, 284; *Mellulis*, GRUR 1998, 843, 843; *Tauchert*, GRUR 1997, 149; *ders.*, Mitt. 1999, 248.
[722] *Ilzhöfer*, S. 28 f.

Dies ist allerdings in den USA anders. Dort wurde die Patentierung von Computerprogrammen zwar zunächst gänzlich abgelehnt, weil die Gewährung von Patentschutz dem Schutz für Ideen bzw. Algorithmen gleichkäme, der zugunsten der Allgemeinheit abzulehnen sei. Später zog man zur Versagung der Patentschutzes das Patentierungsverbot für Algorithmen heran, das allerdings im Laufe der Jahre mehr und mehr eingeschränkt worden ist. Dabei wurde zur Beurteilung zunächst der sogenannte Freeman-Walter-Abele-Test herangezogen. Im Rahmen seiner Anwendung war die Patentfähigkeit anzunehmen, wenn Computerprogramme „physikalische" Schritte (physical enteties) oder Elemente verwendeten. Nach den Entscheidungen *State Street Bank*[723] und *AT & T Corp.* ist nunmehr ausreichend, dass die zu patentierende Lehre ein „nützliches, konkretes und greifbares" Ergebnis oder einen praktischen Effekt erzielt.[724] Da die Technizität im Patentrecht der Vereinigten Staaten nicht thematisiert wird, kann durch die Verwendung eines Computers oder die Umsetzung in ein Computerprogramm letztlich jede Idee bzw. jeder Algorithmus patentfähig sein – unabhängig von der Anspruchskategorie.[725] Patente auf rechentechnisch umgesetzte Geschäftsmethoden sowie Handlungsabfolgen können nunmehr grundsätzlich erteilt werden – vorausgesetzt, die Gegenstände sind neu und erfinderisch.[726]

III. Ergebnis

Das bereits oben als zentrales Unterscheidungsmerkmal zwischen U.S.- und europäischem Patentrecht identifizierte Technizitätserfordernis schlägt sich auch im Vergleich der Patentierungsverbote nieder. Gerade aus diesem Unterschied erklären sich die zahlreichen in der U.S.-amerikanischen Praxis erteilten Softwarepatente, die lediglich innovativ im Sinne einer neuen Geschäftsmethode sind, jedoch nur einen geringen oder gar keinen technischen Neuerungsfaktor haben.

Nahmen die U.S.-amerikanischen wie auch die deutschen Gerichte bzw. die Spruchkammern des EPA gegenüber der Patentierbarkeit programmimplementierter Erfindungen im Allgemeinen und programmimplementierter Geschäftsmethoden im Besonderen eine restriktive Haltung ein, so hat sich dies im Laufe der Jahre geändert. Die Beurteilungsmaßstäbe sind modifiziert worden, so dass die Patentierung eigentlich vom Patentschutz ausgeschlossener Gegenstände als Teil der im Ganzen schutzfähigen Erfindung möglich geworden ist. Um die

---

[723] *State Street Bank & Trust Co. v. Signature Financial Group, Inc.*, 149 F.3d 1368 (Fed. Cir. 1998) = GRUR Int. 1999, 633, 636.
[724] *Lutterbeck/Gering/Horns*, S. 35, 38.
[725] *In re AT & T Corp. v. Excel Communications Inc.*, CRi 2000, 19 f.
[726] *Esslinger/Hössle*, Mitt. 1999, 327, 328; *Wiebe*, S. 124.

Patentfähigkeit solcher technische und nicht-technische Elemente enthaltende Erfindungen feststellen zu können, werden nunmehr eine Reihe von Kriterien verwandt, die das Vorliegen einer patentfähigen Lehre indizieren sollen. So dienen im Ergebnis die Verwendung technischer (Deutschland und Europa)oder nützlicher (USA) Elemente, Mittel oder Verfahrensschritte und/oder Wirkungen, Beiträge, Eigenheiten oder Effekte als Beurteilungskriterien.[727]

Dieser Prozess der Erweiterung des Patentschutzes mündete jüngst in eine in Deutschland bzw. Europa und den USA gemeinhin akzeptierte und richterrechtlich anerkannte Auffassung, dass jedenfalls als Vorrichtung beanspruchte programmimplementierte Erfindungen grundsätzlich patentfähig sein können.[728]

Soweit es um die Frage der Beanspruchung als Verfahren gilt, ist die Rechtslage jedoch lediglich für die Vereinigten Staaten geklärt. Die Patentierung ist dort unabhängig von der Anspruchskategorie möglich. Damit können dort auch Computerprogramme als Verfahren patentiert werden, während in Deutschland und Europa dies nur als „programmierte Datenverarbeitungsanlage", d.h., als Vorrichtung denkbar ist.

Als Fazit des Rechtsvergleichs kann damit festgehalten werden: Programmimplementierte Geschäftsmethoden können, soweit sie technisch (Deutschland und Europa) sind bzw. ein nützliches, greifbares und konkretes Ergebnis (USA) erzielen und zudem neu sowie erfinderisch bzw. nonobvious sind, diesseits und jenseits des Atlantiks als Vorrichtung patentiert werden. Als Verfahren können sie allein in den USA patentiert werden.

In den USA können also programmimplementierte Erfindungen auch als Verfahren beansprucht werden, während dies insbesondere in Deutschland derzeit nicht möglich ist. Aufgabe des folgenden Kapitels ist es, die potentiellen Möglichkeiten der Erweiterung des patentrechtlichen Schutzes auch auf Verfahren zu untersuchen. Dazu wird zunächst eine historische Betrachtung angestellt, die

---

[727] *In re Walter*, CCPA 1980; 618 F.2d, 758; 205 USPG, 397; GRUR 1980, 764;*In re Abele*, CCPA 1982, 684 F.2d, 902; 214 USPQ, 682; *In re Grams*, 12 U.S.P.Q. 1824 ff. (Fed. Cir. 1988), EPA, GRUR Int. 1987, 173 – *Computerbezogene Erfindung/VICOM;* EPA, GRUR Int. 1988, 585 – *Röntgeneinrichtung/KOCH & STERZEL;* EPA CRi 2001, 18, 19 – *Steuerung eines Pensionssystems/PBS PARTNERSHIP;* BGH, GRUR 1980, 849 – *Antiblockiersystem;* BGH, GRUR Mitt. 2001, 553 - *Suche fehlerhafter Zeichenketten,* BPatG, GRUR 1991, 195 - *Temperatursteuerung;* BPatG, CR 1987, 366 ff. - *Computertomograph*.
[728] *In re Warmerdam*, 31 USPQ.2d 1754 (Fed. Cir. 1994); *In re Abele*, CCPA 1982, 684 F.2d, 902; 214 USPQ, 682; EPA, GRUR Int. 1999, 1053 – *Computerprogrammprodukt/IBM*; EPA CRi 2001, 18, 19 – *Steuerung eines Pensionssystems/PBS PARTNERSHIP;* BGH, GRUR 2000, 1007 ff. – *Sprachanalyseeinrichtung*.

die Frage nach der Vereinbarkeit der Ausweitung mit den Grundfesten des deutschen Patentrechts beantworten soll. Anschließend soll erörtert werden, welche ökonomischen Implikationen eine solche Ausweitung mit sich brächte. Schließlich geht es darum, herauszufinden, ob sich aus internationalen Verträgen gar eine Verpflichtung zur Ausweitung des Patentschutzes ergibt.

Kapitel 6 - Zur Frage der Erweiterung des patentrechtlichen Schutzes für programmimplementierte Geschäftsmethoden im deutschen Recht

Zur Beantwortung der Frage nach einer Erweiterung des patentrechtlichen Schutzes für programmimplementierte Geschäftsmethoden soll zunächst auf die historischen Grundsätze des deutschen Patentrechts rekurriert werden.

Die Wurzeln der Legitimation des Patentrechts gehen zurück in eine Zeit, in der technische Erfindungen noch nicht die Bedeutung besaßen, die ihnen seit der industriellen Revolution zukommt. Weit vor Beginn des technischen Zeitalters entwickelte sich die Erkenntnis und die Einsicht, dass die geistige Leistung des Individuums eines Schutzes bedurfte[729]. Schon den früheren Privilegienurkunden wie den Motiven der ersten Patentgesetze ist zu entnehmen, dass der Schutz neuer und nützlicher Erfindungen erforderlich sei, um durch Belohnung der Erfinders das heimische Gewerbewesen zu fördern, den Gewerbefleiß zu ermuntern[730] oder – um die Formel der U.S.-Verfassung zu gebrauchen – „to promote the Progress of Science and useful Arts".[731]

Der zentrale Zweck des Patentrechts ist die Innovations- und Wirtschaftsförderung,[732] die Förderung des technischen Fortschritts mittels eigentumsähnlicher Zuordnung einer technischen Lehre (Erfindung) zum Berechtigten unter gleichzeitiger Offenbarung der Erfindung selbst. Diese Fortschrittsförderung besteht in zweierlei Hinsicht: Einerseits besteht für Individuen ein Anreiz zu innovativer Tätigkeit, andererseits muss der Erfinder als Voraussetzung der Rechtsgewährung seine Erfindung offenbaren, d.h., die technische Lehre der Allgemeinheit mitteilen.

Zur Rechtfertigung des Sinn und Zwecks des Patentschutzes finden sich eine Vielzahl theoretischer Erklärungsansätze, die es im Folgenden darzustellen gilt. Im Anschluss soll daher erörtert werden, ob sich Patentschutz anhand dieser Erklärungen auch für programmimplementierte Geschäftsmethoden legitimieren lässt, ob also der Schutz programmimplementierter Geschäftsmethoden als dem

---

[729] Zur Historie vgl. *Kullmann*, S. 33.
[730] *Beier*, in: Oppenländer, Patentwesen, S. 29, 36.
[731] Art. I Satz 8 der U.S.-amerikanischen Verfassung.
[732] Dies ist allgemein anerkannt. Vgl. dazu *Beier*, GRUR Int. 1970, 1; *ders.*, GRUR 1972, 214; *Blum/Pedrazzini*, S. 67; *v. Boehmer*, S. 21; *Dunkhase*, S.7; *v. Gierke*, S. 855; *Gleichen*, GRUR 1911, 181, 186; *Häberlein*, S. 53; *Kayser*, in: Die Patentfrage, S. 137; *Klostermann*, S. 3, 6 ff.; *Kraßer*, § 3 IV; *Moser*, GRUR 1929, 1331; *Pietzcker*, § 1. Anm. 8; *van Raden/Wertenson*, GRUR 1995, 523; *Rosenthal*, in: Die Patentfrage, S. 49 f.; *Schanze*, S. 44; *Walleser*, S. 40.

Sinn und Ziel des Patentrechts entsprechend anzusehen ist. Dabei wird eine Differenzierung zwischen als Vorrichtung und als Verfahren beanspruchten programmimplementierten Geschäftsmethoden vorgenommen.

Auf Basis der gewonnenen Erkenntnisse soll abschließend erörtert werden, ob die Differenzierung im Einklang mit internationalen Verpflichtungen Deutschlands im Rahmen des Patentschutzes stehen.

§ 1 Rechtfertigung des Patentschutzes für programmimplementierte Geschäftsmethoden

Zur Legitimation des patentrechtlichen Schutzes von Erfindungen werden seit langem eine Reihe stets wiederkehrender Argumente angeführt, die zumeist in drei Patentrechtstheorien zusammengefasst werden. Es muss daher geklärt werden, ob diese Argumente geeignet sind, als Vorrichtung wie auch als Verfahren beanspruchte programmimplementierte Geschäftsmethoden zu stützen. Dazu wird unter A. die theoretische Grundlage geschaffen, um unter B. zu prüfen, ob diese geeignet ist, sowohl als Vorrichtung wie auch als Verfahren beanspruchte „technische" programmimplementierte Geschäftsmethoden zu legitimieren.

A. Die deutschen Patentrechtstheorien

Insbesondere *Machlup*[733] hat den Versuch unternommen, die Diskussion um die Theorie des gewerblichen Rechtsschutzes und vor allem um eine Legitimation des Patenschutzes zusammenzufassen und zu strukturieren: Danach lassen sich die verschiedenen Ansätze in drei grundlegende Theorien untergliedern, die sich teilweise überschneiden, teilweise ergänzen und im Ergebnis alle wesentlichen Aspekte abdecken.[734]

I. Eigentumstheorie

Die Eigentumstheorie knüpft an die aus der Naturrechtstheorie stammende Überzeugung an, dass jede geistige Schöpfung von Natur aus als Eigentum des Schöpfers zu betrachten ist. Dem Erfinder gebühre daher kraft Moral und natürlichem Menschrecht ein Recht an der Erfindung. Damit verbunden sei das Recht,

---

[733] *Machlup*, GRUR Int. 1961, 373, 377.
[734] Vgl. *Beier*, GRUR Int. 1970, 473; *Machlup*, GRUR Int. 1961, 373 ff.

Dritte von der Nutzung auszuschließen. Die Eigentumstheorie setzt praktisch das geistige Eigentum mit dem Sacheigentum gleich.[735]

II. Offenbarungs- und Belohnungstheorie

Wesentliche Rechtfertigungen des Patentschutzes bieten auch die Offenbarungs- und Belohnungstheorie. Sie folgen aus der Natur des Schutzrechts als „Tauschgeschäft", also dem Interessenausgleich zwischen Öffentlichkeit und Erfinder. Voraussetzung für die Gewährung des Patentschutzes ist danach, dass der Erfinder den Gegenstand seiner Erfindung der Allgemeinheit offenbart. So messen alle Länder, die im Rahmen des Patentwesens einen Erfindungsschutz gewähren der Offenbarungs- und Informationsfunktion entscheidende Bedeutung bei. Sie gewähren Erfindungsschutz nicht zuletzt deswegen, weil der damit verbundene Zwang zur Offenbarung das technische Wissen aus der Geheimsphäre der Laboratorien und Betriebe hinausgelockt und internes Wissen in allgemein zugängliche Informationen umgewandelt wird.[736] Nach der Offenbarungstheorie wird Patentschutz also nur gewährt, wenn der Erfinder der Allgemeinheit neues und technisches Wissen schenkt.[737]

Die Offenbarung der technischen Lehre ist wesentlicher Inhalt der Patentschrift – dass die technische Lehre in der Patentschrift tatsächlich offenbart wird, ist wesentlicher Gegenstand der Prüfung im Patenterteilungsverfahren.

Als Gegenleistung für die Offenbarung der Erfindung und damit für die Bereicherung des Standes der Technik gewährt der Staat das Privileg des Monopols der wirtschaftlichen Verwertung[738] (Belohnungstheorie).[739] Diese auch Vertragstheorie genannte Auffassung geht insoweit weiter als die Eigentumstheorie, als sie die Belohnung nicht allein in der Gewährung eigentumsähnlicher Rechte an der Erfindung sieht, sondern auch eine andere Art der Gegenleistung, etwa eine finanzielle Belohnung oder einen anderen geldwerten oder ideellen Vorteil anerkennt.[740]

---

[735] *Bernhardt/Kraßer*, § 3 II, S. 24; *Sietmann*, c't 17/01; *Beier*, GRUR 1970, 1 f. sieht die Basis dieser Theorie im ethischen Bereich.
[736] *Beier*, GRUR 1977, 284.
[737] Durch dies Offenlegungspflicht wird auch vom sog. „Spillover-Nutzen" gesprochen. Siehe dazu: *Bessen/Maskin*, S. 2.
[738] In diesem Punkt unterscheidet sich der Patentschutz vom Know-How-Schutz; letzterer kann – ohne staatliches Privileg – nur solange in Anspruch genommen werden, wie die Erfindung noch geheim ist und nicht zum Stand der Technik zählt.
[739] *Busse-Keukenschrijver*, PatG, Einl, Rn. 57, 59, S. 16; *Sietmann*, c't 17/2001, 170 f.
[740] Insoweit hat die Belohnungstheorie insbesondere in sozialistischen Erfinderschutzsystemen sowie im Arbeitnehmererfinderrecht eine Bestätigung erfahren.

Die Vertreter der Offenbarungs- und Belohnungstheorie argumentieren, dass die weitere und schnellere technische Entwicklung gefördert werde, da der Erfinder wegen der in Aussicht gestellten Belohnung sein Wissen nicht zurückhalte. Dies diene insofern der Allgemeinheit, als andernfalls die Kenntnisse gar nicht oder erst später zur Verfügung gestellt würden.[741]

III. Anspornungstheorie

Die Anspornungstheorie steht der Belohnungs- und Eigentumstheorie nahe, da sie in dem Angebot eines Patentschutzes und des damit verbundenen wirtschaftlichen Vorteils einen Ansporn für eine erfinderische Tätigkeit sieht. Zugunsten der technischen Entwicklung im Interesse der Allgemeinheit steht der Anreiz für eine technische Erfindertätigkeit im Mittelpunkt. Die Theorie geht davon aus, dass Erfindungen nur bei Aussicht auf einen entsprechenden Vorteil bzw. Gewinn realisiert werden.[742] Durch die Gewährung eines Ausschließlichkeitsrechts würden die Ertragserwartungen stabilisiert. Dies steigere die Bereitschaft, für neue technische Problemlösungen und deren Anwendungen Mühe und Kapital einzusetzen.[743]

IV. Ergebnis

Sinn und Zweck des deutschen Patentrechts ist es, den technischen Fortschritt zu fördern. Diesen Gedanken greifen alle genannten Theorien auf, die auch darin übereinstimmen, dass dem Erfinder aufgrund seiner Leistung ein Vorteil zu gewähren ist. Differieren auch die Gründe für die Gewährung, so stellen diese traditionellen Betrachtungsweisen im Ergebnis den Belohnungsgedanken in den Vordergrund: Patente sollen eine Honorierung des Erfinders für den von ihm geleisteten Aufwand darstellen und zugleich eine anspornende Wirkung auf die Erfindungstätigkeit insgesamt ausüben.

B. Technischer Fortschritt durch den Patentschutz programmimplementierter Geschäftsmethoden?

Ist Sinn und Zweck des Patentrechts die Förderung des technischen Fortschritts, so stellt sich die Frage, ob der Patentschutz für programmimplementierte Geschäftsmethoden überhaupt den technischen Fortschritt zu fördern vermag. Nur dann

---

[741] *Beier*, GRUR 1970, 1, 4; *Bernhardt/Kraßer*, § 3 IV, S. 31.
[742] *Beier*, GRUR 1970, 1, 13.
[743] *Bernhardt/Kraßer*, § 3 II, S. 24 f.

ließe sich die Gewährung des Schutzes anhand der Patentrechtstheorien rechtfertigen. Bei der Beantwortung der Frage soll von „technischen" programmimplementierten Erfindungen im Sinne des kontinentaleuropäischen Rechts ausgegangen werden, da lediglich diese Gegenstand des deutschen Patentschutzes sein können. Es wird bei der Überprüfung eine Differenzierung zwischen als Vorrichtung und als Verfahren beanspruchten Geschäftsmethoden vorgenommen, um herauszuarbeiten, worin die Schwierigkeit bei der Einordnung der als Verfahren beanspruchten programmimplementierten Geschäftsmethode liegt.

I. Stimulierung des technischen Fortschritts durch als Vorrichtung beanspruchte programmimplementierte Geschäftsmethoden?

Fraglich ist, ob ein technischer Fortschritt durch die Gewährung von Patentschutz auf als Vorrichtung beanspruchte technische Geschäftsmethoden erzielt werden kann.

Tatsächlich lassen sich die in den Patentrechtstheorien erwähnten positiven Wirkungen von Patenten auf den Internet- und IT-Bereich übertragen. So argumentieren die Befürworter des Patentschutzes von Computerprogrammen zum einen damit, dass der Wissensfluss der Allgemeinheit durch die Offenbarung vergrößert werde. Zum anderen fielen nach innen gerichtete Motivationssteigerung ebenso ins Gewichte wie nach außen gerichtete Werbeeffekte und Imageverbesserung. Damit könnten kleine und mittlere Unternehmen ihre Verhandlungsposition gegenüber Großkunden verbessern.[744]

Diese Effekte werden aber auch kritisch gesehen.[745] Angeführt wird dabei, dass das Ausmaß und die Verbreitung von Programmen maßgeblich von deren ungehinderter Nachahmung ausgehe und nicht von ihrem rechtlichen Schutz. Begründet wird diese Sichtweise mit dem besonderen Erstellungs- und Weiterentwicklungsprozess von Software, der sich sequentiell und in kleinen, aufeinander aufbauenden Schritten vollziehe.[746] Programme in Form des Quellcodes als Sprachwerke lebten davon, dass sie den jeweiligen Erfordernissen schnell angepasst werden können. Die Forschung und Entwicklung sowie die Fortentwicklung von Programmen würden verhindert, indem grundlegende Technologien blockiert und damit komplementäre Innovationen gehemmt würden.

Mag sich auch die Frage, ob auf „technische" programmimplementierte Geschäftsmethoden gewährter Patentschutz dem technischen Fortschritt dient oder

---

[744] *Dreiss/Hössle*, S. 3.
[745] *Lutterbeck/Gering/Horns*, S. 58 m.w.N.
[746] Rechtsgutachten MPI, S. 64 ff.

nicht mangels aktueller Zahlen und Beweise empirisch nicht belegen lassen,[747] so können die Patentrechtstheorien diesen Schutz legitimieren. Der Erfinder einer „technischen" als Vorrichtung beanspruchten programmimplementierten Geschäftsmethode hat eine Leistung erbracht, mit der er aufgrund ihrer Offenbarung etwas zum Wissen der Allgemeinheit beiträgt. Indem der Anspruch auf die Vorrichtung gerichtet ist, wird deren Funktionsweise offenbart und es können Erkenntnisse gewonnen werden, auf die andere Erfinder aufzubauen vermögen. Dieser Effekt ist zu honorieren, so dass der Erfinder einer programmimplementierten Geschäftsmethode für diese die Möglichkeit haben sollte, ein Patent zu erhalten.[748]

Angemerkt sei, dass dies natürlich nicht für „nicht-technische" programmimplementierte Geschäftsmethoden gelten kann. Wie bereits aufgezeigt, beinhalten sie nichts, was das technische Wissen bereichern könnte. Auf dessen Bereicherung kommt es aber nach den Patentrechtstheorien maßgeblich an.

II. Stimulierung des technischen Fortschritts durch Patentschutz für reine Verfahrensansprüche/Software?

In den vorangegangenen Kapiteln wurde geklärt, dass Patente tendenziell für als Vorrichtung beanspruchte Computerprogramme gewährt werden und sich diese auch durch die Patentrechtstheorien legitimieren lassen. Es stellt sich daher die Frage, ob dies auch für als Verfahren beanspruchte Programme bzw. programmimplementierte Geschäftsmethoden gelten kann.

Subsumiert man Ansprüche, die auf ein reines Computerprogramm gerichtet sind, unter besagte Theorien, so wird man zu dem Schluss kommen müssen, das sie zur Legitimation ungeeignet sind.

Ist ein Computerprogramm als reines Verfahren beansprucht, so wird sich eine technische Lösung in Form von Anweisungen an den Computer in aller Regel nicht in der erläuternden Beschreibung finden lassen und auch nicht Gegenstand der Patentansprüche sein. Schutz wird vielmehr für die Beschreibung einer technischen oder nicht-technischen Idee begehrt, verbunden mit der Anweisung, sie mit Hilfe eines – nicht näher definierten - Computers und eines dessen Arbeit dienenden – nicht näher beschriebenen - Programms umzusetzen.[749]
Auf diese Weise wird folglich Schutz beansprucht, ohne dass zugleich ein Programmcode veröffentlicht werden würde, geschweige denn der Programmier

---

[747] Siehe *Haase*, S. 126 m.w.N.
[748] Im Ergebnis so wohl auch *Jänich*, GRUR 2003, 483, 489.
[749] *Mellulis*, in: FS König, S. 341, 352.

aufgrund erteilter Informationen zum patentmäßigen Erfolg gelangen könnte. Im Ergebnis wird bei dieser Art von Ansprüchen weder dem allgemeinen technischen Wissens etwas hinzugefügt, noch gibt der Anmelder über eine allgemeine Beschreibung seiner Idee hinaus das zu ihrer Umsetzung erforderliche Wissen preis.[750] Damit bleibt das, was den Stand des technischen Wissens tatsächlich bereichern könnte, also das Programm, geheim.

Im Ergebnis wird Schutz nur für eine in einen „technischen Mantel"[751] gekleidete Idee beansprucht, die keine Anweisung zum technischen Handeln offenbart und deshalb nicht umzusetzen ist.[752] Folglich ist die Gewährung von Patentschutz für sie nicht gerechtfertigt.

III. Ergebnis

Soweit programmimplementierte Geschäftsmethoden als Vorrichtung beansprucht und durch die Rechtsprechung für patentschutzfähig erachtet werden, steht dies im Einklang mit den klassischen Patentrechtstheorien. Soll der Patentschutz jedoch auch auf Verfahren, also reine Programme, ausgedehnt werden, stellt dies einen Bruch mit den traditionellen Begründungen des Patentrechtschutzes dar:[753] Mangels Offenbarung technischen Wissens steht dem Erfinder keine Belohnung zu. Es ist davon auszugehen, dass er keine Leistung erbracht hat, die es zu honorieren gilt.

§ 2 Ausweitung des Patentschutzes – ökonomische Implikationen

Im Folgenden sollen die ökonomischen Implikationen analysiert werden, die eine Ausweitung des Patentschutzes auf als Verfahren beanspruchte programmimplementierte Geschäftsmethoden mit sich brächte. Es soll untersucht werden, ob trotz der gerade festgestellten Unvereinbarkeit mit den Grundfesten des Patentrechts, eine Ausweitung des Patentschutzes auf programmimplementierte Geschäftsmethoden, die als Verfahren beansprucht werden, ökonomisch wünschenswert wäre. Patente gewähren, wie bereits erwähnt, ein subjektives Ausschlussrecht

---

[750] *Tauchert*, Abs. 34.
[751] Vgl. *Nack*, GRUR 2000, 853, 854.
[752] *Mellulis*, in: FS König, S. 341, 353.
[753] Vgl. auch AIPPI-Bericht, Q 158, S. 5, www.aippi.org/reports/q158/q158-Summary-d.htm, abgerufen am 17. Oktober 2001.

und können möglicherweise dazu führen, dass der Wettbewerbsprozess erlahmt. Da Nachahmung ein grundsätzlich zulässiges Verhalten im Wettbewerb ist, können Nachteile für den wettbewerblichen Prozess entstehen, wenn Nachahmung zu stark unterbunden wird.

Die ökonomischen Auswirkungen des Patentschutzes bzw. seiner Ausweitung sind weitgehend ungeklärt.[754] Dies ist darauf zurückzuführen, dass die jeweiligen Staaten in unterschiedlichen Phasen ihrer wirtschaftlichen Entwicklung ein Patentsystem eingerichtet haben. Infolgedessen existieren für empirische Studien kaum Vergleichsgrundlagen.[755] Dennoch ist die Diskussion um die Auswirkungen des patentrechtlichen Schutzes für Computerprogramme stark angeheizt und sehr konträr. Dies ist darauf zurückzuführen, dass sie überwiegend von wirtschaftlichen Interessen geprägt ist. Die Gewichtung der Argumente hängt sehr vom Betrachtungsfokus ab, so dass zum Teil unüberbrückbare Divergenzen bestehen. Aufgrund der Vielzahl von Argumenten und der Komplexität der Thematik können im Rahmen dieser Arbeit nur die wesentlichen Aussagen analysiert werden.

A. Pro und Contra des Patentschutzes für Computerprogramme

Befürworter des Patentschutzes von Computerprogrammen argumentieren zum einen damit, dass der Wissensfluss durch die Offenbarung vergrößert werde. Zum anderen könne durch Patente die softwarespezifische kurze Innovationszeit verlängert werden, was Anreize zum innovieren mit sich bringe.[756] Weiter wird angeführt, die Patentierung trage zu einer höheren Markttransparenz bei und senke die Transaktionskosten[757] im dynamischen und unübersichtlichen Softwaremarkt. Softwarepatente hätten darüber hinaus das Potential, insbesondere kleinen und mittleren Unternehmen den Zugang zum Kapitalmarkt zu erleichtern. Hätten diese ein spezielles Programm entwickelt, das beispielsweise eine Marktnische abdecke, könne der Vorsprung mittels eines Patents gehalten werden.[758] Infolgedessen werde die Verhandlungsposition kleinerer und mittlerer Unternehmen gegenüber Großunternehmen gestärkt.[759] Das auf diese Weise gewonnene Kapital könne wiederum für weitere, dem technischen Fortschritt dienende Innovationen eingesetzt werden. Darüber hinaus sei das Patentrecht gegenüber anderen Schutzmöglichkeiten wie beispielsweise dem Urheberrecht das geeignetere Schutzrecht.

---

[754] So wohl auch *Jänich*, GRUR 2003, 483, 489.
[755] *Nack*, Getrennte Welten?, in: FS König, S. 359, 360.
[756] *Shapiro/Varian*, Kap. 7.
[757] *Nack*, Getrennte Welten?, in: FS König, S. 359, 366 m.w.N.
[758] Siehe dazu *Dreiss/Hössle*, S. 3.
[759] Vgl. auch *von Pierer*, GRUR Int. 1990, 818, 819.

Es erfasse die den eigentlichen Wert eines Programms verkörpernde Idee und seine Funktionalitäten.[760] Gegen den patentrechtlichen Schutz spreche auch nicht der umfassende Schutzbereich des Patents. Es werde nämlich kein Monopol begründet, sondern die Möglichkeit des Schutzes alternativer Lösungswege im Substitutions- und Entdeckungswettbewerb angeregt und so der technische Fortschritt gefördert.[761]

Die Gegner der Patentierung von Software sehen durch die Patentierung gleich ob in Form von Ideen, Konzepten, Algorithmen oder aber in Form des konkreten Quellcodes, den mehr oder weniger boomenden Fortschritt ihres Wirtschaftsfaktors gefährdet[762]. Dieser Einwand betrifft vor allem Open-Source.[763] Die Verfechter dieses Modells stellen ex definitione den Programmcode allen Interessierten zur Verfügung und könnten Patentschutz schon aus diesem Grunde gar nicht in Anspruch nehmen. Tatsächlich sei aber in diesem Modell wesentliches Potential für den technischen Fortschritt zu finden.[764] Mit den freien Programmierern stehe ein Entwicklungspotential zur Verfügung, das zugleich eine erhebliches Potential für jede technische Entwicklung bedeute, das es ja letzten Endes durch das Patent zu schützen gelte. So verweisen die Gegner des Patentschutzes für Computerprogramme auf die Besonderheiten im Softwarebereich. Sie argumentieren ebenfalls mit der sehr hohen Dynamik zwischen Angebots- und Nachfrageseite, der vergleichsweise geringen Entwicklungsdauer und mit der im Unterschied zu anderen Bereichen des Dienstleistungssektors deutlich häufigeren inkrementellen Weiterentwicklung. Diese Besonderheiten hätten zur Folge, dass schnellen Innovationen und effektiven Entwicklungsprozesse noch stärkere Bedeutung zukomme als in anderen Dienstleistungsbereichen und deshalb Hemmnisse in gerade diesem Bereich in schwerwiegenden Folgen resultierten.[765] Dies ist vor allem dem Umstand geschuldet, dass Hemmnisse bei der Durchführung von Entwicklungsarbeiten im Softwarebereich noch schwerwiegender für die wirtschaftliche Entwicklung sind, als in anderen Bereichen.

---

[760] *Haase*, S. 177.
[761] Siehe auch 14. Gutachten der Monopolkommission, Kap. V, S. 339 zur Anregung des Wettbewerbs durch Internettechnologie.
[762] So vor allem seitens der Open-Source Bewegung. Siehe statt vieler *Smets-Solanes*, Software Userright, http://www.smets.com/it/policy/useright/useright.pdf, S.13, 19, abgerufen am 10. Februar 2002.
[763] Hinter dem vielfach als „open source" bezeichneten Modell steht unter anderem die Vorstellung, dass die Freigabe des Codes für andere Programmierer zu einer fortlaufenden Überprüfung und Anpassung führe, die im Ergebnis zu einem breiten Pool von Anwendungen für unterschiedliche Zwecke führe, der auf den jeweiligen Bedarf bezogene Parallelentwicklungen entbehrlich mache.
[764] Vgl. auch *Mellulis*, in: FS König, S. 341, 344.
[765] Zu dieser Diskussion in der Open Source-Bewegung siehe: www.swpat.ffii.org.

Schließlich wird angeführt, dass die mit der Patentierung einhergehenden Nachteile auch nicht durch Lizenzierungen geschmälert werden könnten, da die damit verbundenen Transaktionskosten zu hoch seien.[766]

Trotz der Gegensätzlichkeit dieser Positionen, besteht Einigkeit in einem Punkt: Abzulehnen ist danach Patentschutz jedenfalls für sogenannte Trivialpatente, also solche Patente, die eine zu breite Anspruchsformulierung aufweisen oder zu abstrakt gehalten sind.[767]

B. Stellungnahme

Sowohl aus patentrechtlicher wie auch aus volkswirtschaftlicher Sicht scheint eine Ausweitung des Patentschutzes nicht wünschenswert und ist kritisch zu bewerten.

So lassen sich jedenfalls derzeit keine Anhaltspunkte finden, die aus volkswirtschaftlicher Sicht notwendigerweise für eine Erweiterung des Kreises patentfähiger Gegenstände sprächen. Es ist empirisch nicht belegt, dass sich die Aufnahme von als Verfahren beanspruchten programmimplementierten Geschäftsmethoden in den Kreis patentfähiger Gegenstände volkswirtschaftlich positiv, also wettbewerbsfördernd, auswirkt. Tatsächlich scheint es vielmehr so, dass kreatives und innovationsförderndes Potential wie es in der Open-Source Bewegung zu findenden ist, gehemmt wird. So ist auch dem 14. Gutachten der Monopolkommission zu entnehmen, dass die mit dem Patentschutz einhergehende vorübergehende Monopolstellung geeignet sei, die „Konzentrationstendenzen auf dem Markt für Softwareprodukte weiter zu verstärken und den Wettbewerb zu verhindern".[768]

Schließlich ist zu bedenken, dass neben dem Patentrecht weitere Schutzrechte wie beispielsweise das Urheberrecht zum Schutz programmimplementierter Geschäftsmethoden zur Verfügung stehen. Dabei darf allerdings nicht verkannt werden, dass das Urheberrecht die den Programmen zugrunde liegenden Ideen und Grundsätze nicht umfasst, sondern allein die Programme in den Einzelheiten ihrer Formulierung (Code) erfasst, mit der Folge, dass der urheberrechtliche Schutz durch eine alternative und funktionell gleichwertige Formulierung umgangen werden kann. Ist der Patentschutz auch grundsätzlich geeignet, diese Schutzlücke so zu schließen, dass das in einem Patent beschriebene Verfahren bzw. Funktions-

---

[766] *Sietmann*, c't, 17/2001, S. 170 ff.
[767] *Dreyfuss*, CRi 2001, 1 f.; *Gleick*, Patently Absurd, S. 44; *Merges*, 14 Berkeley Tech. L.J. 577 (1999); *Nack*, Getrennte Welten?, in: FS König, 359, 362.
[768] Vgl. 14. Gutachten der Monopolkommission, S. 349.

prinzip in jeder Form seiner Darstellung geschützt und nicht durch eine andere inhaltlich gleichwertige Formulierung umgangen werden kann, so ist es nicht gerechtfertigt, den Patentschutz über das bestehende Maß hinaus zu erweitern.

Dies hängt nicht zuletzt damit zusammen, dass das Urheberrecht entsprechend der Vorgabe in der Richtlinie 91/250/EWG im Wesentlichen ein Verbot des Kopierens, der Verbreitung und der Bearbeitung einschließlich des Dekompilierens von Computerprogrammen ohne Erlaubnis des Rechtsinhabers vorsieht.[769] Es ist also hinreichender Schutz für Computersoftware anzunehmen, wenn man mit der wohl herrschenden Meinung zum deutschen Urheberrecht davon ausgeht, dass ein Kopieren im Sinne des Gesetzes auch das Aufspielen des Programms auf den Rechner ist.[770] Damit ist die unbefugte Benutzung des konkreten Programms ebenso wie seine unerlaubte Verarbeitung über das Kopierverbot ausgeschlossen. Beziet man darüber hinaus die im Softwarebereich übliche Geheimhaltung des Sourcecodes in die Beurteilung mit ein, so scheint zugleich auch eine Nachschöpfung auf dessen Grundlage praktisch nicht möglich. Das Bedürfnis nach Patentschutz ist also vergleichsweise gering.

Das Dekompilierungsverbot stellt in diesem Zusammenhang eine eher flankierende Maßnahme dar, die einen schon aus tatsächlicher Sicht bestehenden Schutz weiter absichert. Eine Eigenentwicklung ohne Rücksicht auf den Code erscheint sinnvoller, weil die Rückwandlung eines Computerprogramms in Code auch bei kleinen Programmen zu einem Gewirr unstrukturierter Programmzeilen führt. Soweit eine Schutzlücke dort zu erkennen ist, wo der Code durch Dritte in unlauterer Weise verschafft wird, kann diesem Verhalten mit den bestehenden Mitteln der Rechtsordnung begegnet werden. Es kommen für diese Fälle das Wettbewerbsrecht ebenso in Betracht wie der Geheimnisschutz und das Vertragsrecht.[771]

Im Ergebnis ist die Ausdehnung von Patentschutz auf Software bzw. programmimplementierten Geschäftsmethoden also kritisch zu bewerten. Die bereits existierenden Schutzrechte reichen derzeit aus, um Erfindern von programmimplementierten Geschäftemethoden hinreichenden Schutz zu gewähren.[772] Sofern eine Ausweitung des Patentschutzes verlangt wird, mögen dessen Befürworter doch empirisch nachweisen, dass eine Ausdehnung ökonomisch sinnvoll ist.

---

[769] Vgl. Schricker-*Loewenheim*, UrhG, zu §§ 69b und 69c UrhG.
[770] Vgl. Etwa Fromm/Nordemann/Vinck-*Vinck*, UrhG, § 69c Rn. 3; *Haberstumpf*, CR 1987, 409, 411; *Koch*, GRUR 1997, 417, 423; *Lehmann*, NJW 1991, 2112, 2114; *Pres*, CR 1994, 520; *Rehbinder*, Urheber- und Verlagsrecht, § 31 II 5; *Schricker/Loewenheim*, UrhG, § 69c Rn. 9; *Schulte*, CR 1992, 648, 650.
[771] Siehe dazu oben unter Kap. 2 § 1.
[772] Vgl. *Metzger*, CR 2003, 313, 315.

§ 3 Verpflichtung zur Ausweitung qua internationaler Vereinbarungen ?

Die Unvereinbarkeit der Patentierung als Verfahren beanspruchter programmimplementierter Geschäftsmethoden mit den klassischen deutschen Patentrechtstheorien wurde nunmehr festgestellt. Es bestehen daher Divergenzen zwischen der deutschen/kontinentaleuropäischen und der U.S.-amerikanischen Erteilungspraxis. Somit stellt sich die Frage, ob nicht aus internationalen Vereinbarungen die Pflicht folgt, derartige Methoden zum Patentschutz zuzulassen. Eine Verpflichtung könnte sich möglicherweise aus den Verträgen ergeben, zu deren Mitgliedsstaaten unter anderem auch die USA gehören. Es soll daher ein Blick auf die in Frage kommenden Vereinbarungen und den aus ihnen resultierenden Verpflichtungen geworfen werden.

A. Pariser Verbands Übereinkunft (PVÜ)

Die „Pariser Verbandsübereinkunft zum Schutze des gewerblichen Eigentums"[773] vom 20. März 1883, ist das älteste und grundlegendste internationale Abkommen auf dem Gebiet des gewerblichen Rechtschutzes und definiert verbindliche Schutzstandard im Patentrecht.[774] Indes folgt aus dem PVÜ keine Verpflichtung, die in Deutschland und Europa herrschende Patenterteilungspraxis an die der Vereinigten Staaten anzupassen. Die Pariser Verbandsübereinkunft legt in Art. 2 als zentraler Norm den Grundsatz der Inländerbehandlung fest. Daraus folgt, dass Ausländer den gleichen Normen unterworfen sind, wie Inländer.[775] Angehörige anderer Mitgliedstaaten müssen daher hinsichtlich des Erwerbs und des Schutzinhaltes von Patenten genauso behandelt werden, wie die eigenen Staatsangehörigen. Weitere materiellrechtliche Bestimmungen und Verfahrensregeln können von den Verbandsstaaten frei gestaltet werden.[776]

B. Patent Cooperation Treaty (PCT)

Auch aus dem Patent Cooperation Treaty vom 17. Juni 1970, also dem Vertrag über die internationale Zusammenarbeit auf dem Gebiet des Patentwesens[777], lassen sich keine Verpflichtungen zur Ausweitung des Patentschutzes herleiten.

---

[773] Revidiert in Stockholm am 14. Juli 1967, BGBl. 1970 II, 391
[774] Vgl. Busse-*Keukenschrijver*, PatG, Einl, Rn. 24; *Straus*, GRUR Int. 1996, 179, 183 ff.
[775] *Straus*, GRUR 1996, 184.
[776] *Gall*, CR 1990, 497, 498; *Kur*, GRUR Int. 1994, 987, 988.
[777] Vom 19. Juni 1970 zuletzt geändert am 3. Februar 1984 (BGBl. 1976 II, 664; BGBl. 1985 II, 975, 976); vgl. dazu Busse-*Keukenschrijver*, PatG, Vor. § 34 Rn. 4 ff; *Bernhardt/Kraßer*, S. 62 f.

Der Vertrag ermöglicht lediglich eine vereinfachte Anmeldung des Patents, erweitert aber nicht die Wirkungen des Patents über die Landesgrenzen. Die Prüfung erfolgt daher anhand der nationalen Erteilungsvoraussetzungen. Der PCT schafft somit lediglich wesentliche administrative Vereinfachungen, jedoch weder ein einheitliches Patentschutzsystem noch ein einheitliches materielles Recht.

C. Agreement on Trade-related Aspects of Intellectual Property Rights (TRIPS)

Schließlich lässt sich - zumindest im Ergebnis - die Notwendigkeit der Erweiterung des Patentschutzes auch nicht aus dem TRIPS-Abkommen herleiten.

Dieses „Übereinkommen über handelsbezogene Aspekte der Rechte des geistigen Eigentums" (Agreement on Trade-related Aspects of Intellectual Property Rights, sogenanntes TRIPS-Abkommen) vom 15. April 1994, das am 1. Januar 1995 in Kraft getreten ist[778], bringt die Bedeutung der gewerblichen Schutzrechte im Rahmen der Neuordnung der internationalen Wirtschaftsbeziehungen, wie sie von der World Trade Organisation (WTO) entwickelt wurde, zum Ausdruck. Es enthält zu allen Arten geistiger Leistungen und Ergebnissen auf diesem Gebiet Regelungen über den Schutzgegenstand, die Voraussetzungen, die Laufdauer sowie die Rechte, die die Schutzrechte deren Inhaber gewähren und deren Durchsetzung.[779]

In Art. 27 Abs. 1 TRIPS ist bestimmt, dass „Patente für Erfindungen auf allen Gebieten der Technik" unter bestimmten Patentierungsvoraussetzungen erteilt werden.[780] Damit sind die Mitgliedstaaten verpflichtet, vorzusehen, dass Patente für – neue, auf erfinderischer Tätigkeit beruhende und gewerblich anwendbare – Erfindungen auf allen Gebieten der Technik erhältlich sind. Eingeschränkt wird diese Verpflichtung durch die Absätze 2 und 3. Nach Art. 27 Abs. 2 TRIPS können Mitgliedsstaaten aus Gründen des „ordre public" bzw. der guten Sitten Erfindungen von der Patentierbarkeit ausschließen. Weiterhin ist in Art. 27 Abs. 3 TRIPS eine Liste von Gegenständen angegeben, welche auch von der Patentierbarkeit ausgeschlossen sein können; Software ist hier nicht aufgeführt.

---

[778] Das Übereinkommen (BGBl. 1994 II, S. 1730) stellt ein besonderes völkerrechtliches Abkommen im Zusammenhang mit der Gründung der Welthandelsorganisation (WTO) dar und ist bis zum 31. Januar 1998 durch 132 Staaten ratifiziert worden, darunter auch durch die Bundesrepublik Deutschland (BGBl. 1994 II, S. 1730), ebenso wie durch die USA und Japan.
[779] *Ilzhöfer*, Rn. 260.
[780] Zur Frage der unmittelbaren Anwendbarkeit von TRIPS auf das EPÜ vergleiche *Milbradt*, K & R 2000, 522.

Ob Software als Erfindung einzuordnen ist, ergibt sich nicht unmittelbar aus dem Vertragstext. Das Übereinkommen enthält keine Legaldefinition. Dennoch lässt sich unter Rekurs auf die Entstehungsgeschichte von TRIPS eine Aussage treffen. Aus der Geschichte ergibt sich, dass eine große Anzahl von Mitgliedstaaten, ausgehend von der jeweiligen nationalen Rechtslage, befürwortete, bestimmte Gegenstände von der Patentierbarkeit auszuschließen. Dazu gehörten unter anderem wissenschaftliche Prinzipien, Verfahren für geschäftliche Tätigkeiten, Algorithmen oder mathematische Formeln als solche, selbst solche, die in Computerprogramme integriert sind.[781] Die von den genannten Verhandlungsparteien in der Entstehungsphase von TRIPS gemachten Vorschläge und Bewertungen sind zwar in das TRIPS eingeflossen, werden von dem Abkommen jedoch nur indirekt reflektiert, indem sich die Patentierungsverpflichtung der Mitgliedstaaten allein auf Erfindungen, nicht aber auf andere Schöpfungen des menschlichen Geistes bezieht. Da TRIPS keine Legaldefinition liefert, bleibt es folglich weiterhin den Mitgliedstaaten überlassen, welche Gegenstände bzw. Verfahren sie als patentfähig einordnen.[782]

Fraglich ist, ob es mit der Verpflichtung, Patente für Erfindungen auf allen Gebieten der Technik zuzulassen, vereinbar ist, Computerprogramme nicht uneingeschränkt zum Patentschutz zuzulassen.[783] Streit besteht darüber, was unter die Bezeichnung „Gebiet der Technik" fällt, also ob Computerprogramme uneingeschränkt dazu zählen oder nicht. In der Literatur wird dabei die Behauptung aufgestellt, dass die Begriffe „Erfindung" und „Technik" bei der gebotenen „autonomen" Auslegung des Übereinkommens Computerprogramme einschließen würden.[784] Tatsächlich läuft diese Annahme aber darauf hinaus, dass sich Mitglieder der WTO, die die Patentierbarkeit von Computerprogrammen unter dem Gesichtspunkt fehlenden technischen Charakters bislang abgelehnt haben, durch TRIPS verpflichtet hätten, ihr Recht demjenigen anderer Staaten anzupassen, in denen der Anwendungsbereich nicht durch das Technizitätserfordernis bestimmt wird. Ein Konsens in diesem Sinne lässt sich aus der Entstehungs- und Verhandlungsgeschichte von TRIPS aber nicht herleiten: So hat der deutsche Gesetzgeber bei der Ratifizierung von GATT/TRIPS keinen Widerspruch der deutschen Rechtslage und Patenterteilungspraxis zu Art. 27 Absatz 1 TRIPS gesehen. Es wurde davon ausgegangen, dass die deutsche Rechtslage derjenigen nach dem EPÜ

---

[781] Australien, Kanada, Neuseeland und Hongkong sprachen sich beispielsweise für den Ausschluss von Entdeckungen, wissenschaftlichen Theorien, mathematischen Methoden, ästhetischen Formschöpfungen, Plänen, Regeln und Verfahren für gedankliche Tätigkeiten, für Spiele oder für geschäftliche Verfahren und Präsentation von Information. Vgl. hierzu die vom GATT-Sekretariat erstellte synoptische Übersicht in Doc. MTN./GNG/NG11/W/32/Rev.2, S. 84 – 87.
[782] *Straus*, GRUR Int. 1996, 179, 191.
[783] Vgl. dazu *Schiuma*, GRUR Int. 1998, 852.
[784] *Schiuma*, GRUR Int. 1998, 852; zustimmend *Schmittchen*, Mitt. 1999, 281, 282.

entspräche und mit Art. 27 Abs. 1 TRIPS konform sei: Es werde eine Prüfung dahingehend vorgenommen, ob der Gegenstand die „Benutzung von technischen Mitteln" als Bestandteil der erfindungsgemäßen Lösung erfordere, und falls dies bejaht werde, sei der Gegenstand patentfähig.

Im Übrigen ist zu beachten, dass das TRIPS-Übereinkommen den Mitgliedern lediglich Höchstgrenzen für die Voraussetzung der Patentierbarkeit auferlegt. Die Mitglieder sind folglich nicht daran gehindert, Patente für Gegenstände zu erteilen, die keine Erfindungen sind.[785] Es bleibt den USA gemäß TRIPS also unbenommen Patente für triviale und nicht-technische Erfindungen zu erteilen. Mitglieder, die dies tun, können jedoch nicht auf der Grundlage des Übereinkommens von anderen Gleiches verlangen.

Im Ergebnis bleibt es damit dem jeweiligen nationalen Gesetzgeber überlassen, ob er eine Ausweitung des Patentschutzes auch auf als Verfahren beanspruchte Geschäftsmethoden vornimmt. TRIPS verlangt von Deutschland also keine Übernahme der liberalen U.S.-amerikanischen Patentierungspraxis in Bezug auf programmimplementierte Geschäftsmethoden.

D. Ergebnis

Aus internationalen Vereinbarungen lassen sich für Deutschland keine Verpflichtungen herleiten, im nationalen Patentrecht Patentschutz für als Verfahren beanspruchte programmimplementierte Geschäftsmethoden, also Software zu ermöglichen.

---

[785] *Howard*, CRi 2002, 97; *Röttinger*, CR 2002, 4, 7.

Kapitel 7 - Zusammenfassung und Ausblick

Patentierte Computerprogramme sind heute diesseits wie auch jenseits des Atlantiks Realität. Es ist festzustellen, dass in Deutschland und auf europäischer Ebene Patente auf programmimplementierte Erfindungen ebenso erteilt ebenso werden können wie in den USA. Allerdings unterscheidet sich die Kategorie der erteilten Patente. Grundsätzlich können Erfindungen im Wesentlichen als Vorrichtung und Verfahren patentiert werden. Es zeigte sich, dass im Geltungsbereich deutschen und europäischen Rechts nur als Vorrichtungen beanspruchte programmimplementierte Erfindungen patentiert werden, während Verfahrenspatente – jedenfalls augenblicklich – vom Patentschutz ausgeschlossen sind.

Diese Differenzierung liegt in dem deutschen/europäischen Kriterium der Technizität begründet, denn die Prüfung, ob eine programmimplementierte Erfindung patentfähig ist, beurteilt sich hier im Wesentlichen danach, ob die Erfindung technisch ist. Dabei kann man bei Betrachtung der Beurteilungspraxis von BGH, BPatG und EPA ein lediglich in Nuancen abweichendes Verständnis des Technikbegriffs ausmachen: Während im deutschen Recht das planmäßige Handeln unter Einsatz von Naturkräften als maßgeblich angesehen wird, verzichtet das EPA auf eine allgemeine Definition des Technikbegriffs, entscheidet im Einzelfall eher nach praktischen Gesichtspunkten und wertet die Einwirkung auf physikalische Erscheinungen als Kennzeichen für das Vorliegen einer technischen Lehre. Die Technizität kann sich dabei sowohl aus der zu lösenden Aufgabe und den eingesetzten Mitteln als Problemlösung ergeben oder im zu erzielenden Ergebnis liegen,[786] wobei auch im Vorfeld der Innovation angestellte „technische Überlegungen" genügen. Ausschlaggebend ist, dass die begehrten Ansprüche eine gewisse „Eigenheit" (Deutschland) offenbaren bzw. einen „weiteren technischen Effekt" (Europa) erzielen und der Lösung eines konkreten technischen Problems dienen.

Dieser weitere technische Effekt oder die Lösung eines konkreten technischen Problems müssen das Gebiet der Technik betreffen. Dabei hat die Analyse der deutschen und europäischen Rechtsprechung ergeben, dass nicht alle, sondern nur sehr spezifische Technologien aus dem klassischen Technikbereich zu diesem Gebiet zählen. So gelten lediglich die Gebiete des Maschinenbaus und der Chemie, der Biologie, der Ingenieurwissenschaft sowie der Elektrotechnik als Technik im klassischen Sinne. Die Bereiche der Betriebswirtschaft oder auch der

---

[786] *Busche*, 2001, 55, 56; *Röttinger*, CR 2002, 616, 617 f.

Sprach- und Finanzwissenschaft hingegen zählen weder zum klassisch technischen Bereich, noch sind sie geeignet, technische Felder zu substituieren.

Aus dem Gesagten folgt für die programmimplementierte Geschäftsmethode, dass sie als nicht-patentfähig gilt, wenn sie als reines Verfahren beansprucht wird. In diesem Fall gehen von der Geschäftsmethode keine die Hardware beeinflussenden Impulse aus. Die als reine Verfahren beanspruchten programmimplementierten Methoden lassen eine gewisse technische „Eigenheit" bzw. einen „weiteren technischen Effekt" vermissen. Im Gegensatz dazu gelten nach der Rechtsprechung „programmtechnisch eingerichtete Vorrichtungen", also als Vorrichtung beanspruchte programmimplementierte Geschäftsmethoden tendenziell immer als patentfähig– soweit sie die weiteren patentrechtlichen Schutzvoraussetzungen erfüllen.

Diese Voraussetzungen sind erfüllt, wenn die programmimplementierte Geschäftsmethode neu, gewerblich anwendbar und auf erfinderischer Tätigkeit beruhend ist. Ihre programmtechnische Umsetzung muss sich daher nicht nur vom Stand der Technik abheben und ihn über das normale Maß hinaus weiterentwickeln, sondern sie muss in irgendeiner Form auch ein gewerbliches Gebiet betreffen.

Auch in den USA ist die Gewährung von Patentschutz an bestimmte Voraussetzungen gebunden, allerdings findet sich dort ein entscheidender Unterschied zu Deutschland und Europa: Das U.S.-amerikanische Patentrecht kennt kein dem deutschen und europäischen Recht vergleichbares Erfordernis der Technizität. Seit den Entscheidungen *State Street Bank & Trust Co. v. Signature Financial Group, Inc.*[787] und *AT & T*[788] reicht es zur Annahme der Patentfähigkeit aus, dass durch die Erfindung ein „nützliches, greifbares und konkretes" Ergebnis erzielt wird. Infolgedessen scheint es keine gewichtigen patentrechtlichen Hürden für programmimplementierte Geschäftsmethoden mehr zu geben, denn es ist kaum denkbar, dass eine solche nicht geeignet wäre, ein „nützliches, konkretes und greifbares Ergebnis" zu produzieren. Ein Computerprogramm oder eine programmimplementierte Geschäftsmethode bezwecken stets etwas „Konkretes", nämlich das Ziel, zu dem sie geschaffen wurden. Sie sind auch stets zumindest insoweit „nützlich", als sie diesen Zweck erfüllen. Hinzu kommt, dass in den USA die Einordnung in Anspruchskategorien keine große Rolle spielt, so dass im Endeffekt die Patentfähigkeit von programmimplementierten Erfindungen

---

[787] *State Street Bank & Trust Co. v. Signature Financial Group, Inc.*, 149 F.3d 1368 (Fed. Cir. 1998) = GRUR Int. 1999, 633 f.
[788] *In re AT & T Corp. v. Excel Communications Inc.*, CRi 2000, 19 f.

grundsätzlich anerkannt ist[789] - unabhängig davon, ob sie als Verfahren oder als Vorrichtung beansprucht werden.

Die weiteren Schutzvoraussetzungen des U.S.-amerikanischen Patentrechts folgen im Wesentlichen denen des deutschen und europäischen Rechts. Die programmimplementierte Geschäftsmethode ist dann patentierbar, wenn sie neu und nicht-offensichtlich ist, sich also vom Stand der Technik abhebt und ihm nicht entnommen werden konnte.

Unabhängig von der faktisch bestehenden Möglichkeit der Erlangung des Patentschutzes für Computerprogramme und programmimplementierte Geschäftsmethoden wurde diese von europäischen Unternehmen/Erfindern weit weniger genutzt, als es rechtlich möglich gewesen wäre. Dies ist darauf zurückzuführen, dass die derzeitigen gesetzlichen Regelungen, nach denen ein „Computerprogramm als solches" nicht patentfähig ist, ein Patent gleichwohl aber für eine technische Entwicklung erteilt werden kann, die auf einem Computerprogramm basiert, zu Verwirrungen führte. So spricht auch die Europäische Kommission von einer „diffusen Rechtslage".[790] Die daraus resultierende Rechtsunsicherheit wurde verstärkt durch die unterschiedlichen Interpretationen der jeweiligen Norm sowie den unterschiedlichen Verfahrens- und Beurteilungsweisen der Mitgliedstaaten.[791] Hinzu kommen die missverständliche Ausschlussklausel „Computerprogramm als solches" und die dadurch verursachte teils widersprüchliche Patenterteilungs- und Rechtsprechungspraxis.[792]

Die Gesamtschau dieser Umstände ergibt ein Bild der Fehlinterpretation der gesetzlichen Normen durch europäische Unternehmen und Softwareentwickler. Diese gingen davon aus, dass sich Computerprogramme und programmimplementierte Erfindungen lediglich urheberrechtlich schützen ließen und grundsätzlich dem Patentschutz nicht zugänglich seien.[793] Da die Unternehmen und Softwareentwickler für ihre Innovationen aufgrund ihrer irrigen Annahme größtenteils Urheberrechtsschutz in Anspruch nahmen, ist die Zahl der für euro-

---

[789] Siehe dazu die Entscheidungen *State Street Bank & Trust Co. v. Signature Financial Group, Inc.*, 149 F.3d 1368 (Fed. Cir. 1998) = GRUR Int. 1999, 633 f. und *In re AT & T Corp. v. Excel Communications Inc.*, CRi 2000, 19 f.
[790] Begründung des „Vorschlags für eine Richtlinie über die Patentierbarkeit programmimplementierter Erfindungen" der Europäischen Kommission 2002/0047 (COD), S. 4, abrufbar unter http://europa.eu.int/comm/internal_market/en/indprop/com02-92de.pdf, abgerufen am 16. April 2002.
[791] *Dreiss/Hössle*, S. 3; Europäische Kommission, Vorschlag für eine Richtlinie des Europäischen Parlaments und des Rates über die Patentierbarkeit programmimplementierter Erfindungen, S. 2.
[792] *Betten*, Für und Wider, S. 11 f.
[793] *v. Raden*, GRUR 1995, 458; *Winischhofer*, S. 117; *Busche*, Mitt. 2001, 57.

päische Unternehmen erteilten Patente vergleichsweise gering.[794] Es konnte sich im kontinentaleuropäischen Raum daher auch kaum ein „Patentrechtsbewusstsein" in Bezug auf Computersoftware entwickeln.[795] Außereuropäische Unternehmer/Erfinder haben hingegen in großem Umfang von den durch die deutsche und europäische Rechtsprechung gewährten Spielräumen Gebrauch gemacht,[796] erkannten sie doch die Bedeutung des Patentschutzes als wirtschaftliches Gut früher als die europäischen Erfinder.

Dies führt in der Praxis zu einem Gefälle, in dem Wettbewerbsnachteile für europäischen Unternehmen entstehen.[797] Öffnet sich ein aus Deutschland bzw. Europa via Internet operierendes Unternehmen mit einem vermeintlich neuen Geschäftskonzept auch dem amerikanischen Markt[798] und ist in den USA angreifbar, insbesondere, weil es dort über Haftungsmasse verfügt[799], so wird es damit rechnen müssen, wegen angeblicher Verletzung eines vorbestehenden U.S.-Patents zur Rechenschaft gezogen werden zu können.[800] Zudem stehen europäische Unternehmen mit leeren Händen da, wenn es darum geht, sich auf dem europäischen Heimatmarkt zu verteidigen. Sie können gegen nachgeschaffte Programme im europäischen Kreis mangels Handhabe nicht vorgehen, müssen gleichwohl hinnehmen, dass der Verkauf ihrer Software beispielsweise in den Vereinigten Staaten vereitelt wird.[801] Schließlich muss erwähnt werden, dass auf diese Weise europäischen Unternehmen der Zugang zu internationalen Kreuzlizenzierungsabkommen verwehrt sein kann, da sie kein entsprechendes Patentportofolio aufweisen können.[802]

Die rechtliche Unsicherheit sowie die geschilderten ökonomischen Auswirkungen hat der europäische Gesetzgeber erkannt. Die Befürchtung, das Fehlen von gemeinschaftsweit vereinheitlichten Patentvorschriften auf diesem Gebiet könne Wirtschaftswachstum, Wettbewerbsfähigkeit und Binnenmarktentwicklung hem-

---

[794] Siehe dazu auch *Blind/Edler/Nack/Straus*, S. 103 ff.
[795] *Blind/Edler/Nack/Straus*, S. 106.
[796] *Hufnagel*, MMR 2002, 279; *Dreier*, in: Moritz, Rn. 44.
[797] *Blind/Edler/Nack/Straus*, S. 16.
[798] Siehe zu den Voraussetzungen einer Zuständigkeitsbegründung U.S.-amerikanischer Gerichte bei Rechtsverletzungen im Internet die Abhandlungen von *Bettinger*, GRUR Int. 1998, 660 ff.; *Koch*, CR 1999, 121; *Elsing/McDonald*, K & R 1999, 169 ff.
[799] Siehe zur Vollstreckung eines in den USA erstrittenen, auch im US-Patentrecht üblichen sogenannten Treble-Damages-Urteils in Deutschland: *Zekoll/Rahlf*, JZ 1999, 384 ff.
[800] Wie bereits oben erwähnt, ist nach U.S.-amerikanischem Patentrecht nicht entscheidend, wer eine Erfindung zuerst angemeldet hat, sondern vielmehr, wer diese tatsächlich zuerst gemacht hat. Ein erteiltes Patent kann folglich nicht unter diesem Gesichtspunkt angegriffen werden.
[801] *Dreiss/Hössle*, S. 3.
[802] Gesellschaft für Informatik, Stellungnahme, abrufbar unter: http://www.giev.de/informatik/-publikationen/Softwarepatente-GI-Stellungnahme.pdf, S. 11, abgerufen am 10. Oktober 2003.

men,[803] ließ ihn eine auf Art. 95 EG-Vertrag gestützte Richtlinie zur Harmonisierung der nationalen Patentgesetze anstreben.[804]
So hat die Europäische Kommission am 20. Februar 2002 beim Europäischen Parlament einen Vorschlag für eine Richtlinie über die Patentierbarkeit programmimplementierter Erfindungen vorgelegt.[805] Dieser Richtlinienvorschlag sieht vor, dass eine Erfindung, die durch die Ausführung von Software auf einem Computer oder einer vergleichbaren Vorrichtung implementiert wird, wenn sie patentierbar sein soll, einen Beitrag auf einem Gebiet der Technik leisten muss, der sich in seiner Gesamtheit – unter Berücksichtigung technischer und nichttechnischer Merkmale – vom Stand der Technik abhebt, also für einen Fachmann nicht naheliegend ist.[806]

Ziel der Richtlinie ist, den Begriff der erfinderischen Tätigkeit zu konkretisieren und dessen Anwendungsbereich zu verdeutlichen. Im Gegensatz zu der dargestellten Eintragungspraxis in den Vereinigten Staaten verzichtet der Vorschlag nicht auf das Kriterium des technischen Beitrags. Zwar soll das Patentssystem für Erfindungen in neuen Bereichen der Technik geöffnet werden, um den Entwicklern und Nutzern von Computerprogrammen in der Gemeinschaft ein optimales Umfeld zu bieten. Eine Ausdehnung des Patentschutzes in Form einer Angleichung an U.S.-amerikanische Verhältnisse solle jedoch nicht vorgenommen werden.[807] Ausdrücklich erklärtes Ziel der Gemeinschaft ist es nämlich, die Weiterentwicklung an den allgemeinen, historisch gewachsenen Grundsätzen des europäischen Patentrechts auszurichten und eine vollständige Öffnung des Patentschutzes für alle Arten von programmimplementierten Erfindungen zu

---

[803] *Röttinger*, CR 2002, 616, 617.
[804] EuGH GA 1/94 zur Zuständigkeit der Gemeinschaft für den Abschluss völkerrechtlicher Abkommen auf dem Gebiet der Dienstleistungen und des geistigen Eigentums vom 15. November 1994, Slg. 1994, I-5267; EuGH vom 13. Juli 1995 –Rs. C-350/92 – *Spanien* ./. Rat –Slg. 1995, I-1985; v. 9.10.2001 –Rs. C-377/98 – *Niederlande* ./. *EP* und RaSlg. 2001 I-7079: „Eine Harmonisierung dient nämlich dazu, die Hindernisse für das Funktionieren des Binnenmarktes zu verringern, die unterschiedliche Gegebenheiten in den Mitgliedstaaten, welchen Ursprungs diese auch sein mögen, darstellen. Beruhen diese Unterschiede auf einer (möglichen) unterschiedlichen Auslegung von Begriffen völkerrechtlicher Abkommen, zu deren Vertragsstaaten die Mitgliedstaaten gehören, so steht dem Erlass einer Richtlinie als Mittel zur Gewährleistung einer einheitlichen Auslegung solcher Begriffe durch die Mitgliedstaaten grundsätzlich nichts entgegen." (Rn. 20).
[805] „Vorschlag für eine Richtlinie über die Patentierbarkeit programmimplementierter Erfindungen" der Europäischen Kommission 2002/0047 (COD), abrufbar unter http://europa.eu.int/comm/-internal_market/en/indprop/com02-92de.pdf, abgerufen am 16. April 2002.
[806] Art. 4 des „Vorschlags für eine Richtlinie über die Patentierbarkeit programmimplementierter Erfindungen" der Europäischen Kommission 2002/0047 (COD), abrufbar unter http://europa.eu.int/comm/internal_market/en/indprop/com02-92de.pdf, abgerufen am 16. April 2002.
[807] *Metzger*, CR 2003, 313, 314.

verhindern.[808] So sollen insbesondere programmimplementierte Geschäftsmethoden vom Patentschutz ausgenommen werden, da ihre bloße Implementierung zur Erlangung eines solchen Schutzes nicht ausreiche. Ferner reiche die Verarbeitung und Bearbeitung sowie die Darstellung von Informationen nicht aus, da sie nicht zu einem Gebiet der Technik gehörten, selbst wenn dafür technische Vorrichtungen verwendet würden.[809] Im Übrigen sei auch ein Patentschutz für Software „als solche" nicht gewollt.[810]

Im Ergebnis hält die Richtlinie also am bereits dargestellten Status Quo in Europa fest und soll lediglich die bestehende Rechtsunsicherheit durch Harmonisierung beseitigen.[811] Dies steht insbesondere mit den oben gewonnenen Erkenntnissen in Einklang, dass die Erweiterung des patentrechtlichen Schutzes auf als Verfahren beanspruchte Computerprogramme mit der Tradition des deutschen Patentrechts nicht vereinbar ist und kann aus diesem Grund nur begrüßt werden. Es ist daher zu hoffen, dass an den Zielen weiterhin festgehalten und dem Druck der die Ausweitung des Patentschutzes befürwortenden Lobbyisten Stand gehalten wird.

Scheint es vor dem Hintergrund des Festhaltens an europäischen Traditionen auf den ersten Blick so, als würden sich die Gegensätze von europäischem und U.S.-amerikanischem Recht durch die Richtlinie[812] manifestieren, so lohnt es sich unter Berücksichtigung der in dieser Untersuchung erarbeiteten Grundsätze, einen zweiten Blick auf die Richtlinie zu werfen. Es ist nämlich zum einen schon heute zu erkennen, dass sich die Patenterteilungspraxis in Europa mehr und mehr der U.S.-amerikanischen Erteilungspraxis nähert. Denn dadurch, dass sich die europäische Gesetzgebung und Rechtsprechung auch weiterhin an den Traditionen des europäischen Patentrechts und an ihren seit der Einführung des deutschen Patentgesetzes und des EPÜ gewonnenen Erkenntnissen orientiert, wird die „vornehmlichste Aufgabe des Patentgesetzes" gewahrt: Es werden „die nach dem jeweils neuesten Stand der Wissenschaft und Forschung patentwürdigen Ergeb-

---

[808] Siehe *Metzger*, CR 2003, 313, 316.
[809] Geänderter Art. 2 b) des „Vorschlags für eine Richtlinie über die Patentierbarkeit programmimplementierter Erfindungen".
[810] Begründung des „Vorschlags für eine Richtlinie über die Patentierbarkeit programmimplementierter Erfindungen" der Europäischen Kommission 2002/0047 (COD), S. 12, abrufbar unter http://europa.eu.int/comm/internal_market/en/indprop/com02-92de.pdf, abgerufen am 16. April 2002.
[811] *Metzger*, CR 2003, 313, 317. Hingewiesen sei auch auf Artikel 8 des Richtlinienvorschlags. Darin erhält die Kommission den Auftrag, dem Europäischen Parlament binnen drei Jahren nach Inkrafttreten der Richtlinie darüber zu berichten, wie sich Patente auf programmimplementierte Erfindungen auf die Innovationstätigkeit auswirken.
[812] Augenblicklich liegt die Richtlinie der Kommission vor, nachdem sie am 24. September 2003 die sogenannte „Erste Lesung" im Europäischen Parlament durchlaufen hat und in geänderter Fassung gebilligt wurde. Die Kommission ist nun aufgefordert, sich erneut damit zu befassen.

nisse (erfasst)".⁸¹³ Zum anderen lassen sich jedoch auch in den USA Tendenzen erkennen, die dortige Patentschwemme, insbesondere auf Trivial- und Geschäftsmethoden-Patente, einzudämmen. Neben einer angestrebten Änderung der Prüfungsrichtlinien des USPTO ⁸¹⁴ wurde zur Begrenzung der Vergabe von Patenten auf Geschäftsmethoden im Rahmen einer Patentrechtsreform das „Gesetz zum Schutz amerikanischer Erfinder" verabschiedet.⁸¹⁵ Es wurde oben⁸¹⁶ bereits dargestellt, dass dies dazu dienen solle, mit der „Einrede des ersten Erfinders" möglichen Patentverletzungsprozessen vorzubeugen. Die Erhebung der Einrede führt dann zum Erfolg, also der Nichtigkeit des Patents, wenn die Geschäftsmethode mindestens ein Jahr vor der Anmeldung umgesetzt und praktisch angewandt wurde.⁸¹⁷ Damit wird vor allem verhindert, dass Unternehmen, die ihre geschäftlichen Methoden bislang als Betriebsgeheimnis schützten, in ihrer Geschäftstätigkeit durch Patente auf Geschäftsmethoden behindert werden.⁸¹⁸ Hinzukommend findet sich auch in den USA eine große Gruppe derer, die Patentschutz insbesondere für Patente auf Geschäftsmethoden ablehnen. So sieht der von einigen U.S.-Kongressabgeordneten eingebrachte „Business Method Patent Improvement Act of 2000"⁸¹⁹ eine Patentversagung für programmimplementierte Geschäftsabläufe vor. Durch diese Initiative sind bekannte Geschäftsmodelle, die lediglich programmimplementiert angemeldet werden, aufgrund mangelnder Erfindungshöhe abzulehnen. Schließlich ist in den USA die Schaffung eines bislang nicht bestehenden Einspruchsverfahrens geplant.⁸²⁰

Jedenfalls auf gesetzgeberischer Ebene scheint daher dem Auseinanderdriften der materiellrechtlichen Bestimmungen in den Vereinigten Staaten und Europa mit einer Reihe von Maßnahmen begegnet zu werden. Ob diese geeignet sind, zu einer internationalen Harmonisierung in der Frage der Patentierbarkeit von Software beizutragen, bleibt abzuwarten.

---

[813] BGH, GRUR 1969, 672 – *Rote Taube*.
[814] Report USPTO zu Softwarepatenten, CR 2000, S. 330.
[815] „Intellectual Property and Communications Omnibus Reform Act of 1999", von Bill Clinton am 29.1.1999 als Teil des Omnibus Spending Bill H.R. 3194, unterzeichnet; 59 BNA Patent, Trademark & Copyright Journal, 159 ff. Umgesetzt in 35 U.S.C. § 273.
[816] Kap. 4, § 3.
[817] Zur „Einrede des ersten Erfinders" siehe *Müller*, CRi 2000, 17, 18.
[818] Vgl. *Sehirali/Bjerke*, GRUR Int. 2001, 828, 830.
[819] Eingabe der Kongressabgeordneten *Berman* und *Boucher*, abrufbar unter: http://www.techlawjournal.com/cong106/patent/bus_method/berman.act, abgerufen am 28. Februar 2002; siehe dazu auch *Dreyfuss*, CRi 2001, 1, 4.
[820] *Dreyfuss*, CRi 2001, 1, 4; *Sietmann*, c't 17/2001, S. 170 ff.

Literaturverzeichnis

Abrams, Howard B. The Historic Foundation of American Copyright Law: Exploding the Myth of Common Law Copyright,29 Wayne Law Review 1119 ff. (1983).
Adelmann, Martin J./ Rader, Randall R./ Thomas, John R./ Wegner, Harold C., Cases and Materials on Patent Law, St. Paul, MN. 1998.
Ahn, Hyo-Jil, Der urheberrechtliche Schutz von Computerprogrammen im Recht der Bundesrepublik Deutschland und der Republik Korea, 1. Auflage, Baden-Baden 1999; zugl.: München, Univ., Diss., 1998.
Albert, Jürgen/ Ottmann, Thomas, Automaten, Sprachen und Maschinen für Anwender, Mannheim 1990.
Anders, Wilfried, Wie viel technischen Charakter braucht eine computerimplementierte Geschäftsmethode, um auf erfinderischer Tätigkeit zu beruhen?, GRUR 2001, S. 555 ff.
Anders, Wilfried, Patentierbare Computerprogramme: Ein Versuch der Besinnung auf § 1 PatG und die Dispositionsprogramm-Entscheidung, GRUR 1990, S. 498 ff.
Anders, Wilfried, Die Patentierbarkeit von Programmen für Datenverarbeitungsanlagen: Rechtsprechung im Fluss ?, GRUR 1989, S. 861 ff.
Archer, Glenn L. Jr., Entwicklungen in der US-amerikanischen Rechtsprechung, GRUR Int. 1996, S. 1122 ff.
Axster, Herbert, Die Patentfähigkeit von Funktionserfindungen, Mitt. 1959, S. 224 ff.

Barett, Magreth, Intellectual Property – Patents, Trademarks & Copyrights, 2. Edition, Larchmont, New York 1997.
Baucks, Eckard, Der U.S. Visual Rights Act of 1990 – Durchbruch zum Droit moral?, ZUM 1992, S. 72 ff.
Baumbach, Adolf/ Hefermehl, Wolfgang, Wettbewerbsrecht, 21. Auflage, München 1999.
Becker, Claus, „Intellectual Property Law" in den USA - Entwicklung im Jahre 1993 und Ausblick auf das Jahr 1994, CR 1994, S. 336 ff.
Beier, Friedrich-Karl, Zur historischen Entwicklung des Erfordernisses der Erfindungshöhe, GRUR 1985, S. 606 ff.
Beier, Friedrich-Karl, Patentschutz weltweit Grundlage technischen Fortschritts und industrieller Entwicklung, in: Karl-Heinz Openländer, Patentwesen, technischer Fortschritt und Wettbewerb, Berlin, München 1984, S. 29 ff.
Beier, Friedrich-Karl, Zukunftsprobleme des Patentrechts, GRUR 1972, S. 214 ff.
Beier, Friedrich-Karl, Die herkömmlichen Patentrechtstheorien und die sozialistische Konzeption des Erfinderrechts, GRUR Int. 1970, S. 1 ff.

Beier, Friedrich-Karl/ Straus, Joseph, Der Schutz wissenschaftlicher Forschungsergebnisse – zugleich eine Würdigung des Genfer Vertrages über die internationale Eintragung wissenschaftlicher Entdeckungen, Weinheim etc. 1982, zit. Wissenschaftliche Forschungsergebnisse

Beier, Friedrich-Karl/ Straus, Joseph, Das Patentwesen und seine Informationsfunktion – gestern und heute, GRUR 1977, S. 282 ff.

Beier, Friedrich-Karl/ Crespi, R.S./ Straus, Joseph, Biotechnology and Patent Protection – An International Review, Report on the Comittee for Scientific and Technological Policy of OECD, 84 Doc. SPT 12.

Beier, Karl-Friedrich/ Haertel, Kurt/ Schricker, Gerhard (Hrsg.), Europäisches Patentübereinkommen: Münchner Gemeinschaftskommentar, Köln u.a. 1984, Loseblatt Stand: 26. Lieferung 2003, zitiert: Bearbeiter, MüGK.

Bender, David, Business Method Patents: An Alternative View, CRi 2001, S. 65 ff.

Benkard, Georg, Beck'sche Kurzkommentare, Bd. 4a, Europäisches Patentübereinkommen, 1. Auflage, München 2002; zitiert: Benkard-Bearbeiter, EPÜ.

Benkard, Georg/ Bruchhausen, Karl/ Rogge, Rüdiger/ Schäfer, Alfons, Beck'sche Kurzkommentare, Bd. 4, Patentgesetz, Gebrauchsmustergesetz, 9. Auflage, München 1993; zitiert: Benkard –Bearbeiter, PatG.

Beresford, Kenneth, Patenting Software under the European Patent Convention, London 2000.

Bernhard, Wolfgang, Lehrbuch des Patentrechts, 4. Auflage, München 1999.

Bernhardt, Wolfgang/ Kraßer, Rudolf, Lehrbuch des Patentrechts Recht der Bundesrepublik Deutschland, Europäisches und internationales Patentrecht, 4. Auflage, München 1986.

Bessen, Jim/ Maskin, Eric, Sequential Innovation, Patents and Imitation, MIT Department of Economics Working Paper 00/01, January 2000, abrufbar unter: http://www.researchinnovation.org/patrev.pdf; Sequentielle Innovation, Patente und Innovation, Übersetzung: Scharberth, Sabine, Siepmann, Jürgen, abrufbar unter: http://www.researchinoovation.org/-patentde.pdf; zuletzt abgerufen am 02.02.2004.

Betten, Jürgen, Für und Wider: Patentierbarkeit von Software, abrufbar unter: http://www.ft-informatik.de/docs/protokolle/md2000/softwarepatent.pdf; zuletzt abgerufen am 2.04.2002.

Betten, Jürgen, Patentschutz von Computerprogrammen, GRUR 1995, S. 779 ff.

Betten, Jürgen, Patentschutz für software-bezogene Erfindungen, GRUR 1988, S. 248 ff.

Betten, Jürgen, Urheberrechtschutz von Computerprogrammen?, Mitt. 1984, S. 201 ff.

Bettinger, Torsten, Der lange Arm amerikanischer Gerichte: Personal Jurisdiction im Cyberspace, GRUR Int. 1998, S. 660 ff.

Beyer, Hans, Der Begriff der Information als Grundlage für die Beurteilung des technischen Charakters von programmbezogenen Erfindungen, GRUR 1990, S. 399 ff.

Beyer, Hans, Der Begriff der „technischen Erfindung" aus naturwissenschaftlicher Sicht, in: Festschrift 25 Jahre Bundespatentgericht, Bundespatentrecht (Hrsg.), Köln u.a. 1986, S. 189 ff.

Biedermann, R., Über die Patentfähigkeit von Erfindungen, besonders von solchen chemischer Art, Patentblatt 1889, S. 348 ff.

Blind, Knut/ Edler, Jakob/ Nack, Ralph/ Straus, Josef/ Friedewald, Michael Softwarepatente: eine empirische Analyse aus ökonomischer und juristischer Perspektive, Heidelberg 2003, auch abrufbar unter: http://www.bmwi.de/textonly/Homepage/download/technologie/Softwarepatentstudie.pdf; abgerufen am 28.11.2001.

Blum, R.E., Zum Begriff der patentfähigen Erfindung nach dem EPÜ, in: Beiträge zu Fragen des gewerblichen Rechtsschutzes, Festschrift zum 100jährigen Bestehen der Firma E. Blum & Co, Patentanwälte, Zürich 1978, S. 61 ff.

Blum, Rudolf/ Pedrazzini, Mario, Das Schweizerische Patentrecht, Band I, 2. Auflage, Bern 1975.

Blum, U.D., Der Patentschutz für mikrobiologische Erzeugnisse nach dem schweizerischen Patentrecht und dem Europäischen Patentübereinkommen, Zürich 1979.

Blumenthal, David A./ Riter, Bruce D., Die Patentierbarkeit programmierter Erfindungen in den Vereinigten Staaten, GRUR Int. 1980, S. 81 ff.

Boehmer, Erich von, Die Patentfähigkeit von Erfindungen: Grundsätze für ihre Prüfung und die Erteilung von Patenten, Berlin 1911.

Bohan, David, Computer Programs: Abstract Ideas or Patentable Subject Matter?, 29 Suffolk U.L. Review 809 ff. (1995).

Borking, John, Third Part Protection of Software and Firmware, Amsterdam, New York, Oxford 1995.

Bosch, Matthias A., Medizinisch-technische Vorrichtungen im deutschen, europäischen und amerikanischen Patentrecht, Köln, Berlin, Bonn, München 2000, zugl. München, Univ., Diss.1999.

Bossung, Otto, Unionspatent statt Gemeinschaftspatent – Entwicklung des europäischen Patents zu einem Patent der Europäischen Union, GRUR Int. 2002, S. 463 ff.

Bossung, Otto, Nachtrag zum „Unionspatent statt Gemeinschaftspatent, GRUR Int. 2002, S. 575 f.

Brandi-Dohrn, Matthias, Der Schutz von Computerprogrammen in Rechtsprechung und Praxis, GRUR 1987, S. 1 ff.

Brandi-Dohrn, Matthias, Softwareschutz durch Wettbewerbsrecht, Mitt. 1993, S. 77 ff.

Brockhaus, Die Enzyklopädie, Band 14, 20. Auflage, Mannheim 1998.

Broy, Manfred, Der rechtliche Schutz von Software: Aktuelle Fragen und Probleme - Diskussionspapier des GI-Arbeitskreises für Software-Schutz, Informatikspektrum 1992, S. 89 ff.

Bruchhausen, Karl Über die Schwierigkeiten bei der Handhabung des Erfindungsbegriffs, in: 25 Jahre Bundespatentgericht, Festschrift, Bundespatentgericht (Hrsg.), Köln Berlin, Bonn, München 1986, S. 189 ff.

Bugbee, Bruce W., Genesis of American Patent and Copyright Law, Washington DC 1967.

Bund, Elmar, Einführung in die Rechtsinformatik, Berlin 1991.

Busche, Jan, Software-bezogene Erfindungen in der Entscheidungspraxis des Bundespatentgerichts und des Bundesgerichtshofs, Mitt. 2001, S. 49 ff.

Busche, Jan, Der Schutz von Computerprogrammen – Eine Ordnungsaufgabe für Urheberrecht und Patentrecht, Mitt. 2000, 164 ff.

Busse, Rudolf (Begr.)/ Keukenschrijver, Alfred/ Schwendy, Klaus/ Baumgärtner, Thomas/ Hacker, Franz/ Schuster, Gabriele (Bearbeiter), Patentgesetz unter Berücksichtigung des Europäischen Patentübereinkommens und des Patentzusammenarbeitsvertrags, 6. Auflage, Berlin, New York 2003, (zitiert: Busse-Bearbeiter).

Chaffee, Zechariah Jr., Reflections on the Law of Copyright, 45 Columbia Law Review 503 ff. (1945).

Chartove, Alex, A Review of Recent Decisions of the United States Court of Appeals for the Federal Circuit, 39 Am. U.L. Review. 1775 ff. (1990).

Chiappetta, Vincent, Patentability of Computer Software Instruction as an "Article of Manufactures": Software as Such as the Right Stuff, 17 John Marshall Journal of Computer & Information Law 89 ff. (1998).

Chisum, Donald S., Chisum on Patents, A Treatise on the Law of Patentability, Validity and Infringement, Bd. 1, New York 2002.

Chisum, Donald S., The Future of Software Protection: The Patentability of Algorithms, 47 University of Pittsburgh Law Review 959 ff. (1986).

Chisum, Donald S./ Jacobs, Michael A., Understanding Intellectual Property, New York 1992 (Reprint 1999).

Christ, Hans, Sind „Weissagungen" patentfähig?, Mitt. 1990, S. 133 ff.

Claus, Volker, Einführung in die Informatik, Stuttgart 1975.

Cohen, Seth, To Innovate or not to Innovate, that is the Question: The Functions, Failures, and the Foibles of the Reward Function Theory of Patent Law in Relation to Computer Software Problems, 5 Michigan Telecommunication and Technology Law Review 1 (1999).

Damich, Edward, The New Artists' Authorship Rights Act: A Comparative Critique, 84 Colum. L. Rev. 1733 (1984).

Damme, Felix, Das deutsche Patentrecht, 2. Auflage, Berlin 1911.

Dauss, Donald G., Der wirtschaftliche Erfolg von Patenten als Beweiszeichen, GRUR Int. 1989, S. 362 ff.
De Boor, Hans Otto, Urheberrecht und Verlagsrecht, Stuttgart 1917.
Del Gallo, Rinaldo, Are „Methods of Doing Business" Finally Out of Business as a Statutory Rejection?, 38 IDEA 403 ff. (1998).
Deller, Anthony W., Deller's Walker on Patents, 6 Bände, 2nd Ed., mit Nachträgen zuletzt 1982, Mount Kisco, N.Y. 1964.
Dieselhorst, Jochen, Das Ende des „amoralen" Copyright?, GRUR Int. 1992, S. 902 ff.
Dietz, Adolf, Das Urheberrecht in der Europäischen Gemeinschaft, in: Gewerblicher Rechtsschutz und Urheberrecht in Deutschland, Festschrift zum hundertjährigen Bestehen der Deutschen Vereinigung für gewerblichen Rechtsschutz und Urheberrecht und ihrer Zeitschrift, hrsg. von der Vereinigung durch Friedrich-Karl Beier, Alfons Kraft, Gerhard Schricker und Elmar Wandle, Weinheim 1991, Bd. 1, S. 1445 ff.
Dreier, Thomas, Verletzung urheberrechtlich geschützter Software nach der Umsetzung der EG-Richtlinie, GRUR 1993, S. 781 ff.
Dreier, Thomas, Rechtsschutz von Computerprogrammen, CR 1991, S. 581 ff.
Dreiss, Uwe, Der Durchschnittsfachmann als Maßstab für ausreichende Offenbarung, Patentfähigkeit und Patentauslegung, GRUR 1994, S. 781 ff.
Dreiss, Uwe/ Hössle, Markus, Stellungnahme der Patentanwaltskammer zu dem Sondierungspapier der Kommission der europäischen Gemeinschaften: Die Patentierbarkeit computerimplementierter Erfindungen, abrufbar unter: www.patentanwalt.de/aktuell/computer-erfindungen.html; abgerufen am 25.03. 2001.
Drexl, Josef, Urheberrecht und Handelspolitik: Zweckehe oder Mesalliance –Zugleich eine Besprechung von „Maximilian Wilhelm Haedicke: Urheberrecht und die Handelspolitik in den Vereinigten Staaten von Amerika", GRUR Int. 1999, S. 1 ff.
Dreyfuss, Rochelle Cooper, Examining State Street Bank: Developments in Business Method Patenting, CRi 2001, S. 1 ff.
Dubbel, Heinrich, Taschenbuch für den Maschinenbau, 17. Auflage, Berlin 1990.
Ducor, Philippe, Recombiant Products and Nonobviousness: A Typology, 13 Computer & High Tech. L.. J. 1 (1971).
Dufour, Arnaud, Internet, 3édition corrigée, Paris 1996.
Dunkhase, Wilhelm, Die patentfähige Erfindung und das Erfinderrecht, Leipzig 1911.

Ehricke, Ulrich, Softwareschutz in England, CR 1991, S. 321 ff.
Eichmann, Helmut, Technizität von Erfindungen – Technische Bedingtheit von Marken und Mustern, GRUR 2000, S. 751 ff.

Elben, Wilfrid, Technische Lehren und Anweisung an den menschlichen Geist, Diss., Frankfurt am Main 1960.

Ellins, Julia, Copyright Law, Urheberrecht und ihre Harmonisierung in der europäischen Gemeinschaft: von den Anfängen bis ins Informationszeitalter, Berlin 1997; zugl. München, Univ., Diss. 1996.

Elsing, Siegfried H., US-amerikanisches Handels- und Wirtschaftsrecht, 2. Auflage, Heidelberg 1999.

Elsing, Siegfried H./ McDonald, Kevin, Webseitenanbieter aufgepasst! – Personal Jurisdiction der US-Courts, K & R 1999, S. 167 ff.

Engel, Friedrich Wilhelm, Über „Computerprogramme als solche", GRUR 1993, S. 194 ff.

Engel, Friedrich Wilhelm, Persönlichkeitsrechtlicher Schutz für wissenschaftliche Arbeiten und Forschungsergebnisse, GRUR 1982, S. 705 ff.

Engel, Friedrich Wilhelm, Zum Begriff der technischen Erfindung nach der Rechtsprechung des Bundesgerichtshofes, GRUR 1978, S. 201 ff.

Ensthaler, Jürgen, Zum patentrechtlichen Schutz von Computerprogrammen, DB 1990, S. 209 ff.

Erdmann, Willi, Schutz von Werbeslogans, GRUR 1996, S. 550 ff.

Erdmann, Willi, Schutz der Kunst im Urheberrecht, in: Festschrift für Otto Friedrich von Gamm, Willi Erdmann u.a. (Hrsg.) , Köln u.a. 1990, S. 389 ff.

Erdmann, Willi, Neue höchstrichterliche Rechtsprechung zum Urheber- und Geschmacksmusterrecht, Köln 1985.

Erdmann, Willi, Möglichkeiten und Grenzen des Urheberrechts, CR 1986, S. 249 ff.

Erdmann, Willi/ Bornkamm, Joachim, Schutz von Computerprogrammen – Rechtslage nach der EG-Richtlinie – Anmerkung zu Suche fehlerhafter Zeichenketten, GRUR 1991, S. 877 ff.

Esslinger, Alexander/ Hössle, Marcus, Zur Entscheidung „State Street v. Signature Financial" des amerikanischen Court of Appeals for the Federal Circuit, Mitt. 1999, S. 327 ff.

Falck, Kurt von, Durchschnittsfachmann und der Stand der Technik, Mitt. 1969, S. 252 ff.

Falckenstein, Roland von, Der Schutz von Computerprogrammen nach dem Gebrauchsmusterrecht und Geschmacksmusterrecht, in: Michael Lehmann (Hrsg.), Rechtsschutz und Verwertung von Computerprogrammen, 2. Auflage, Köln u.a. 1993, S. 319 ff.

Federico, Pasquale, Further Comments and Observations on the Origin of Sect. 103, in: John F. Witherspoon (Hrsg.), Nonobviousness – The Ultimate Condition of Patentability. Papers Compiled in Commemoration of the Silver Anniversary of 35 U.S.C. § 103, Washington D.C. 1980, 1:303.

Fried, Hermann, Sind Rechenstäbe hinsichtlich ihrer auf mathematischer Grundlage beruhenden Ausgestaltung und sonstige sogenannte geistige Erfindungen grundsätzlich patentfähig?, GRUR 1927, S. 856 ff.

Fromm, Friedrich Karl/ Nordemann, Wilhelm, Urheberrecht: Kommentar zum Urheberrechtsgesetz und zum Urheberwahrnehmungsgesetz mit Texten der Urheberrechtsgesetze Österreichs und der Schweiz, 9. Auflage, Stuttgart 1998.

Gall, Günter, Computerprogramme und Patentschutz, Mitt. 1985, S. 181 ff.

Gall, Günter, Der Rechtsschutz von Computersoftware in der Bundesrepublik Deutschland, GRUR 1982, S. 443 ff.

Gall, Günter, Harmonisierung des Patentrechts in Gesetzgebung und Rechtsprechung in Europa – Möglichkeiten und Grenzen, CR 1990, S. 497 ff.

Gierke, Otto von, Deutsches Privatrecht, Erster Band: Allgemeiner Teil und Personenrecht, Leipzig 1895.

Ginsburg, Jane S., Urheberpersönlichkeitsrechte, GRUR Int. 1991, S. 593 ff.

Gleichen, Alexander, Über den Begriff der Patentfähigkeit mit Bezug auf § 1 und § 2 und § 3 Absatz 1 des Patentgesetzes, GRUR 1911, S. 181 ff.

Gleick, James, Patently Absurd, The New York Time Magazine vom 12. März 2000, S. 44.

Gloy, Wolfgang, Handbuch des Wettbewerbsrechts, München 1986.

Goldschläger, Les/ Lister, Andrew, Informatik. Eine moderne Einführung, München 1984.

Goldstein, Paul, Copyright, 2. Auflage, Boston, New York, Toronto, London 1996.

Goldtzsch, Patrick, Patentgeschützte Mausclicks – Das Softwarepatent zwischen Schutzengel und Schreckgespenst, c't 2000, S. 220 ff.

Goodin, A., The Visual Artists Rights Act of 1990: Further Defining the Rights and Duties of Artists and Real Property Owners, 22 Golden Gate U.L. Law Rev. 567 ff. (1992).

Gorman, Robert A./ Ginsberg, Jane C., Copyright for the Nineties, Cases and Materials, 4. Auflage, Charlottesville 1993.

Götting, Horst-Peter, Persönlichkeitsrechte als Vermögensrechte, Tübingen 1995.

Grimaldi, Alan M., Comment/Utility and the New Legislation, 52 Journal of the Patent Office and Trademarks Society 683 ff. (1970).

Haase, Heiko, Die Patentierbarkeit von Computersoftware, Hamburg 2003; zugl. Diss. TU Ilmenau 2003.

Haase, Heiko, Neueste BGH-Entscheidung zur Patentierung von auf Datenträgern gespeicherten Computerprogrammen, Erfinderkurier 1/2002, S. 4.

Häberlein, Georg Wilhelm, Erfinderrecht und Volkswirtschaft, Berlin 1913.

Haberstumpf, Helmut, Computerprogramm und Algorithmus, Ufita 95 (1983), S. 223 ff.

Haberstumpf, Helmut, Grundsätzliches zum Urheberrechtsschutz von Computerprogrammen nach dem Urteil des Bundesgerichtshofes vom 9. Mai 1985, GRUR 1986, S. 222 ff.

Haberstumpf, Helmut, Zu urheberrechtlichen Beurteilung von Programmen für Datenverarbeitungsanlagen, GRUR 1982, S. 142 ff.

Haberstumpf, Helmut, Der Ablauf eines Computerprogramms im System der urheberrechtlichen Verwertungsrechte, CR 1987, S. 409 ff.

Haberstumpf, Helmut, Die Zulässigkeit des Reverse Engineering, CR 1991, S. 129 ff.

Haberstumpf, Helmut, Der urheberrechtliche Schutz von Computerprogrammen, in: Michael Lehmann (Hrsg.), Rechtsschutz und Verwertung von Computerprogrammen, 2. Auflage, Köln u.a. 1993, S. 69 ff.

Hage, Markus/ Hitzfeld, Timm, Technische Gestalt der Kommunikationsnetze, in: Loewenheim, Ulrich/ Koch, Frank A. (Hrsg.), Praxis des Online-Rechts, Weinheim/New York u.a. 1998, S. 1 ff.

Hall, B.H./ Ziedonis, R.H., The patent paradox revisited: an empirical Study of patenting in the U.S. semiconductor industry, 1975 – 1995, 32 Rand Journal of Economics 101 ff. (2001).

Hannemann, Henry, The Patentability of Computer Software, Antwerpen, Boston, London, Frankfurt 1985.

Harris, Prospects for Supreme Court Review of the Federal Circuit Standards for Obviousness of Inventions Combining Old Elements, 68 Journal of the Patent Office & Trademarks Society 80 f. (1986).

Hart, William M./ Kaufman, Roy S., An Overview of the Copyright Renewal Amendment and its Impact on Renewal Practices under US. Law, 17. Colum.-VLA J.L. & Arts 311 (1993).

Harte-Bavendamm, Henning, Wettbewerbsrechtlicher Schutz von Computerprogrammen, CR 1986, S. 615 ff.

Hay, Peter, Einführung in das amerikanische Recht, 4. Auflage, Darmstadt 1995.

Hazard, John W. Jr., Copyright Law in Business and Practice, New York 2002.

Heide, Nils, Softwarepatente im Verletzungsprozess, CR 2003, 165 ff.

Heinlein, Ernst-Peter, Der Nachahmungsschutz nach U.S.-amerikanischen Recht außerhalb von Patent und Copyright Act, GRUR Int. 2001, S. 377 ff.

Hellfeld, Axel von, Sind Algorithmen schutzfähig?, GRUR 1989, S. 465 ff.

Hellfeld, Axel von, Softwarepatentfähigkeit – Erste Entscheidung einer Beschwerdekammer des EPA zu einer Softwareerfindung, Mitt. 1986, S. 190 ff.

Hermes, Hans, Aufzählbarkeit, Entscheidbarkeit, Berechenbarkeit, 3. Auflage, Berlin 1978.

Hesse, Hans Gerd, Die Aufgabe – Begriff und Bedeutung im Patentrecht, GRUR 1981, S. 853 ff.

Heussen, Benno, Urheber- und lizenzrechtliche Aspekte für die Gewährleistung für Computersoftware – Zugleich zum Problem der Rechtsnatur von Lizenzverträgen, GRUR 1987, S. 779 ff.

Holländer, Günther, Urheberrechtsschutz nur für weit überdurchschnittliche Computerprogramme, CR 1991, S. 715 ff.

Horns, Axel H., Anmerkungen zu begrifflichen Fragen des Softwareschutzes, GRUR 2001, S. 1 ff.

Horns, Axel H., Der Patentschutz für softwarebezogene Erfindungen im Verhältnis zur „Open Source"- Software, jurPC, Web-Dok. 223/2000; abrufbar unter: http://www.jurpc.de/aufsatz/200000223.htm; zuletzt abgerufen am 05.01.2004.

Hössle, Marcus, Patentierung von Geschäftsmethoden – Aufregung umsonst? – Zur vergleichenden Studie zum trilateralen Projekt B3b, Mitt. 2000, S. 331 ff.

Hubmann, Heinrich, Der Schutz wissenschaftlicher Werke und der wissenschaftlichen Leistung durch das Urheberrecht nach der Rechtsprechung des Deutschen Bundesgerichtshofes, in: Festschrift zum 60. Geburtstag von Ulrich Uchtenhagen, Schweizerische Vereinigung für Urheberrecht (Hrsg.), Baden-Baden 1987, S.175 ff.

Hubmann, Heinrich/ Götting, Horst-Peter, Gewerblicher Rechtschutz (Patent-, Gebrauchsmuster-, Geschmacksmuster-, Marken- und Wettbewerbsrecht), ein Studienbuch, begründet von Heinrich Hubmann. Fortgeführt von Horst-Peter Götting unter Mitarbeit von Hans Forkel, 6. Auflage, München 1998.

Hübner, Claudia, Zum Schutz für software-bezogene Erfindungen in Deutschland, GRUR 1994, S. 885 ff.

Hudson, Thomas B., A brief history of the development of design patent protection in the United States, 40 Journal of the Patent Office and Trademarks Society 380 ff. (1948).

Hufnagel, Frank-Erich, Software- und Businesspatente – Herausforderung für das juristische Risikomanagement, MMR 2002, S. 280 ff.

Hulse, Robert, Patentability of Computer Software after State Street Bank & Trust Co. v. Signature Financial Group, Inc.: Evisceration of the Subject Matter Requirement, 33 University of California at Davis Law Review 491 ff. (2000).

Hyde, Edward R., Legal Protection of Computersoftware, 59 CTBJ 298, (1985).

Ilzhöfer, Volker, Patent-, Marken- und Urheberrecht, 4. Auflage, München 2000.

Ingerl, Reinhard/ Ronke, Christian, Markengesetz Gesetz über den Schutz von Marken und sonstigen Kennzeichen, 2. Auflage, München 2003.

Inselin, Felix, Computerprogramm und Technik, Diss., Basel 1975.

Isay, Hermann, Patentgesetz, 2. Auflage, Berlin 1911.

Isay, Hermann, Patentgesetz, 5. Auflage, Berlin 1931.
Isay, Hermann, Patentgesetz und Gesetz betreffend den Schutz von Gebrauchsmustern, 1. Auflage, Berlin 1903.

Jaestedt, Bernhardt, Patentschutz und öffentliches Interesse, in: Festschrift für Fritz Traub zum 65. Geburtstag, Ulrich Loewenheim (Hrsg.), Frankfurt am Main 1994, S. 141 ff.
Jänich, Volker Michael, Sonderrechtsschutz für geschäftliche Methoden, GRUR 2003, S. 483 ff.

Kantona, G.P., Anforderungen an eine ausländische Prioritätsmeldung zur Erlangung eines echten Prioritätenrechts in den Vereinigten Staaten von Amerika, VPP-Rundbrief 1994, S. 21 ff.
Katzenberger, Paul, TRIPS und das Urheberrecht, GRUR Int. 1995, S. 447 ff.
Kayser, L., Zur Patentfrage, in: Die Patentfrage, Sechs Preisschriften über die Reform der Patent-Gesetzgebung, hrsg. vom Verein deutscher Ingenieure, Köln, Leipzig 1876, S. 91 ff.
Kayton, I., Novelty Requirement for Patentability and Loss of Right to Patent, in: Patent Practise (Hrsg. Kayton).,1985 Vol. I, S. 4-1 – 4-37.
Keplinger, M., Computer Software – Its Nature and its Protection, 20 Emory L.J. 483 ff. (1981).
Kiesewetter-Köbinger, Swen, Über die Patentprüfung von Datenverarbeitungsanlagen, GRUR 2001, S. 185ff.
Kindermann, Manfred, Softwarepatentierung (I) – Stand der Rechtsprechung des BGH und EPA, CR 1992, S. 577 ff.
Kindermann, Manfred, Softwarepatentierung (II) – Stand der Rechtsprechung des BPatG, Rechtsprechungsvergleich und Schlussfolgerungen, CR 1992, S. 658 ff.
Kindermann, Manfred, The International Copyright of Computer Software. History. Status and Developments, Copyright 1988, S. 201 ff.
Kindermann, Manfred, Was ist Computer-Software?, ZUM 1985, S. 2 ff.
Klauer, Georg/ Möhring, Philipp, Patentgesetz, 2. Auflage, Berlin 1940.
Klett, Alexander, Urheberrecht im Internet aus deutscher und amerikanischer Sicht, Baden-Baden 1998, zugl. Tübingen, Univ., Diss. 1998.
Klett, Kathrin, Die durchschnittlich aufmerksame Verbraucherin und der durchschnittlich gut ausgebildete Fachmann, GRUR 2001, S. 549 ff.
Klostermann, R., Zur Reform der Patentgesetzgebung, in: Die Patentfrage, Sechs Preisschriften über die Reform der Patent-Gesetzgebung, hrsg. vom Verein deutscher Ingenieure, Köln, Leipzig 1876, S. 3 ff.
Koch, Frank A., Begrenzung und Grenzen des urheberrechtlichen Schutzes objektorientierter Software, GRUR 2000, S. 191 ff.

Koch, Frank A., Grundlagen des Urheberrechtschutzes im Internet und in Online-Diensten, GRUR 1997, S. 417 ff.
Koch, Frank A., Rechtsschutz für Benutzeroberflächen von Software, GRUR 1991, S. 180 ff.
Koch, Frank A., Internationale Gerichtszuständigkeiten und Internet, CR 1999, 121 ff.
Köhler, Helmut, Der ergänzende Leistungsschutz: Plädoyer für eine gesetzliche Regelung, WRP 1999, S. 1075 ff.
Köhler, Helmut/ Piper, Henning, Gesetz gegen den unlauteren Wettbewerb, Kommentar, 2. Auflage, München 2001.
Kohler, Josef, Über die Methode der Rechtsvergleichung Bericht erstattet und den Kongreß in Paris im Juli/August 1900, in: Zweigert/Puttfarken (Hrsg.) Rechtsvergleichung, Darmstadt 1978.
Kohler, Josef, Urheberrecht an Schriften und Verlagsrecht, Stuttgart 1907.
Kohler, Josef, Handbuch des Patentrechts, Mannheim 1900.
Kohler, Josef, Aus dem Patent- und Industrierecht, Band II, Berlin 1891.
Kohler, Josef, Deutsches Patentrecht, Mannheim 1878.
Kolle, Gert, Datenverarbeitung und Patentrecht. Bemerkungen zur Dispositionsprogramm-Entscheidung des Bundesgerichtshofes, GRUR 1977, S. 58 ff.
Kolle, Gert, Der Rechtsschutz von Computersoftware in der Bundesrepublik Deutschland, GRUR 1982, S. 443 ff.
Kolle, Gert, Der Rechtsschutz von Computerprogrammen aus nationaler und internationaler Sicht, GRUR 1974, S. 7 ff.
Kolle, Gert, Internationale Vereinigung für gewerblichen Rechtsschutz – Berichte der deutschen Landesgruppe für die Tagung des Geschäftsführenden Ausschusses vom 13. bis 18. Mai 1985 in Rio de Janeiro, GRUR Int. 1985, S. 29.
König, Reimar, Patentfähige Datenverarbeitungsprogramme – ein Widerspruch, GRUR 2001, S. 577 ff.
König, Reimar, Computerprogramme sind keine Sprachwerke, JurPC 5/91, S. 1099 ff.
Körner, Eberhardt, Bezirksgruppe Südwest, GRUR 1997, 115.
Kraßer, Rudolf, Der Schutz von Computerprogrammen nach deutschem Patentrecht, in: Michael Lehmann (Hrsg.), Rechtsschutz und Verwertung von Computerprogrammen, 2. Auflage, Köln u.a. 1993, S. 279 ff.
Kraßer, Rudolf, Lehrbuch des Patentrechts, Recht der Bundesrepublik Deutschland, Europäisches und Internationales Patentrecht, 4. Auflage, München 1986 (zitiert: Patentrecht).
Krauße, Heinrich, Das Patentgesetz, Berlin 1924.
Krefft, Alexander Richard, Patente auf human-genomische Erfindungen, Köln u.a. 2003.
Krol, Ed, Die Welt des Internet, Bonn 1995.

Kullmann, Walburga, Der Schutz von Computerprogrammen und –chips in der Bundesrepublik Deutschland und in den USA, Berlin 1988, zugl. Kiel, Univ., Diss., 1987.

Kumm, Alfred W., Die objektive Beurteilung der erfinderischen Leistung, GRUR 1964, S. 236 ff.

Kunin, Stephen G., Patent Eligibility In View of State Street and AT & T v. Excel Communications, 81 Journal of the Patent Office & Trademarks Society 671 ff. (1999).

Kur, Annette, TRIPS und Markenrecht, GRUR Int. 1994, S. 987 ff.

Lehmann, Michael, The Theory of Property Rights and the Protection of Intellectual and Industrial Property, 16 IIC 525 –540 (1985).

Lehmann, Michael, Das neue Software-Vertragsrecht – Verkauf und Lizenzierung von Computerprogrammen, NJW 1993, S. 1823 ff.

Lehmann, Michael, Der neue europäische Rechtsschutz von Computerprogrammen, NJW 1991, S. 2112 ff.

Lesshaft, Karl/ Ulmer,Detlef, Urheberrechtliche Schutzwürdigkeit und tatsächliche Schutzfähigkeit von Software, CR 1993, S. 607ff.

Lietz, Bernd, Technische Aspekte des Reverse Engineering – Motivation, Hilfsmittel, Vorgehensweise, Nachholbarkeit, CR 1991, S. 564 ff.

Linck, N.J., Patentable Subject Matter under Sec. 101 – Are Plants included?, 67 Journal of the Patent Office and Trademarks Society 489 ff. (1985).

Loewenheim, Ulrich, Der urheberrechtliche Schutz von Computer-Software Die neue Rechtsprechung in der Bundesrepublik Deutschland unter Berücksichtigung der Rechtsentwicklung bei Videospielen, ZUM 1985, S. 26 ff.

Loewenheim, Ulrich/ Koch, Frank A., Praxis des Onlinerechts, München 2001.

Loth, Hans-Friedrich, Erste Sitzung des Sachverständigenausschusses der WIPO zur Neuheitsschonfrist vom 7. bis zum 11. Mai 1984 in Genf, GRUR Int. 1984, 507 ff.

Loth, Hans-Friedrich, Die erfindereigene Vorverlautbarung nach geltendem US-amerikanischem Patentgesetz – Teil I.,GRUR Int. 1990, 13 ff.

Loth, Hans-Friedrich, Die erfindereigene Vorverlautbarung nach geltendem US-amerikanischem Patentgesetz – Teil II, GRUR Int. 1990, 103 ff.

Loth, Hans-Friedrich, Neuheitsbegriff und Neuheitsschonfrist im Patentrecht: Eine rechtsvergleichende Untersuchung, Köln, Berlin, Bonn, München 1988, zugl. München, Univ., Diss., 1987.

Lutter, Richard, Patentgesetz, 3. Auflage, Berlin 1920.

Lutterbeck, Bernd/ Gering,Robert/ Horns, Axel H., Sicherheit in der Informationstechnologie und Patentschutz für Softwareprodukte – Ein Widerspruch? – Kurzgutachten im Auftrag des BMWi, abrufbar unter: http://www.sicherheit-im-internet.de/download/Kurzgutachten-Softwarepatente.pdf; abgerufen am 17.03.2001.

Machlup, Fritz, Die wirtschaftlichen Grundlagen des Patentrechts – 1.Teil, GRUR Int. 1961, S. 373 ff.
Maier, Gregory J./
Mattson, Robert C., State Street ist kein Ausreißer: Die Geschichte der Softwarepatentierung im US-amerikanischen Recht, GRUR Int. 1992, S. 677 ff.
Marly, Jochen, Softwareüberlassungsverträge, 3. Auflage, München 2001.
Marly, Jochen, Urheberrechtsschutz für Computersoftware in der Europäischen Union: Abschied vom überkommenen Urheberrechtsverständnis, München 1995; zugl. Frankfurt a. Main, Univ., Habil.-Schr. 1993 – 1994 (zitiert: Urheberrechtsschutz).
Mayer, Richard L., Das US-Patent, 3. Auflage, Köln u.a. 2003.
McCarthy, J. Thomas, Desk Encyclopedia of Intellectual Property, Washington, 1995 (zitiert: McCarthy, IP Encyclopedia).
McClung, Guy/ Bliss, Ronald G., So-Called "Secondary Considerations" Related to the Nonobviousness of an Invention, 26 IDEA 95 ff. (1985).
Meineke, Christian, Nachahmungsschutz für Industriedesign im deutschen und amerikanischen Recht: rechtsvergleichende Untersuchung einer Schnittstelle im System des deutschen gewerblichen Rechtschutzes, Heidelberg 1991, zugl. Kiel, Univ., Diss., 1988.
Mellulis, Klaus-J., Zur Patentfähigkeit von Programmen für Datenverarbeitungsanlagen, GRUR 1998, S. 843 ff.
Mellulis, Klaus-J., Zur Sonderrechtsfähigkeit von Computerprogrammen, in: Festschrift für Reimar König zum 70. Geburtstag, Christoph Ann u.a. (Hrsg.), Köln u.a. 2003, S. 341 ff.
Merges, Robert P., Patent Law & Policy, 2. Edition, Virginia 1997.
Merges, Robert P., As Many as Six Impossible Patents before Breakfast: Property Rights for Business Concepts and Patent System Reform, 14 Berkeley Tech. L.J. 577 ff. (1999).
Mestern, Armand, Copyrights, Design-Patents und Trade-Marks in den USA, Mitt. 1962, S. 127 ff.
Metzger, Axel, Softwarepatente im künftigen europäischen Patentrecht, CR 2003, S. 313 ff.
Meyer, Meyers großes Taschenlexikon in 24. Bänden, 6. Auflage, Mannheim 1998.
Milbradt, Claudia, Schutzfähigkeit von Software, K & R 2002, S. 522 ff.
Miller, Arthur/ Davis, Michael H. (Hrsg.), Intellectual Property – Patents, Trademarks and Copyright: In a Nutshell, St. Paul, MN 1990.
Minoli, Daniel, Internet & Intranet Engineering, New York 1997.
Minsk, Alan D., The Patentability of Algorithms: A Review and Critical Analysis of the Current Doctrine, 8 Santa Clara Computer and High Technology Law Journal 251 (1992).

Möhring, Philipp, Die Schutzfähigkeit von Programmen für Datenverarbeitungsmaschinen, GRUR 1967, S. 269 ff.

Monopolkommission, Hauptgutachten 2000/2001, Netzwettbewerb durch Regulierung, 1. Auflage, Baden-Baden 2003.

Morgenroth, Friedrich, Der urheberrechtliche Schutz der Werbeidee, Diss. Erlangen 1961.

Moritz, Hans-Werner, Überlassung von Computersoftware – Bestimmungsgemäße Nutzung auf einer Datenverarbeitungsanlage als Know-how-Lizenzvereinbarung, CR 1989, S. 1049 ff.

Moritz, Hans-Werner/ Tybussek, Martina, Computersoftware, Rechtschutz und Vertragsgestaltung, 2. Auflage, München 1992.

Moritz, Hans-Werner/ Dreier, Thomas (Hrsg.), Rechts-Handbuch des EDV-Rechts, Köln 2002.

Moser, Richard, Der Sinn des Patentrechts und die Patenttheorien, GRUR 1929, S. 1331 ff.

Moufang, Rainer, Genetische Erfindungen im gewerblichen Rechtschutz, Köln, u.a. 1988; zugl. München, Univ., Diss., 1988.

Müller, Bernhard, Künftige EG-Richtlinie über die Patentierbarkeit von Computerprogrammen, CRi 2000, S. 17 f.

Müller, Emil, Zweck und Aufgabe, Mitt. 1929, S. 252 ff.

Müller, Peter/ Löbel, Guido (Hrsg.), Lexikon der Datenverarbeitung, 9. Auflage, Berlin 1992.

Nack, Ralph, Die patentierbare Erfindung unter den sich wandelnden Bedingungen von Wissenschaft und Technologie, Köln, Berlin, Bonn, München 2002; zugl. München, Univ., Diss. 2002.

Nack, Ralph, Sind computerimplementierte Geschäftsmethoden patentfähig? Analyse der Bundesgerichtshof-Entscheidung „Sprachanalyseeinrichtung", GRUR Int. 2000, S. 853 ff.

Nack, Ralph, Getrennte Welten? – Die volkswirtschaftliche und die juristische Diskussion um Software-Patente, in: Festschrift für Reimar König zum 70. Geburtstag, Christoph Ann u.a. (Hrsg.), Köln u.a. 2003, S. 359 ff.

Nagel, Trevor W./ Schuster, Todd H., Urheberrechtsschutz von Datensammlungen und Computerprogrammen in den USA – Zugleich eine Besprechung der Entscheidung Feist Publications, Inc. V. Rural Telephone Service Company, Inc., CR 1994, S. 133 ff.

Nimmer, David, Nimmer on Copyright. A Treatise on the Law of Literary, Musical and Artistic Property, and the Protection of Ideas, New York 1976, Loseblatt Stand: Mai 2003.

Nirk, Rudolf/ Kurtze, Helmut, Geschmacksmustergesetz, Kommentar, 2. Auflage, Köln u.a. 1997.

Nordemann, Axel, Der urheberrechtliche Schutz von Computersoftware – Grundsätzliche Aspekte, ZUM 1985, S. 10 ff.

Nordemann, Axel/ Scheuermann, Andreas, Der Beitritt der USA zur Revidierten Berner Übereinkunft – Bericht über ein Berliner Urheberrechtssymposium, GRUR Int. 1990, S. 945 f.

Ochmann, Richard, Die erfinderische Tätigkeit und ihre Feststellung, GRUR 1985, S. 941 ff.

Ochmann, Richard, Zum Begriff der Erfindung als Patentschutzvoraussetzung, in: Festschrift für Rudolf Nirk zum 70. Geburtstag am 11. Oktober 1992, Karl Bruchhausen (Hrsg.), München 1992, S. 759 ff.

Ohly, Ansgar, Software und Geschäftsmethoden im Patentrecht, CR 2001, S. 809 ff.

Oman, Ralph, Urheberrechtsschutz für Computerprogramme – Neue Entwicklungen in den USA, GRUR Int. 1988, S. 467 ff.

Pagenberg, Jochen, The Evaluation of the `Inventive Step` in the European Patent System - More Objective Standards Needed, 9 IIC 121, 132 (1978).

Papke, Horst, Der „allwissende" Durchschnittsfachmann, GRUR 1980, S. 147 ff.

Peterson, Maximilian, Now You See It, Now You Don't: What is a Patentable Machine or an Unpatentable "Algorithm"? On Principle and Expediency in Current Patent Law Doctrines Related to Computer-Implemented Inventions, 64 George Washington Law Review 90 ff. (1995).

Pierer, Heinrich von, Patente – ein wichtiger Rohstoff in der globalen Wissensgesellschaft, GRUR Int. 1999, S. 818 ff.

Pietzcker, Eduard, Patentgesetz und Gebrauchsmusterschutzgesetz: Kommentar unter Berücksichtigung der schon vorgeschlagenen und weiter beantragten Abänderungen des Patentgesetzes, Erster Halbband, Berlin, Leipzig 1929.

Prasch, Hermann, Technische Problemlösungen mit Datenverarbeitungssystemen aus patentrechtlicher Sicht, CR 1987, S. 337 ff.

Pres, Andreas Gestaltungsformen urheberrechtlicher Softwarelizenzverträge, CR 1994, S. 520 ff.

Preuß, Inge Nora, Der Rechtsschutz von Computerprogrammen, Diss. Erlangen 1987.

Raden, Lutz van/ Wertenson, Fritz, Patentschutz für Dienstleistungen, GRUR 1995, S. 523 ff.

Rau, Manfred, Die Patentfähigkeit von Computerprogrammen für elektronische Datenverarbeitungsanlagen, Diss. TU München 1968.

Raubenheimer, Andreas, Beseitigung/Umgehung eines technischen Programmschutzes nach UrhG und UWG, CR 1996, S. 69 ff.

Raubenheimer, Andreas, Softwareschutz nach neuem Urheberrecht, CR 1994, S. 69 ff.

Raubenheimer, Andreas, Softwareschutz nach den Vorschriften des UWG, CR 1994, S. 264 ff.

Rauscher auf Weeg, Hans Hugo, Das Musterrecht in den Vereinigten Staaten und der Gesetzesentwurf vom 23. Juli 1957, GRUR Int. 1958, S. 277 ff.

Rehbinder, Manfred, Urheberrecht, 12. Auflage, München 2002.

Rehbinder, Manfred, Urheber- und Verlagsrecht, 9. Auflage, München 2003.

Reimer, Dietrich, Zum Urheberrechtsschutz von Darstellungen wissenschaftlicher oder technischer Art, GRUR 1980, S. 572 ff.

Rheinstein, Max, Einführung in die Rechtsvergleichung, 2. Auflage, München 1987.

Rich, Giles R., Why and How Section 103 Come to Be, in: John F. Witherspoon (Hrsg.), Nonobviousness – The Ultimate Condition of Patentability. Papers Compiled in Commemoration of the Silver Anniversary of 35 U.S.C. § 103, Washington 1980, S. 1:207.

Rifkin, Jeremy, Access – das Verschwinden des Eigentums: warum wir weniger besitzen und mehr ausgeben, 2. Auflage, Frankfurt am Main 2000.

Ritscher, Thomas/ Ritscher, Martin, Der fiktive Fachmann als Maßstab des Nichtnaheliegens, in: Kernprobleme des Patentrechts, Festschrift zum 100-jährigen Bestehen eines eidgenössischen Patentgesetzes, Institut für gewerblichen Rechtschutz (INGRES), Bern 1988, S. 263 ff.

Rivette, Kevin G./ Kline, David, Wie sich aus Patenten mehr herausholen lässt, Harvard Business Manager 04/2000, S. 28 ff.

Robinson, William C., Law of Patents for useful Inventions, Boston 1890.

Rosenberg, Peter D., Patent Law Fundamentals, New York 1975.

Rosenthal, J., Der Erfindungsschutz vor dem Forum der gesetzgebenden Faktoren, in: Die Patentfrage, Sechs Preisschriften über die Reform der Patent-Gesetzgebung, hrsg. vom Verein deutscher Ingenieure, Köln, Leipzig 1876, S. 21 ff.

Röttinger, Moritz, Die Patentierbarkeit computerimplementierter Erfindungen – Zum EG Richtlinien Vorschlag KOMM 2002 (92) v. 20.2.2002,CR 2002, S. 616 ff.

Salus, Peter H., Handbook of Programming Languages (HDL): Imperative Programming Languages, Vol. I – IV, Indianapolis 1998.

Samuelson, Pamela, CONTU Revisited: The Case Against Copyright Protection for Computer Programs in Machine-Readable Form, 21 Duke L.J. 663 ff. (1984).

Schack, Heimo, Urheber- und Urhebervertragsrecht, Tübingen 1997.

Schack, Heimo, Urheberrechtliche Gestaltung von Webseiten unter Einsatz von Links und Frames, MMR 2001, S. 9 ff.

Schanze, Oscar, Beiträge zu der Lehre von der Patentfähigkeit, Berlin 1902.
Schanze, Oscar, Was sind gewerblich verwerthbare Erfindungen?,Wien 1895.
Schar, Markus, Zum objektiven Technikbegriff im Lichte des europäischen Patentrechtsübereinkommens, Mitt. 1998, S. 322 ff.
Scher, Alexander, Handbuch des amerikanischen Patentgesetzes von 1952 mit amerikanischem Gesetzestext, deutscher Übersetzung und ausführlichem Sachregister, Basel 1953.
Schickedanz, Willi, Das Patentierungsverbot für „mathematische Methoden", Regeln und Verfahren für gedankliche Tätigkeiten" und die Verwendung mathematischer Formeln im Patentrecht, Mitt. 2000, S. 173 ff.
Schindlbeck, Thomas Schutzfähigkeit von Dienstleistungen als Beitrag zur Existenzsicherung mittelständischer Unternehmen, in: Lutz van Raden (Hrsg.), Zukunftsaspekte des gewerblichen Rechtsschutzes Beiträge zum Symposium des Deutschen Patentamts „Gewerblicher Rechtsschutz in der juristischen Forschung und Lehre" am 6. und 7. März 199 in München – Mit der Würdigung von Gerhard Schricker zum fünfundsechzigsten Geburtstag von Erich Häußer, Köln 1995, S. 125ff.
Schlachter, Eric, The Intellectual Property Renaissance in Cyberspace: Why Copyright Law could be important on the Internet, 12 Berkeley Tech. L. J. 15 ff. (1997).
Schlatter, Sibylle, Der Rechtsschutz von Computerspielen, Benutzeroberflächen und Computerkunst, in: Lehmann, Michael (Hrsg.), Rechtsschutz und Verwertung von Computerprogrammen, 2. Auflage, Köln 1993, S. 169 ff.
Schmittchen, Jürgen, Anmerkungen zum Aufsatz von Mellulis 1999: Zur Patentfähigkeit und Patentwürdigkeit von Computerprogrammen und programmbezogenen Lehren, Mitt. 1999. S. 281 ff.
Schneider, Michael, Der United States Court of Appeals for the Federal Circuit; Entstehungsgeschichte, Zuständigkeit, Zusammensetzung und Umfang der Patentrechtsprechung, GRUR Int. 2000, S. 863 ff.
Schneider, Tobias, Ausgewählte Probleme des US-amerikanischen Patentrechts unter besonderer Berücksichtigung internationaler Harmonisierung, Münster, Hamburg, Berlin, London 2001; zugl. Münster (Westf.), Univ., Diss., 2001.
Schöninger, Franz-Josef, Patent- und Urheberrecht, c't 16/1999, S. 72.
Schricker, Gerhard, Urheberrecht, 2. Auflage, München 1999.
Schricker, Gerhard, Der Urheberrechtsschutz von Werbeschöpfungen, Werbeideen, Werbekonzeption und Werbekampagnen, GRUR 1996, S. 815 ff.
Schricker, Gerhard, Zur Harmonisierung des Urheberrechts in der Europäischen Wirtschaftsgemeinschaft, in: Festschrift für Ernst Steindorff zum 70. Geburtstag am 13. März 1990, Jürgen F. Baur (Hrsg.), Berlin 1990, S. 1437 ff.

Schulte, Dieter, Der Referentenentwurf eines Zweiten Gesetzes zur Änderung des Urheberrechtsgesetzes, CR 1992, S. 648 ff.

Schulte, Dieter, Der Referentenentwurf eines Zweiten Gesetzes zur Änderung des Urheberrechtsgesetzes, CR 1992, S. 588 ff.

Schulte, Rainer, Patentgesetz mit Europäischem Patentübereinkommen, 6. Auflage, Köln 2001.

Schulzki-Hadoutti, Christiane, Softwarepatente – Die deutschen preschen vor, Spiegel-Online vom15.9.2000, abrufbar unter http://www.spiegel.de/netzwelt/politik/0,1518,93409,html,; abgerufen am 16.09.2000.

Sehirali, Feysan Hayal/ Bjerke, Petter, Das Vorbenutzungsrecht nach § 12 PatG und das neue Abwehrrecht des US-First Inventor Defense Act, GRUR Int. 2001, S. 828 ff.

Shapiro, Carl/ Varian, Hal R., Information Rules. A strategic Guide to the Network Economy, Boston 1999.

Sietmann, Richard, Wettbewerb im Gerichtssaal – Der Kampf ums geistige Eigentum treibt das Patentwesen in die Zerreißprobe, c't 17/2001, S. 170 ff, abrufbar unter: http://www.heise.de/kiosk/archiv/ct/2001/17/170; zuletzt abgerufen am 12.03.2004.

Singer, Margarete/ Stauder, Dieter, Europäisches Patentübereinkommen: Kommentar, 2. Auflage, Köln, Berlin, Bonn, München 2000.

Smets-Solanes, Jean-Paul, Software Useright: Solving Inconsistencies of Software Patents, http://www.smets.com/it/policy/useright/useright.pdf, abgerufen am 10. Februar 2002.

Smolek, Georg/ Weissenböck, Martin, Einführung in die EDV von A bis Z, Paderborn 1977.

Sommer, Robert, Die Schutzfähigkeit von Computerprogrammen nach japanischem Recht, GRUR Int. 1994, S. 383 ff.

Stern, Richard, Section 117 of the Copyright Act: Charter of the Software User's Rights or an Illusory Promise?, 7 Western New Engl. L. Rev. 459 ff. (1989).

Straus, Joseph, Biotechnologische Erfindungen – ihr Schutz und seine Grenzen, GRUR Int. 1992, S. 252 ff.

Straus, Joseph, Patentrechtliche Probleme der Gentherapie, GRUR 1996, S. 10 ff.

Straus, Joseph, Bedeutung des TRIPS für das Patentrecht, GRUR Int. 1996, S. 179 ff.

Straus, Joseph, Neuheit, ältere Anmeldungen und unschädliche Offenbarungen im europäischen und deutschen Recht, GRUR Int. 1994, 89 ff.

Sucker, Michael, Lizenzierung von Computersoftware (II), CR 1989, S. 468 ff.

Tauchert, Wolfgang, Zur Beurteilung des technischen Charakters von Patentanmeldungen aus dem Bereich der Datenverarbeitung unter Berücksichtigung der bisherigen Rechtsprechung, GRUR 1997, S. 149 ff.

Tauchert, Wolfgang, Zur Patentierbarkeit von Programmen für Datenverarbeitungsanlagen, Mitt. 1999, S. 248 ff.
Tauchert, Wolfgang, Patentierung von Programmen für Datenverarbeitungsanlagen – neue Rechtsprechung und aktuelle Entwicklung, JurPC Web.-Dok 4/2001, Absätze 1 bis 58, 5.02.2001; abrufbar unter: http//:www.jurpc.de/aufsatz/20010040.htm; zuletzt abgerufen am 31.12.2003.
Tew, G., Method of Doing Business, 16 Journal of the Patent Office and Trademarks Society 607 ff. (1934).
Thurman, Richard V., Der Rechtschutz von Computerprogrammen in den USA, GRUR Int. 1969, S. 208 ff.
Toedt, D.C., Software as "Machine DNA": Arguments for Patenting Useful Computer Disks Per Se, 77 Journal of the Patent Office and Trademarks Society 275 ff. (1995).
Troller, Alois, Gedanken zur Bedeutung des Leistungsschutzes im Entwurf für ein Neues Gesetz gegen den unlauteren Wettbewerb, GRUR Int. 1985, S. 94 ff.
Troller, Alois, Der urheberrechtliche Schutz von Inhalt und Form der Computerprogramme (II), CR 1987, S. 283 ff.

Ullmann, Eike, Urheberrechtlicher und patentrechtlicher Schutz von Computerprogrammen – Aufgaben der Rechtsprechung, CR 1992, S. 641 ff.
Ullrich, Hanns, Technologieschutz nach TRIPS: Prinzipien und Probleme, GRUR Int. 1995, S. 623 ff.
Ulmer, Eugen, Urheber- und Verlagsrecht, 3. Auflage, Berlin u.a. 1980.
Ulmer, Eugen/ Kolle, Gert, Der Urheberrechtsschutz von Computerprogrammen, GRUR Int. 1982, S. 497 ff.

Van Raden, Lutz, Die informatorische Taube, GRUR 1995, S. 451 ff.
Van Raden, Lutz/ Wertenson, Fritz, Patentschutz für Dienstleistungen, GRUR 1995, S. 523 ff.
Vinje, Thomas C., Die EG-Richtlinie zum Schutz von Computerprogrammen und die Frage der Interoperabilität, GRUR Int. 1992, S. 250 ff.

Wallach, C., Zur Begriffsbestimmung der technischen Erfindung, GRUR 1929, S. 969 ff.
Walleser, Fritz, Die Patentfähigkeit als rechtsteleologisches Problem, Bern 1963.
Walz, Wolfgang Rainer, Der Schutzinhalt des Patentrechts im Recht der Wettbewerbsbeschränkungen: Überlegungen zur Beschränkbarkeit der Patentlizenz unter der Geltung des GWB, Tübingen 1973.
Weber-Steinhaus, Ulrich, Computerprogramme im deutschen Urheberrechtssystem, Köln, Bonn, München, 1993.

Weinzinger, Anulf/ Sonn, Helmut, Das österreichische GebrauchsmusterG, GRUR Int. 1995, S. 745 ff.

Whelan, Dorothy, A Critique of the Use of Secondary Considerations in Applying the Section 103 Nonobviousness Test for Patentability, 28 B.C. L.Rev. 357 ff.

Whitmeyer, Randall, A Plea for Due Processes: Defining the Proper Scope of Patent Protection for Computer Software, 85 Northwestern University Law Review 1103 (1991).

Wiebe, Andreas, Information als Naturkraft – Immaterialgüterrecht in der Informationsgesellschaft, GRUR 1994, S. 233 ff.

Wiebe, Andreas, Rechtsschutz für Software in den neunziger Jahren, BB 1993, S. 1094 ff.

Wiebe, Andreas, Know-How-Schutz von Computersoftware: Eine rechtsvergleichende Untersuchung der wettbewerbsrechtliche Schutzmöglichkeiten in Deutschland und den U.S.A., München 1993.

Winischhofer, Thomas, Computersoftware und Patentrecht, Diss., TU Graz, abrufbar unter: http://webit.com/tw.

Wirth, Niklaus, Systematisches Programmieren, 6. Auflage, Stuttgart 1993.

Wittmer, Hans Rudolf, Der Schutz von Computersoftware – Urheberrecht oder Sonderrecht, Zürich, Univ., Diss., 1981.

Yoches, Is the "Method of Doing Business" Rejection Bankrupt?, 3 Fed. Cir. B.J. 73 (1993).

Zahn, Roland, Urheberrecht und Computerprogramme - Versuch einer Bestandsaufnahme -, GRUR 1978, S. 207 ff.

Zimmermann, Mitchell, Guarding rights in cyberspace, Managing Intellectual Property 1997, S. 7 ff.

Zimmermann, Stephen S., A Regulatory Theory of Copyright, 35 Emory Law Journal 163 (1993).

Zipse, Erich, Technische Verfahrensschritte und Anweisungen an den menschlichen Geist unter Berücksichtigung der neueren Rechtsprechung und neurophysiologischer Erkenntnisse, Mitt. 1974, S. 246 ff.